T0244529

# CALDO DE POLLO PARA EL ALMA

# Caldo de Pollo para el Alma

## DUELO
## Y RECUPERACIÓN

# *Caldo de Pollo* para el *Alma*

# DUELO
# Y RECUPERACIÓN

101 historias de inspiración y consuelo para
sobrevivir a la pérdida de un ser querido

Jack Canfield
Mark Victor Hansen
Amy Newmark

**OCEANO**

CALDO DE POLLO PARA EL ALMA. DUELO Y RECUPERACIÓN
101 historias de inspiración y consuelo para sobrevivir a la pérdida de un ser querido

Título original: Chicken Soup for the Soul: Grieving and Recovery:
101 Inspirational and Comforting Stories about Surviving the Loss of a Loved One

Traducción: Pilar Carril

Diseño de portada: Departamento de Arte de Océano
Imagen de portada: Shutterstock / vvvita

D. R. © 2022, Editorial Océano de México, S.A. de C.V.
Guillermo Barroso 17-5, Col. Industrial Las Armas,
Tlalnepantla de Baz, 54080, Estado de México
info@oceano.com.mx

Tercera edición: 2022

ISBN: 978-607-557-527-8

Impreso en México / Printed in Mexico

# Índice

**4**

## Ajustes de actitud

**5**

## Al final

**6**

## Seguir adelante

## 7

### De una generación a otra

## 8

### Nuevos comienzos

## 9

### Sanar a tiempo

**10**

**Señales del más allá**

Caldo de Pollo para el Alma

**1**

CAPÍTULO

# La fuerza de los recuerdos

# 1

# Sopa de frijoles

La última noche real de mi matrimonio preparé una olla de sopa de frijoles. Alrededor de las once, la sopa estaba lista y el aroma del ajo y las hojas de laurel llenaba el departamento. Fui al estudio donde él estaba viendo a los Yankees jugar contra los Azulejos de Toronto y le invité un plato.

Nos sentamos a la mesa de la cocina, sin hablar demasiado, o por lo menos, sin hablar de nada que recuerde.

—Estuvo deliciosa —comentó él cuando terminó. Tal vez le di las gracias. Se levantó de la mesa para volver al partido.

—Bueno, mañana tengo que levantarme muy temprano. Buenas noches —me despedí y me fui a dormir. No le dije "te amo". No le dije "bendigo el día que te conocí" ni "qué bueno que nos casamos". Me fui a dormir sin más.

> Disfruta de las pequeñas cosas, porque un día las recordarás y te darás cuenta de que eran las grandes cosas.
>
> ROBERT BRAULT
> www.robertbrault.com

La siguiente vez que lo vi estaba boca abajo en la cama, no respiraba, y aunque estuvo en coma dos semanas y casi todo el tiempo estuve convencida de que se recuperaría, en esencia, ahora lo comprendo, estaba muerto.

Cuando algo así ocurre surgen muchos motivos de arrepentimiento, y entre los más grandes están todas y cada una de las veces que pudimos haber dicho, con palabras o por medio de nuestros actos, "te amo". Me arrepentí de no haber aprendido a interesarme por todo lo que a él le interesaba. Lamenté cada vez que me enojé por algo intrascendente y, créanme, casi todo parece intrascendente cuando el amor de tu vida está en coma.

La primera semana que estuvo inconsciente le prometí la luna y las estrellas. Le dije que si abría esos grandes ojos castaños nunca más me volvería a enojar por nada. Podría dejar sus calcetines a cinco centímetros del cesto de ropa sucia y yo le daría gracias a Dios de que estaban ahí. Me arreglaría más y me daría tiempo para que saliéramos a comer siempre que me lo pidiera. Veríamos juntos los partidos de futbol y hablaríamos de política. Le prometí un filete *prime rib* con champiñones silvestres y vino tinto, y atún *au poivre* a la inglesa, asado a la perfección, en el Royal Doulton, con velas todas las noches.

La segunda semana fui más realista. Dejé de prometerle que sería la esposa perfecta. En cambio, le prometí ser yo. Le prometí que a veces sería impaciente o me asustaría y que él tendría que seguir sacando la basura. Le prometí que no siempre me gustarían sus bromas y que seguiría fastidiándolo hasta que hiciera ejercicio. Le prometí que tendríamos intereses en común, pero no todos, y que aún tendríamos que ser mutuamente tolerantes. Le prometí sopa de frijoles.

Pero como parte de la sopa de frijoles, le prometí también que lo amaría tanto como antes o quizá incluso más y que trataría de nunca olvidar lo que casi habíamos perdido. ¡Ojalá hubiera tenido la oportunidad!

El matrimonio no siempre está hecho de pétalos de rosas, luz de luna y entendimiento perfecto. A veces está hecho de niños con diarrea y vuelos retrasados, o simplemente está hecho de trabajar y cenar y quedarse sin focos de repuesto. En ocasiones como ésas, el matrimonio continúa en piloto automático y el amor es un subtexto, un dogma de fe. Entonces, la nube de polvo se aclara y recordamos. Y como no hay forma de saberlo cuando uno es joven sino hasta que el conocimiento llega después de haber estado casada un tiempo, por mí está más que bien.

Las mentes razonables pueden discrepar, pero para mí, es la cotidianidad lo que más amo del matrimonio. Me encantaban las cenas de aniversario y los momentos románticos, pero me fascinaban todavía más los detalles prosaicos de nuestra vida diaria, llegar a casa a encontrar confianza, compromiso y bromas privadas, e incluso las irritaciones predecibles como esos calcetines.

Cuando se pierde un matrimonio como yo perdí el mío, son los recuerdos de todos los días lo que más significado cobra. La vez que ambos tuvimos un resfriado muy fuerte y nos pasamos el día en sudadera, sirviéndonos té uno al otro. La manera en que él recogía la ropa seca todos los viernes. O las noches, como la última, en la que no hablábamos mucho, pero compartíamos la profunda habitualidad de una noche tranquila de domingo con nuestra hija dormida y los Yankees jugando para él y un poco de música para mí, y una enorme olla de sopa.

JACQUELINE RIVKIN

# 2

# El mes de los narcisos

Mamá abrió los ojos y miró sin parpadear el florero de narcisos en la mesa al lado de su cama en el hospital.

—¿Quién mandó esas flores tan bonitas? —preguntó con voz apenas audible.

—Nadie las mandó, mamá —le apreté la mano—. Yo las corté del jardín. Es marzo, el mes de los narcisos.

Me sonrió débilmente.

—¿Me prometes una cosa?

Asentí. Había prometido muchas cosas desde que aceptamos por fin que el cáncer pancreático de mamá pronto le arrebataría la vida.

—Prométeme que antes de vender mi casa, sacarás mis bulbos de narcisos y los sembrarás en tu jardín.

Traté en vano de contener las lágrimas.

—Lo haré, madre. Te lo prometo —ella sonrió, cerró los ojos y se volvió a sumir en esa niebla crepuscular que caracterizó los últimos días de su vida.

Mamá falleció antes de que terminara el mes de los narcisos, y en las semanas que siguieron, semanas tan impregnadas de dolor que mis hermanos y yo parecíamos zombis ambulantes, vaciamos su casa, pintamos, lavamos las ventanas y alfombras e inscribimos la casa en la que había-

> Las flores de finales del invierno y principios de la primavera ocupan lugares en nuestros corazones que no guardan ninguna proporción con su tamaño.
>
> GERTRUDE S. WISTER

mos crecido en una agencia inmobiliaria para que la pusiera en venta. Contratamos a un chico del vecindario para que se ocupara de cuidar el jardín.

Y nunca me acordé de los narcisos, que hacía mucho habían dejado de florear, hasta un día a finales de otoño en que la casa se vendió por fin. Mi hermano, mi hermana y yo íbamos a reunirnos con los compradores para firmar los documentos temprano una mañana que yo sabía que estaría llena de emociones encontradas. Por un lado, era bueno deshacernos de la carga de tener una casa vacía. Por el otro, pronto entregaríamos las llaves de nuestro hogar familiar a unos extraños. Unos extraños que, estaba segura, nunca podrían amar nuestra casa como nosotros.

¿Acaso esta nueva familia prepararía hamburguesas en la parrilla del patio de ladrillos que mi padre construyó hace muchos veranos? ¿Los niños pasarían las tardes de otoño rastrillando las hojas debajo del arce gigante y las apilarían en una montaña altísima en la que luego saltarían? ¿Descubrirían que uno de los rincones de la estancia familiar era el lugar perfecto para el árbol de Navidad? ¿Y les sorprendería lo que salía de la tierra del jardín de mamá todas las primaveras? Azafranes, cebollas en flor, jacintos, y cientos y cientos de narcisos.

¡Narcisos! Ocho meses después recordé de repente la promesa que le había hecho a mi madre cuando estaba agonizando. Fui por una pala y una caja de cartón, las metí a la cajuela de mi automóvil y me dirigí a la casa y el jardín que dentro de sólo un par de horas pertenecerían a alguien que no tenía ningún parentesco conmigo.

Por supuesto, no había rastro de los narcisos por ninguna parte. Desde hacía mucho tiempo los habían podado y en ese momento estaban cubiertos de hojas. Pero yo sabía exactamente dónde estaban. Pasando por alto el hecho de que iba vestida de manera muy formal para hacerla de jardinero, hundí la punta de la pala en la tierra, levanté un montón de bulbos y los arrojé a la caja. Así fui recorriendo toda la cerca y recogí docenas de bulbos de narcisos.

Pese a ello, dejé más de los que me llevé, segura de que a la familia que había comprado la casa de mi madre le deleitarían los encantadores heraldos de la primavera.

Igual que a mí. Han transcurrido cinco años desde que mi madre murió, pero cada marzo, junto montones y montones de flores de mi jardín y las pongo en jarrones. Algunas las uso para adornar mi casa y otras las llevo al pabellón de oncología de un hospital cercano.

—¿Quién mandó estas flores tan bonitas? —tal vez pregunte algún paciente moribundo.

Entonces, yo le apretaré la mano, lo miraré a los ojos empañados por esa niebla crepuscular tan conocida y le diré lo que desde el fondo del corazón creo que es verdad:

—Mi madre las mandó especialmente para usted —responderé—. Es que es el mes de los narcisos, ¿sabe?

Jennie Ivey

**3**

# La caja de recetas
# de mi madre

**M**i esposo me la pasó. Estaba en lo más alto de la alacena de la cocina, en la repisa que queda fuera de la vista y es fácil olvidar. La adusta caja metálica verde de mi madre que arrumbé ahí hace tres años, después de su muerte en 1997. Y ahí se había quedado.

Había muchos otros objetos de su casa que se habían clasificado con esmero, distribuido entre los miembros de la familia y donado a la beneficencia pública. Sin embargo, esa caja, vetusta y modesta, se había quedado conmigo, intacta. No podría explicarle a nadie el porqué.

> Deja que las lágrimas broten. Deja que te humedezcan el alma.
>
> EILEEN MAYHEW

Por alguna razón, esa tarde me sentí preparada para abrirla.

Mi primer sentimiento cuando toqué la caja y le quité la tapa fue de culpabilidad. ¿Por qué no me había ocupado de que mamá tuviera un archivo de recetas más bonito? ¿Por qué no había buscado algo alegre, algo lindo con motivos florales o de tela de hilo?

La culpa es la compañera de la pena, y yo sentía mucho de ambas desde aquel día de diciembre de hace tres años en que nos despedimos de mi madre por última vez al pie de su tumba.

Hubo varias ocasiones espantosas y desgarradoras en que había tomado el teléfono al atardecer para sostener nuestra acostumbrada charla antes de la cena y se me había olvidado que el número al que estaba llamando "[…] ya no está en servicio", como me recordaba ese horrible anuncio impersonal.

Había estado la presencia de esa silla vacía en la mesa durante las celebraciones familiares, como prueba y recordatorio de que ya no veríamos el dulce rostro de nuestra matriarca, radiante de felicidad porque la familia era la raíz principal que la nutría, su fuente de alegría más grande.

Y, por supuesto, hubo esos momentos en los que pensaba que el corazón se me partiría porque extrañaba demasiado a esa mujer menuda y rubia que nos había amado a todos de manera tan incondicional y había pedido tan poco a cambio.

Pero abrir esa caja de recetas… eso era un pendiente que tenía desde hace mucho y que necesitaba cumplir para sanar.

Mamá era una cocinera extraordinaria, del tipo que no necesitaba para nada una receta que la guiara. El instinto era su mejor maestro y, de alguna manera, lograba que un pastel de carne molida supiera a filete *mignon*, o elevaba un simple pollo asado a alturas excelsas.

No obstante, y por fortuna, a través de los años mamá se había dado tiempo para escribir algunas de sus recetas. "Algún día las necesitarás", profetizó.

"Algún día" había llegado.

Sentada a la barra de la cocina, empecé a buscar los placeres que recordaba… los sabores de mi niñez, por lo menos en sentido figurado.

Mientras examinaba las categorías: platos principales, acompañamientos, comidas para celebraciones, pasteles, galletas, etcétera, observé la caligrafía familiar de mamá. Sus letras chuecas, las "t" sin cruzar por la prisa, la escritura apretada; de pronto, todo se me vino a la mente. Había pasado mucho tiempo desde la última vez que vi la letra tan familiar de mi madre, ahora que las tarjetas de aniversario y cumpleaños, firmadas "Con todo mi amor", ya no llegaban a nuestro buzón.

Mamá no tenía paciencia para las dietas de moda, por lo que sólo había instrucciones detalladas para preparar una rica lasaña, un pecho de res nadando en salsa *gravy*, unas albóndigas y espagueti con su ingrediente "secreto" de la salsa: azúcar morena.

Había recetas para todo, desde una sencilla ensalada de huevo y pimientos hasta un pudín de fideos que su madre le había enseñado a hacer.

Los padres de mi madre, mis abuelos maternos, eran inmigrantes de Europa Oriental, parte de una vasta oleada que había llegado a estas tierras a principios del siglo xx. Y en esta tierra prometida, la comida (en abundancia) era su solaz. Aliviaba la soledad, el ofuscamiento y el miedo de la vida que había cambiado para siempre.

Una gran parte de mi historia y legado estaba en esa caja metálica verde de recetas.

Pasé una larga tarde revisándola, sonriendo, recordando y, sí, llorando. Una avalancha de recuerdos de mi madre se me vino encima. Décadas después, me hallaba de vuelta en su cocina, y era tan evidente que era SU cocina en aquellos días en que los padres rara vez osaban entrar en el sanctasanctórum. Me llegó de nuevo el olor de su delicioso estofado a la cacerola, su pastel de café, crema agria y manzana, su sopa de chícharos.

Y deseé —ay, cuánto deseé— volver a verla con su delantal color agua y un volante blanco.

"NO lo dejes cocer demasiado, Sally", encontré esta advertencia en la receta del estofado a la cacerola. Solté una carcajada porque ése era, al final de cuentas, mi terrible crimen culinario. Y mamá lo sabía.

Horas después, cuando había revisado hasta la última de las tarjetas de las recetas y los recortes de periódico apiñados en el fondo, sentí una paz que hacía mucho tiempo no sentía. Tuve la sensación que, de un modo u otro, mamá había vuelto a mi vida.

Se asomaba por encima de mi hombro, inspeccionando, volviendo a comprobar, reprendiendo, aconsejando y, claro está, enseñando. Me transmitía sus tradiciones de la manera más amorosa que existe: a través de la comida como amor. La comida de mamá, la mejor de todas las cocinas posibles.

Y yo, con cuidado y deliberadamente coloqué la caja metálica verde, con su terca tapa, en la barra de la cocina, al frente y al centro.

Exactamente donde debía estar.

SALLY SCHWARTZ FRIEDMAN

# 4

# Dos vidas

Fueron el catorce y el quince de agosto.

Fueron dos familias, destrozadas, horrorizadas.

Fueron mil amigos en la vigilia a la luz de las velas.

Fueron tres maestras que no había visto desde la preparatoria.

Fue el chico que nunca lloraba el que dio un discurso elocuente entre lágrimas.

Fue el sudor que me escurría por la espalda.

Fue mi amiga que se desmoronó a mi lado.

Fue el insecto que se ahogó y se quemó en la cera de mi vela.

Fue todo el pueblo, unido.

Fue incomprensible.

Fue la manera en que de pronto no pude recordar sus rostros.

Fueron los cuadros de mensajes en línea inscritos con palabras sentidas y evocadoras.

Fue darle la noticia a mi hermano.

Fueron las preguntas de los compañeros de trabajo: ¿Los conocías?

Fueron los artículos en la primera plana del periódico toda la semana.

Fue el tributo en la valla de anuncios colocada al lado de la pizzería.

Fueron las banderas a media asta cuando por fin llegaron a casa.

Fue el saludo con veintiuna salvas, la bandera estadounidense de quince metros, y las dos docenas de rosas amarillas.

> Sueño con dar a luz a un hijo que pregunte: "Madre, ¿qué era la guerra?"
>
> EVE MERRIAM

Fueron sólo dos muchachos recién salidos de la preparatoria, que todavía no eran hombres.

Fue Irak el primer día, y Afganistán, el siguiente.

Fueron un Boy Scout y un roquero que nunca fueron amigos en realidad.

Y fue el hombre alto en la colina durante la vigilia que puso todo en palabras:

Dios bendiga a sus muchachos y esté con ellos.

PAIGE CERULLI

# 5

# Reliquia familiar

Hasta donde me alcanza la memoria, mi madre siempre tuvo un abrigo negro de piel colgado en el armario del pasillo. Como usar pieles no era en realidad el estilo de mi madre, siempre tuve curiosidad de saber por qué teníamos ese abrigo. Recuerdo que una vez le pregunté a mamá de qué estaba hecho. Me respondió que de ratas almizcleras. Yo amaba a los animales y traté de imaginar cuántas ratas almizcleras habían dado la vida para que hicieran ese abrigo grande y hermoso. No obstante, no podía resistir pasar el rostro por esa piel suave y sedosa. Cuando lo acariciaba en el armario, una fragancia distintiva me llenaba la nariz.

> La memoria es como un niño caminando por la playa. Nunca se sabe qué pequeño guijarro levantará y guardará entre sus tesoros.
>
> PIERCE HARRIS
> *Atlanta Journal*

Estoy segura de que todas nosotras nos lo probamos en alguna ocasión. Por lo menos hubo cuatro niñas que desfilamos con el abrigo puesto. No estoy tan segura de los niños. Incluso en esa época, nos preguntábamos quién heredaría el abrigo.

El abrigo había pertenecido a mi abuela, que era hija de un médico de Ridgetown, Ontario, y se había casado con un abogado de Estados Unidos. Su boda fue la noticia social del día.

Mi bisabuelo, el médico, encontró una novia en Glasgow, se casó con ella y la llevó a su casa de Ontario, donde criaron cinco hijos y dos hijas. Mi abuela murió en 1976; mi madre, en 1995.

Un día, tiempo después de que mi madre murió, decidí hacer una peregrinación al pueblo natal de mi abuela. Encontré la casa más grande del pueblo con facilidad. Había muchas fotografías de ella en la casa, pero desde los tiempos de mi bisabuelo, la habían convertido en una funeraria. Me pareció un poco deprimente. Me detuve a tomar un café en el restaurante del pequeño pueblo, que era muy parecido a mi pueblo natal de Forest, Ontario. Me ayudó a entender la decisión de mi abuela de comprar nuestra cabaña en Forest. Ambos lugares tenían ese aire cálido y pueblerino.

De regreso a casa me sentí un poco perdida. Me gustaría haber compartido la experiencia con mi madre, pero ella ya había muerto. Mientras conducía por un camino rural, de esos en los que no se ve ningún letrero y parecen extenderse hasta siempre, vi una bandada de gansos blancos. Me detuve a verlos y me emocioné porque nunca había estado en un campo lleno de gansos nivales.

Mi madre dejó el abrigo en el armario. Mi hermana mayor, Janet, lo heredó con la casa. Pasaron muchos años y ella no dejaba de pensar qué podría hacer con el abrigo. Un día, en el verano de 2009, mi hermana mandó una caja para mis tres hijos. Uno de los paquetes que contenía estaba rotulado —Allison—, y me sorprendió mucho recibirlo. Dejé que los niños abrieran sus regalos antes de abrir el mío. Estaban igualmente emocionados por mi regalo.

Rompí la envoltura y de inmediato percibí un olor familiar, aunque no pude identificarlo al principio. Tenía frente a mí un bello oso negro con un diseño en las patas que reconocí de los días largamente olvidados en los que lo abrazaba en el armario del pasillo. Los sentimientos que despertó en mí fueron de regocijo. Unas fotografías de cuatro osos negros idénticos cayeron al piso. ¡Casi no podía entender lo que mi hermana había hecho!

Cuando al fin pude comunicarme con ella por teléfono, me confesó un secreto que había guardado por mucho tiempo. Me contó que no le gustaba que el abrigo estuviera colgado en el armario, inútil y sin uso. Luego vio un programa en el que explicaban cómo convertir los viejos abrigos de pieles en osos. Decidió que era eso precisamente lo que quería hacer.

Cuando investigó el costo del servicio, descubrió que cada oso costaría doscientos cincuenta dólares. Como el precio estaba fuera de sus posibilidades, decidió que la mejor manera de tener los osos sería preguntar por ahí si alguien los hacía como pasatiempo. Se lo mencionó a sus amigas maestras. Entonces, el anciano director de su escuela le preguntó a la señora del comedor si conocía a alguien que tuviera ese pasatiempo. Confundida, la señora le preguntó por qué quería saber, ya que eso era lo que ella hacía en su tiempo libre.

Así nacieron cuatro osos idénticos, obras de arte, en Calgary, Alberta. Me siento muy afortunada por tener una hermana que dedicó tiempo a expresar su amor en un proyecto de osos sólo para compartirlo con sus hermanas. Todos mis hijos perciben el amor que siento por este oso, que es una reliquia familiar, un oso lleno de recuerdos que nadie podría comprarme en una tienda.

ALLISON KNIGHT-KHAN

# 6

# Aprender de nuevo
# a remontar el vuelo

Tomé la decisión y le di carácter definitivo cuando clavé la estaca con el letrero en el suelo. Con grandes letras rojas llamativas, escribí: CASA EN VENTA. Entré, me lavé las manos y me senté a la mesa de la cocina, apretando con nerviosismo un vaso de limonada fría mientras veía un cardenal que picoteaba en la bandeja de comida en el comedero de pájaros frente a mi ventana.

Sonreí; los recuerdos que evocaban esa mesa, la ventana y el comedero de pájaros eran como un bálsamo para mi alma. Mi esposo había medido con mucho cuidado desde el suelo hasta la altura de mis ojos y había colocado el comedero sobre el poste. Dijo que lo hacía por mí, y era cierto, pero a él le gustaba observar a las aves tanto como a mí. Bebimos muchas tazas de café sentados ahí muy temprano por las mañanas, contemplando a los pinzones amarillos y negros, los azulejos, los pájaros trepadores y los herrerillos, pero mi favorito era el cardenal.

Con los pies levantados en un banco, aspiré el aire limpio y fresco y saboreé la limonada casera. Clavé la mirada en un capullo adherido al dorso de una hoja verde de la clemátide que serpenteaba en la celosía.

> Quien quiera aprender a volar algún día, primero debe aprender a tenerse en pie y caminar y luego a correr, trepar y más tarde a bailar; no se puede aprender a volar volando.
>
> FRIEDRICH NIETZSCHE

Los hilos de seda se movieron trémulos y se abrieron; aparecieron unas alas de color amarillo y negro brillante y la mariposa salió de su refugio. Desafiando a depredadores y coleccionistas con redes, se atrevió a remontar el vuelo en campos abiertos y a libar el dulce néctar de la naturaleza pródiga, extendió las alas majestuosas con gallardetes dorados que resplandecían en el sol. La larva dejó de ser un gusano feo, abrigado y protegido y se convirtió en una belleza que podía volar con libertad, lista para emprender la aventura de la vida.

Como iba a vender la casa, pensé que me haría bien practicar lo que haría y diría a un posible comprador.

—Hola —me dirigí a la puerta y saludé—. Pasen ustedes. Entren por la cocina. Todos mis amigos entran por ahí.

Luego comencé el recorrido de la casa. No pude evitar señalar el comedero de pájaros que mi esposo construyó y mencioné que lo pintó de blanco para que contrastara con mis pájaros rojos.

—¿Ven el bosque detrás de la casa? —señalé de nuevo hacia la ventana abierta—. A menudo tomábamos café en silencio para no ahuyentar a los cervatillos, conejos y ardillas pardas y rayadas que llegaban al jardín. Los árboles ofrecen muy buena sombra para las parrilladas familiares también.

Toqué el florero de cristal cortado y seguí charlando con mis visitantes imaginarios.

—Este florero alguna vez estuvo lleno de flores del jardín de mi marido, de la florería Kroger's o de flores silvestres que recogía en los campos abiertos de por allá. Mis amigas me molestaban y me decían en son de broma que todavía me cortejaba después de cuarenta y cinco años de matrimonio. Yo no lo discutía.

Señalé la ventana del otro lado de la casa.

—La cochera se ve desde aquí. Sigue llena de herramientas de carpintería y mecánica. Aunque mi difunto esposo ya estaba enfermo, le gustaba trabajar en su taller. Su motocicleta está estacionada en un rincón y nuestra lancha y equipo de pesca, en el otro. Pasamos muchas horas viajando por el país en esa pequeña casa rodante que está estacionada en el cobertizo.

Los conduje a la sala donde la Biblia familiar estaba abierta sobre la mesa de café y el retrato de mi esposo colgaba de la pared. Lo señalé.

—Era muy apuesto. De joven, mis amigas me decían que se parecía a Elvis. No quiso que le tomaran fotografías después de que se quedó calvo por la quimioterapia.

Señalé con la cabeza el televisor.

—Le compré esa pantalla grande para que pudiera ver a sus Kentucky Wildcats jugar basquetbol. Se retrepaba en aquel sillón reclinable y veía los partidos o su programa de casos judiciales.

Recogí un hilo suelto.

—Los brazos del sillón tienen lugares desgastados donde los nietos se subían para sentarse en las piernas de papi. Y los resortes están un poco flojos porque a veces el sillón no sólo sostenía a mi esposo, sino también a nuestras dos hijas adultas al mismo tiempo —tuve una visión fugaz de los tres apiñados en ese sillón—. Examinemos de cerca ese sillón. Busquen con cuidado y de seguro encontrarán una bola de menta envuelta en papel celofán que se le cayó del bolsillo donde se guardaba un montón para dárselas a las señoras y los niños en la iglesia. Le decían de cariño el Hombre de los caramelos —esbocé sin querer una sonrisa—. De hecho, una bola de menta apareció misteriosamente en su mano después de que una de las señoras de la iglesia se acercó a ver su cuerpo en la funeraria.

Pasé la mano por la otra pared.

—Éstos son mis nietos —recorrí con el dedo la orilla tallada a mano del marco de madera y me detuve en la más pequeña—. En el camino de la infancia a la vejez pasamos por muchas etapas de la vida. Mi nietecita cumplió dos años esta primavera. El plato y la cuchara sustituyeron la leche materna y empezó a usar calzones en lugar de pañales. Se puso la mochila al hombro cuando empezaron las clases y anunció que ella también iría a la escuela, ¡vaya berrinche que hizo cuando sus dos hermanos se subieron al autobús y la dejaron atrás! La transición de bebé a niña terminó en ese momento.

Acaricié con el dedo el siguiente retrato.

—Su hermano, que empezó a ir a preescolar este año, abordó nervioso el autobús, se detuvo en el peldaño, se volvió a mirar y agitó la mano para despedirse, mientras una lágrima sin brotar acechaba detrás de las pestañas. Y mi tocaya llegó a la preadolescencia este verano. En vez de programas infantiles, su personaje favorito de la televisión es el ídolo del momento entre los adolescentes, y su ropa de niña pequeña ya no le queda. Tener diez años es complicado: una es muy joven para las relaciones entre niño y niña, pero los juguetes ya no la entusiasman.

En otra fotografía aparecían tres nietos en fila.

—Este nieto pasó a secundaria; estaba impaciente, pero también temeroso. Las maestras de primaria ya no estarán ahí para consolarlo cuando pierda el dinero para el almuerzo y lo molesten los muchachos pendencieros. Ahora tiene que enfrentar un nuevo nivel de independencia. Este nieto se enfrenta con valentía a ese temible monstruo llamado preparatoria mientras que este otro será adolescente el próximo mes. La grasa de bebé empieza a derretirse y algunos granitos han aparecido en su rostro —hablaba en voz baja en ese momento.

—Antes de que subamos a las recámaras, permítanme enseñarles a mis hijos —me volví hacia los retratos que estaban en la pared del otro lado de la habitación—. Mi hija menor cumplirá treinta años en septiembre. Le salieron algunas canas cuando dejó de ser mamá y ama de casa para ir a estudiar a la universidad. Mi otra hija, que alguna vez fue estudiante con necesidades especiales que luchaba contra la dislexia, ha empezado a perseguir su ideal de ser maestra de otros niños con necesidades especiales.

Tomé el marco de filigrana y el rostro de una bella joven, que ha dejado un enorme hueco en nuestros corazones, me devuelve la mirada. Los ojos se me humedecen cuando veo a mi hijo con su nieta en brazos, mi bisnieta, que ayuda a aliviar el dolor de nuestras vidas y llena el lugar vacante en los retratos familiares que alguna vez ocupó la única hija de mi hijo.

Una lágrima me escurrió por la mejilla y sonreí con tristeza. Miré a mis compradores imaginarios y anuncié:

—Siento mucho haberles hecho perder el tiempo, pero creo que no terminaremos este recorrido porque la casa ya no está en venta. Esta casa guarda muchos recuerdos y con la ayuda de Dios, creo que los conservaré tal como están.

Una brisa fresca y curativa entró por la ventana cuando estaba por acabarme la limonada y empezaba a planear el nuevo día. Una mariposa monarca, negra y amarilla, revoloteó junto a la celosía, agitando las alas mientras se posaba sobre una hoja de clemátide. El mes pasado inicié mi transición: era una esposa felizmente casada y ahora soy una viuda confundida e insegura, pero, al igual que la mariposa, a mí también me saldrán alas y remontaré el vuelo.

JEAN KINSEY

# 7

# Compartir el viaje

Una de mis amigas más queridas murió hace poco. Dolores luchó contra el cáncer más de ocho años con fortaleza y optimismo inquebrantable. Era una persona que asumía todo. Cada vez que el cáncer reincidía, lo aceptaba, casi le daba la bienvenida, y una vez incluso exigió la siguiente ronda de quimioterapia. Sabía lo que le esperaba: la náusea, la neuropatía, el insomnio y el dolor, pero también estaba consciente de las consecuencias si se negaba. Habría dos o tres días a la semana de molestias, pero ella se centraba en los cuatro en los que se sentiría "bastante bien". Si el régimen requería quimioterapia cada tres semanas, esperaba con entusiasmo las dos semanas en que se sentiría más o menos bien. Sin embargo, los periodos de remisión antes de que reapareciera el cáncer se fueron haciendo cada vez más cortos.

> Donde solías estar, hay un agujero en el mundo que durante el día me esfuerzo constantemente por rodear y en el que siempre caigo por la noche. Te echo mucho de menos.
>
> EDNA ST. VINCENT MILLAY

Dolores aseguró que entendería cuando su calidad de vida disminuyera demasiado; no obstante, a pesar de las duras pruebas a las que se sometía, seguía resistiendo. Al fin llegó el momento en que entraba y salía del hospital y el dolor regía su existencia diaria. Entonces tomó la decisión de suspender los exámenes, la quimioterapia, la angustia para ella y su familia y dejarse ir. Volvió a casa con los cuidados que requiere un enfermo desahuciado. Tres semanas después asistimos a su funeral.

Nos conocimos hace treinta años; una amiga mutua nos presentó, pensó que nos llevaríamos bien porque yo me iba a mudar a la misma calle y las dos éramos escritoras. Nuestra amiga tenía razón. Nos llevamos bien en muchos sentidos y descubrimos más una de la otra con el transcurso de los años.

Nuestra amistad empezó cuando invité a mi nueva vecina a un grupo de escritores al que yo asistía desde hacía algún tiempo. Ella escribía poesía y yo libros infantiles, dos géneros muy distintos, pero el grupo era ecléctico: un hombre escribía cuentos de horror à la Stephen King; una mujer escribía reportajes para periódicos; alguien más escribía poesía por placer personal. El grupo era divertido y servicial, pero fueron las idas y venidas juntas en el auto lo que ayudó a florecer nuestra amistad. Nos conocimos bien durante esos viajes. Hablábamos de nuestras esperanzas y filosofías, nuestras familias, nuestros mundos.

Un día se me ocurrió la idea que podríamos escribir un libro infantil con mis cuentos y sus poemas. Enviamos consultas y recibimos rechazos, pero una editora nos sugirió que llenáramos el libro con actividades y trabajos manuales. Ninguna de las dos había hecho algo así antes. Entrecruzamos miradas y dijimos: —¿Por qué no?

Todos los días me encaminaba a su casa, que quedaba a tres puertas de la mía, y creábamos proyectos para niños con lo que teníamos a la mano: cestas de ropa, cartones de leche, sábanas, estambre. Nos pasábamos el día riéndonos. Nos parecía increíble lo que lográbamos producir con cosas ordinarias y domésticas. Terminamos siendo coautoras de dos libros de actividades para Halloween, cuatro libros de bromas y uno para colorear.

Nos preguntaban si era difícil escribir con otra persona. Nunca lo pensamos, tal vez porque escribíamos juntas cada oración. Cada poema tenía nuestras dos voces; cada actividad era una combinación de ideas. No considerábamos que los proyectos fueran de ella o míos, sino más bien nuestros. No había competencia, sólo diversión.

Hicimos mucho más que escribir juntas. Asistíamos a clases, aprendimos a pintar paisajes chinos tradicionales, practicamos qi gong y tai chi en nuestro jardín de entrada. Yo daba clases de yoga y ella se convirtió en consultora de feng shui.

Con el paso de los años reservamos las tardes de los viernes para meditar, ya fuera en su casa o en la mía, e invitábamos a un par de amigas a acompañarnos. Durante una de esas sesiones de pronto se dio cuenta de que tenía cáncer. Seis meses después la diagnosticaron y todo cambió.

La visitaba todos días y en las últimas semanas la vi sucumbir lentamente a la enfermedad. Comprendí que estaba esperando la hora de partir. Conversábamos un poco, pero más que nada la tomaba de la mano. Yo sabía que su filosofía tenía una comprensión amplia de la energía, pero me daba cuenta de lo difícil que le resultaba el proceso. Cuando se fue, me sentí tan aliviada como apesadumbrada.

Sigue viviendo en mi corazón, la sigo teniendo en mis archivos. Nuestro trabajo conjunto, publicado e inédito, es una conexión entre nuestros mundos. Cuando pienso en ella, agradezco los años que pasamos juntas. Cuando nos conocimos nunca imaginé que nuestra relación llegaría a ser tan profunda. Aunque, ¿acaso alguna vez sabemos dónde nos llevará la vida y con quién compartiremos el viaje?

FERIDA WOLFF

# 8

# Milagros de mariposas

Rebusqué en la pequeña caja de cartón que hacía las veces de joyero. Decidida a deshacerme de todo lo que no usaba, di un grito ahogado cuando toqué una mariposa de metal, no mayor que una moneda de tamaño mediano. La apreté contra el pecho, acongojada, y las lágrimas me escurrieron a raudales por el rostro, según recuerdo.

Vivir en los corazones que dejamos atrás es no morir.

THOMAS CAMPBELL
"Hallowed Ground"

En la mente se agolparon imágenes vividas del día que mi hijo de ocho años me enseñó el broche de mariposa que me había hecho, un regalo para el día de las madres. Visualicé a Mark, con su carita redonda, el cabello rubio y lacio, cuando alzó la mirada y me sonrió.

—Toma, mamá, te hice esto en la clase de arte. Le pinté un diseño, pero lo pusimos en el horno y la pintura se corrió. ¡Creo que quedó increíble!

Me preparé para recibir un regalo de amor más que de belleza cuando quité el papel con el que los dedos infantiles habían envuelto el objeto. Mark era un niño ingenioso, bien parecido, muy amigo de pasarla bien, pero no poseía talento artístico. Para mi sorpresa, la mariposa era una obra de arte de tonos arremolinados de color cobre, azul y beige.

—¡Qué bonita! —exclamé con total sinceridad. Él aceptó mi abrazo mientras ponía los ojos en blanco cuando susurre al oído—: Gracias, cariño. Me fascina —mi niño estaba radiante de orgullo. Me puse el broche con frecuencia durante años y a menudo lo elogiaban por su factura artística.

Un día, la parte de atrás se desprendió de la mariposa cuando la estaba prendiendo a toda prisa a mi solapa. Guardé la mariposa en la caja de mi gaveta y salí corriendo a mi cita. La mandaría a reparar después, pensé.

La vida se me iba entre la familia, la escuela y el trabajo, y la mariposa se quedó ahí, olvidada en el fondo de la caja más de diez años.

Ese día, la dolorosa pérdida que había sufrido me golpeó con toda su fuerza en el pecho. Dieciocho meses antes, mientras acunaba a mi esposo en los brazos, sentí que la mitad de mi ser se esfumó cuando él murió. Luego me arrancaron del pecho lo que había quedado de mi corazón maltrecho cuando mi hijo de veintidós años murió mientras yo le apretaba la mano, sintiéndome impotente una vez más para impedir que el cáncer se llevara a alguien que amaba. Mark luchó contra la enfermedad con gran valor y confianza. Al final su cuerpo lo traicionó aun cuando su espíritu habría seguido luchando. El hueco profundo y doloroso dentro de mí clamaba por alivio.

Cómo había deseado tener algo de Mark para tenerlo cerca de mí. Su gorra, su llavero, pero ninguna de sus posesiones me consolaba, sólo me causaba más dolor. Sin embargo, esta mariposa, un regalo hecho con sus manos amorosas, contenía la promesa de su continua presencia a mi lado. Su vida cambió, como la oruga que se convierte en mariposa. Ya no estaba atado por la mala salud y las aflicciones de este mundo. La mariposa me recordaba su verdad. El milagro de este regalo, redescubierto después de muchos años, fue como un bálsamo para mi corazón en duelo.

La mariposa y una cruz de oro, colgadas de una delicada cadena de oro (regalo de mi hija) realizaron conmigo la travesía del dolor. La llevaba puesta constantemente, incluso en la ducha. A lo largo del camino, a veces contar la historia ofrecía consuelo a otro viajero. También prometía cambio y curación para mí, pero aunque sé que era irracional, sentía que si me la quitaba sería como olvidar a Mark y detener el proceso curativo.

Una noche, aproximadamente un año después de su muerte, yo, que casi nunca sueño, tuve uno asombroso y memorable. Me hallaba de pie en el porche de mi casa buscando a alguien. A la distancia vi a un joven y, a medida que se acercaba, reconocí a Mark, cansado, enfermo y sucio, pero sin lugar a duda era Mark. Estupefacta, incapaz de moverme al principio, me abalancé a abrazarlo cuando subió las escaleras del porche.

—Mark, ay, Mark —grité, sin soltarlo—. ¡Qué bueno verte! No estás muerto. Pensé que habías muerto y no es así. Ay, Mark, Mark, te amo hijo —balbuceé.

Se apartó de mí y me dijo:

—Mamá, te amo. Tengo que irme ahora y tienes que dejarme marchar. Tienes que dejarme ir, mamá. No puedes seguir aferrándote a mí. Déjame ir —después de eso, y sólo por un segundo, lo vi sano y vigoroso, casi resplandeciente, y en seguida desapareció.

Me desperté sintiendo su abrazo y sus palabras reverberaron en mi mente. Apreté la mariposa mientras lloraba de manera incontenible. Corrí a la puerta de entrada a buscarlo y vi la calle desierta. Comencé a entender que era sólo un sueño, pero una extraña paz invadió mi oscuridad.

Reflexionando sobre el sueño, me di cuenta de que para sanar, para seguir adelante, tenía que dejar ir a Mark; no olvidarlo, pero sí negarme a seguir aferrada a lo que podría haber sido. La mariposa se convirtió en el símbolo. Empecé a quitármela para bañarme y luego para dormir. Poco a poco acepté que mi hijo se había ido de mi vida. Pero nunca olvidé lo que habíamos compartido. El terrible dolor y el vacío empezaron a disminuir cuando me empeñé en disfrutar de los recuerdos de lo que pasamos juntos y no en pensar en los momentos que jamás tendríamos.

Al avanzar en mi viaje, la mariposa me recordó la nueva vida que me aguardaba. Pero ¿cuándo se iría ese dolor que me oprimía el pecho? Transcurrieron cinco años. Creía que el dolor me acompañaría el resto de mi vida. Después de todo, había derramado lágrimas con mujeres que sepultaron a sus hijos hacía sesenta años.

Un día, durante una caminata, mientras meditaba sobre este hecho, una mariposa revoloteó hacia mí como si la hubieran enviado del cielo. "Lleva la curación en sus alas", pensé y de repente, el dolor desapareció y en su lugar, sentí alegría por Mark que se regocijaba en todas las glorias del cielo.

¿Que si lo echo de menos? Sí. ¿Que si estoy triste y lloro de vez en cuando? Sí. Pero hay una diferencia. La tristeza ya no me roba la alegría. Ahora, cuando me pongo la mariposa, es un símbolo de victoria sobre la muerte y una nueva vida, no sólo para Mark, sino para mí también. Es evidente que recibí el milagro de más de una mariposa.

JEANNE WILHELM

# 9

# La tinta roja

Pienso en lo que ha estado conmigo durante semanas. Pienso en un amigo del pasado que conocí por casualidad. No puedo quitármelo de la cabeza.

No era mi novio. Era un amigo muy especial de mi amada hermana Ivy cuando ella estaba en preparatoria. Ivy tenía dieciséis años cuando murió en un accidente de aviación con mi padre.

Ivy era la cuarta hermana, la bebé, aunque en muchos sentidos era tal vez la más madura de nosotras, pese a su corta vida. Era una jovencita extraordinaria que tenía la capacidad de sentir empatía como muy pocas personas que he conocido. Era despampanante, y hablo tanto de su belleza exterior como interior. Tenía el cabello castaño, largo y ondulado, los ojos almendrados de color chocolate y una sonrisa fascinante. Su dulzura y perspicacia fueron la base de su aplomo y ecuanimidad, que iban mucho más allá de su edad.

> A veces, cuando falta una persona, el mundo entero parece deshabitado.
>
> ALPHONSE DE LAMARTINE

Ver de nuevo a su amigo David fue una experiencia abrumadora. Sólo pude pensar en el relato de Ivy de cómo lo conoció cuando caminaba por un pasillo de la preparatoria. Me contó que supo al instante que tenía que averiguar quién era él. Fue un momento romántico en su vida, cuando empezaba a ser mujer.

Cuando me topé con este hombre increíblemente apuesto, que entonces tenía casi cuarenta años y seguía soltero, lo abracé y él me correspondió con calidez y me saludó con el sobrenombre que Ivy me puso. Sentí una punzada de dolor en el corazón, pero también una alegría indescriptible. Estaba mirando a los ojos a alguien que había compartido tanto de la vida de mi hermana de una manera que sólo a ellos les pertenecía. Agradezco lo que hayan compartido. En ocasiones, la llevaba a pasear en motocicleta y el viento agitaba el cabello largo y oscuro de Ivy. Me alegro que haya paseado en motocicleta. Doy gracias por cada momento y experiencia que ella disfrutó en su vida.

Le dije a David que me daba mucho gusto que hubieran compartido una relación especial. Él movió la cabeza, y sonrió con dulzura y timidez. Era un hombre muy reservado que conservaba la intensidad que también tuvo de muchacho. Sólo a Ivy le abría su corazón. Ella solía escucharlo durante horas y lo aconsejaba. Nunca me contó de qué hablaban, pero sé que ella se comunicaba con él como nadie. Él la necesitaba y ella estaba ahí para apoyarlo, como siempre lo estaba cuando uno la necesitaba.

Después del accidente, David fue a la casa y se sentó en la habitación de Ivy, tembloroso y estremecido. Miró a mi madre, a mis hermanas y a mí, pero no pudo hablar. Su silencio expresó con elocuencia la profundidad de su sufrimiento.

A menudo me preguntaba cómo podría David expresar su dolor. Yo escribí sobre el mío. Mi capacidad de expresar mis sentimientos por escrito, me salvó después del accidente.

Para David, ella siguió viviendo en su sonrisa y sus recuerdos personales. Cumplían años el mismo día. Siempre lo amaré por haber sido parte de la vida de mi hermana.

Con el paso del tiempo, David decidió expresar su dolor en una clase de inglés en la universidad. No sabía si quería seguir estudiando, pero decidió intentarlo y se inscribió en una universidad comunitaria.

Su maestra dejó de tarea hacer una composición sobre "el recuerdo o experiencia más importante de su vida". Por la razón que sea, David estaba preparado para hablar por primera vez sobre la pérdida de su amada amiga. Abrió su alma y vertió su corazón en el papel.

Cuando David recibió su composición calificada, estaba cubierta de marcas en tinta roja. Por todas partes había correcciones de ortografía y gramática. No hubo un solo comentario sobre el tema. No hubo una sola palabra sobre sus sentimientos. No hubo una sola frase que expresara condolencias por su pérdida. David abandonó la escuela y se convirtió en un hombre de negocios próspero.

Años después de nuestro encuentro fortuito, volví a oír hablar de David y la noticia me dejó deshecha. A sus cuarenta y tantos años David se enteró de que tenía cáncer. Al principio los médicos se equivocaron de diagnóstico. Se hallaba confinado a una silla de ruedas y su padre lo había llevado de vuelta a su hogar a morir. Su hogar era la casa donde él se crió, la casa en la que Ivy y él habían pasado tiempo juntos.

Supe lo que tenía que hacer. Me costó mucho trabajo llevarlo a cabo. Me estacioné frente a su casa. Su padre había construido una rampa para silla de ruedas que salía del garaje. Dos enfermeras de tiempo completo se turnaban para cuidarlo.

El corazón me latía tan rápido y con tanta violencia que me dolía. Toqué la puerta y la enfermera abrió. Ahí estaba él. David estaba sentado en la silla. Levantó la cabeza como si fuera un enorme peso y entrecruzamos una mirada. Esa sonrisa dulce y tímida seguía ahí, y por más enfermo que estuviera, seguía siendo un hombre muy apuesto.

Estaba muy débil y tuve que acercar el oído a su boca para poder oírlo.

—Hablo con ella todos los días —susurró él. Traté con todas mis fuerzas de contenerme. No quería incomodarlo de ningún modo. Sin embargo, los ojos se me llenaron de lágrimas.

—Ella está contigo, David —respondí y le devolví la sonrisa—. Ella está contigo.

Entonces nos sentamos juntos, puse la mano sobre la de él y le leí la historia que escribí sobre ellos.

Pienso en la canción favorita de Ivy, "Color My World", del grupo Chicago. La melodía es bella y la letra es amorosa y tierna. Como sus vidas, como su amor, la canción es breve, pero inolvidable.

ELYNNE CHAPLIK-ALESKOW

Caldo de Pollo
para el Alma

2

CAPÍTULO

# Hallar consuelo

# 10

# Fuente de luz

Hay algo grácil en una lámpara de queroseno bien hecha, en especial las antiguas, esas que fueron hechas con todo el amor y orgullo que un verdadero artesano siente por su trabajo: vasijas pesadas de vidrio soplado hecho a mano para contener el aceite; mechas de filamentos trenzados que cierran la distancia entre el combustible y la llama; bombas altas de vidrio delgado que tienen la encomienda de resguardar la luz centelleante dentro de ellos. Qué vidrio tan frágil y, sin embargo, tan fuerte para resistir la fuerza de los elementos en la noche inevitable.

A mamá le gustaban mucho estas lámparas. Estaban diseñadas para mantener la luz brillante en los momentos más inclementes, sin importar la oscuridad de la noche o el vendaval. Necesitaba algo así en su vida.

> Cada uno de nosotros tenemos un don único e importante. Es nuestro privilegio y aventura descubrir nuestra luz especial.
>
> MARY DUNBAR

Recuerdo que busqué en innumerables mercados de pulgas, tiendas de antigüedades y ventas del garaje. Mi madre tenía una enorme colección de lámparas ornamentales de queroseno de todas las formas, tamaños y colores: vasijas pesadas de cristal cortado con bombas cortas, rechonchas y resistentes; vasijas cilíndricas delicadas con pantallas de papel delgado, demasiado frágiles para usarse, pero hermosas; lámparas sencillas, redondas y funcionales llenas de aceite teñido de rojo. Mamá se esforzaba mucho por comprar las lámparas en parejas, pero su favorita entre todas las lámparas no tenía compañera.

Esta lámpara sin pareja era bastante grande: medía unos treinta centímetros de alto con la bomba de vidrio. La vasija de depósito era octogonal y transparente. Una lámpara sencilla y elegante que sobresalía por cuenta propia. No necesitaba su pareja para ser espectacular. Mi madre la encontró poco después de mudarnos a casi cinco mil kilómetros de todo lo que conocíamos, después de que dejó a mi padrastro. Fue el primer objeto bello que compró para nuestro nuevo hogar sin el temor de verlo de pronto hecho añicos en el piso. En las noches difíciles, cuando estaba deprimida, se sentía sola o asustada, prendía la lámpara y se quedaba horas sentada hasta que conciliaba el sueño.

Durante las largas y temibles noches en el punto álgido de un divorcio deplorable, se sentaba ahí hasta que el sol salía y el miedo extinguía el cansancio. Cuando descubrió las dos protuberancias del tamaño de una canica que tenía en la espalda, mamá encontraba solaz en las luces danzarinas e intocables detrás del vidrio, luces que brillarían para siempre si las alimentaba. La noche que le dieron el diagnóstico oficial de cáncer, me dejó ayudarla a prenderlas.

La primavera después de la primera batalla de mi madre con el melanoma maligno, fuimos a una feria de artesanías a pasar el tiempo, sólo para ocuparnos en algo. Todavía estábamos esperando noticias de los doctores sobre los resultados de sus pruebas de seguimiento. Se sentía disminuida y necesitaba con desesperación hacer algo, cualquier cosa, que la hiciera sentirse normal otra vez. Y si no normal, por lo menos mejor.

Todo lo que vimos en la feria es un recuerdo borroso para mí; estaba tan empeñada en verla sonreír, en no permitir que mi hermano nos viera dejarnos llevar por el pánico, que no creo haberme fijado en nada. Lo único que quería era hacerla sonreír. No había visto su sonrisa, no la había visto reír en meses, y lo echaba de menos.

Determinada a seguir mi búsqueda, me adelanté a mi madre y mi hermano pequeño que estaban entretenidos recorriendo las mesas y las exhibiciones. No había ido muy lejos cuando algo me llamó la atención. El reconocimiento fue inmediato, una chispa que saltó un momento sináptico fugaz, del tipo que le eriza a uno los vellos de los brazos ante el sincronismo. En la mesa de exhibición se erguía orgullosa una lámpara, y no cualquier lámpara: era una lámpara de queroseno alta con una vasija de depósito octogonal.

Me emocioné mucho y corrí frenética entre la muchedumbre hacia mi mamá. Ella estaba inspeccionando una pareja de lámparas pequeñas en el puesto de otro vendedor. Normalmente, no me gustaba interrumpir, pero esto era importante. Aunque tenía doce años, entendía a la perfección cuánto significaría para ella.

—¡Mamá! ¡Ven, tienes que ver algo! —llamé.

—Espera. Creo que voy a comprar estas lámparas. ¿Qué te parecen? —me las enseñó para que pudiera verlas, pero ni siquiera las miré.

—Tienes que ver primero lo que encontré —le di un tirón a su chaqueta, sin cejar en mi afán. Mamá suspiró, le dijo algo a la persona que se hallaba detrás de la mesa y puso las lámparas en su lugar.

La llevé casi a rastras por la feria sin dejar que se detuviera a ver nada para no perder tiempo. Tenía que ver la lámpara. Cuando por fin la vio, me di cuenta de que hice bien. Me apretó la mano y los ojos se le llenaron de lágrimas. Entonces tomó la lámpara, pasó los dedos por la vasija, por la bomba de vidrio y la inspeccionó detenidamente.

—¿Ves esto? —preguntó al tiempo que señalaba una marca muy pequeña en el vidrio en el fondo de la vasija. Asentí con la cabeza—. La que tenemos en la casa tiene la misma marca —sonrió. Era la primera vez que la veía sonreír verdaderamente desde que los doctores encontraron el melanoma.

Cuando la lámpara ocupó su lugar en la repisa de la chimenea, al lado de su pareja, mi madre lloró. Después de que nos llevó a acostar a mi hermano y a mí, mamá volvió a bajar. Entendí que había ido a prender las lámparas y a sentarse a la luz que proyectaban hasta que pudiera conciliar el sueño. Ya lo había hecho antes. Me quedé dormida, segura de que la había hecho sentir mejor, aunque fuera sólo esa noche.

Años después comprendí su necesidad de esas lámparas, esas fuentes de luz inextinguible que iluminaron los momentos más oscuros de su vida. No le ayudaron a sobrevivir al último ataque del cáncer; nada podría haberla ayudado, pero tal vez hicieron esos días menos terribles. Me encantan esas lámparas, pero no las necesito como ella. Mis recuerdos de ella es lo único que necesito. Ella fue mi lámpara, la luz inextinguible que siempre iluminó mi camino en los momentos más oscuros. Aún lo es. En las horas en que siento que mi vida está a merced de las tormentas y el viento, la luz que me rodea resplandece con fuerza y la esperanza se escuda en su espíritu inquebrantable.

SARAH WAGNER

# 11

# Posición de cigüeña

—Tenemos que ir, mamá —suplicó mi pequeño hijo—. Papá necesita estar ahí.

Mi esposo había planeado hace meses el viaje a Kauai, Hawái. Se suponía que era para festejar nuestro decimocuarto aniversario. Ahora, en lugar de la celebración, veía a mi hijo Keefer, de siete años, esparcir las cenizas de mi esposo en las bellas olas del mar. No fue idea mía. Yo no quería hacer el viaje. Quería cancelarlo y tratar de dar sentido a lo que quedaba de mi vida. Mi hijo tenía otras ideas.

Varios meses después de que regresamos de Kauai, nos hallábamos en la costa de Washington, cerca de nuestra casa, cuando vi a mi hijo acercarse a la orilla del Océano Pacífico. Levantó la pierna izquierda, apoyó el pie en la corva de la pierna derecha, juntó las manos en posición de oración e inclinó la cabeza. Lo vi hacer eso unos minutos, asombrada de su equilibrio y concentración. Al fin me acerqué y susurré:

—¿Qué estás haciendo?

> Amor es extrañar a alguien siempre que se está lejos, pero de alguna manera sintiendo calidez interior por tenerlo cerca del corazón.
>
> KAY KNUDSEN

Abrió un ojo y volvió la cabeza ligeramente hacia mí.

—Hablo con papá —respondió en voz baja.

—¿Qué?

Bajó la pierna izquierda al suelo, se volvió hacia mí y me tomó de las manos.

—Hablo con papá.

—¿Cómo? —pregunté, confundida.

—Mamá —repuso y movió la cabeza hacia atrás y hacia delante—. Lanzamos las cenizas de papá al Océano Pacífico cuando fuimos a Hawái.

—Sí —lo miré a los ojos un poco más hondo.

—Bueno, mamá, pues dondequiera que haya un océano puedo hablar con papá. Él está ahora en todas partes.

Su expresión me quitó el aliento. Desde luego, tenía razón. Todos los océanos se interconectan, y dondequiera que haya un océano, su padre, mi esposo, estará ahí.

En ese momento sentí que el espíritu de mi esposo me tocaba el corazón, igual como me había conmovido mi hijo.

CANDACE CARTEEN

# 12

# No tan insoportable

Cuando nos enamoramos y casamos al principio del milenio teníamos más de sesenta años e hijos adultos, pero creímos que pasaríamos incontables años juntos. Por lo tanto, aunque él luchó contra una enfermedad debilitante tras otra en los casi nueve años de nuestro matrimonio, aunque lo vi que se marchitaba poco a poco, y aunque supimos desde el día de San Valentín que Ken no podría sobrevivir, aún no podía creer que no pasaríamos juntos otra Navidad cálida y acogedora. Ken era mi osito de peluche: grande, fuerte, resistente.

Hizo alusión al hecho de que lo sabía en diciembre de 2008.

> Nena, déjame ser
> tu osito de peluche.
>
> ELVIS PRESLEY

—Voy a pedirle a los muchachos y a los nietos que me escriban historias este año para Navidad —anunció—. No necesito más objetos que tendré que regalar. No vayan a comprarme nada. Tengo suficiente de todo para que me dure el resto de mi vida.

Asentí, pero en secreto me prometí que encontraría algo que él pudiera usar. Ya había escrito un par de historias sobre nuestra vida juntos que iban a publicarse a finales de la primavera en la antología *Tough Times, Tough People* de *Caldo de pollo para el alma*. Así que me conformé con un par de regalos simbólicos: un frasco pequeño de colonia Tuscany y unas sudaderas. Aun cuando no hiciera mucho más que descansar en su sillón favorito, seguiría percibiendo la deliciosa fragancia de musgo de roble y azahar, como siempre. Y las sudaderas de algodón mullido, color azul y rojo cardenal, sustituirían las viejas y desgastadas chaquetas que usaba todos los días.

En enero empezó a clasificar sus corbatas y pisacorbatas y a decidir quién recibiría qué. Le ayudé a guardar en cajas sus libros de fotografía, póquer y magia y con trabajos las llevamos a la oficina de correos. Aun así, me obstiné en la negación.

En febrero perdió el apetito e incluso rechazaba mis ofrecimientos de preparar bisteces de pollo frito o pastel de carne, sus platos favoritos. Bajó casi veinte kilos, le dio ictericia y hubo que hospitalizarlo para hacerle estudios; luego necesitó un procedimiento de colocación de una cánula porque tenía una obstrucción en el conducto biliar.

El cirujano que realizó la operación me habló con franqueza.

—Lo que está causando la obstrucción es cáncer ampular. Debido a que los riñones de su esposo están muy débiles, no podemos operarlo ni administrarle quimioterapia. Lo único que podemos hacer es enviarlo a casa para que esté más cómodo.

Aprobaron los servicios para enfermos desahuciados. Pronto hubo días en los que no podía tolerar más que una cucharada de sopa de fideos con pollo o dos o tres uvas. La enfermera me confió que tenía los días contados. Pese a todo, simplemente no podía imaginar el futuro sin él.

Ken sabía que los libros de *Caldo de pollo* llegarían en junio. A finales de mayo me dictó una lista de las personas a las que quería que se los enviara como un último regalo para familiares y amigos. Los libros llegaron el 5 de junio, la misma mañana en que murió, poco después de que llamé a la Neptune Society y a la agencia de enfermeras. Ya había pegado las etiquetas a los sobres. Lo único que tenía que hacer era meter los libros en los sobres.

Pero en ese momento tenía que llamar a su familia y a mis amigos. Luego la lista de pendientes empezó a crecer. En las semanas subsiguientes hice varios viajes al tribunal del condado para ocuparme de los títulos de propiedad. Llamé y escribí a los bancos y uniones de crédito. Antes había accedido a participar como revisora en un programa federal de subvenciones. Las subvenciones llegaron dos días después de la muerte de Ken y me absorbieron por un tiempo. Como soy miembro de varios consejos de administración y comités, tuve que asistir a reuniones, revisar material y redactar informes. Sus hijos me visitaron en agosto y sembramos un ciruelo en su memoria.

Entonces, una mañana a finales de otoño, tres meses después de la muerte de Ken, desperté con el deseo intenso de lanzar objetos contra la pared. Aunque me había mantenido muy, muy, muy ocupada, me sentía muy, muy, muy vacía. Esa tarde recibí un sobre del capítulo de la Neptune Society que se había ocupado de la cremación. Saqué un certificado que decía que le habían puesto el nombre de Kenneth D. Wilson a un osito de peluche en memoria de mi esposo y que lo donarían "a un niño que quizá se sienta solo, herido o asustado"

Algunos días después recibí un paquete inesperado de una vieja amiga de la universidad que no había visto en décadas. Contenía un oso de peluche de color miel. Mi amiga incluyó una nota en la que me sugería que sollozara en el muñeco cuando me sintiera desconsolada, lo sacudiera cuando estuviera enojada o lo azotara en el piso cuando me sintiera abrumada.

El simple acto de acurrucarme con el oso me calmó mucho. Incluso ahora, algunas noches acuesto al oso del lado de la cama en el que Ken dormía. A Ken siempre le gustaron los osos.

La primera Navidad que pasamos juntos, un oso panda de los deseos apareció misteriosamente debajo del árbol. Una mañana de san Valentín, no hace mucho tiempo, descubrí un oso fornido que sostenía un corazón del color de las moras colgado en el volante de mi automóvil. Había noches en que llegaba a casa de un viaje de negocios y encontraba un oso tallado de un metro y medio de altura colocado en la entrada de la casa con un letrero que proclamaba nuestros nombres. Además, un grupo de criaturas osunas adornan una repisa en la habitación de huéspedes: un oso británico que lleva puesto un suéter con la bandera de Inglaterra, una osa parda con un elegante traje de encaje color lavanda y anteojos de abuelita, un pequeño oso polar que asoma por una bota de Navidad. Todos los escogió Ken. Tenía muy buen gusto en cuanto a osos.

Cuando se avecinaba la temporada decembrina de 2009, la primera sin Ken en una década, me di cuenta de cuando llegó el oso color miel, yo también, como el beneficiario del oso de peluche de la Neptune Society, me sentía sola, herida y asustada. Después de que apareció, me sentí menos abandonada. Tal vez podría aliviar el sufrimiento de otros, si ofrecía osos en memoria de Ken.

De inmediato encontré varias maneras de hacerlo. Doné quince mil millas de viajero frecuente a la campaña Miles of Hugs and Smiles de la American Cancer Society, suficiente para regalar dos osos —para abrazar— a los niños sometidos a tratamiento. Luego descubrí que la National Wildlife Federation buscaba personas que adoptaran osos negros de manera simbólica. Se regalaría osos de peluche pequeños a las personas designadas. Ordené uno para la nieta más pequeña de Ken y uno para Toys for Tots. Visité la oficina local de Tree of Sharing y tomé dos boletos para niños pequeños que habían pedido ositos de peluche.

Este año no pude armarme de valor para poner el árbol de Navidad. Es demasiado pronto para ver los adornos que reunimos en nuestros viajes juntos: el Pinocho de Venecia, los tótems de Alaska, los ángeles de San Petersburgo. Sin embargo, puse algunos de los Santa Clauses de Ken y sus osos de Navidad. Rocié un poco de la colonia Tuscany sobre el peluche.

Cuando visité las tiendas el día después de Navidad para buscar tarjetas del próximo año, sonreí para mí cuando encontré algunas cajas que estaban adornadas con osos que confeccionaban juguetes en el taller de Santa. El próximo diciembre, cuando las firme, veré la sonrisa de Ken.

No tengo duda de que Ken siempre seguirá siendo mi oso de peluche, fuerte y resistente.

TERRI ELDERS

# 13

# Entretejidas para siempre

P asaba por Louisa casi todos los viernes por la mañana para ir juntas a nuestro lugar favorito: una tienda de estambres y cafetería en la parte oeste de nuestra pequeña ciudad. Sentadas frente a la chimenea y rodeadas de anaqueles de hilos y estambres de incontables colores, tejíamos sombreros de lana gruesos para nuestros esposos, mantas suaves para las adiciones más recientes a nuestras familias, y bufandas, chales y guantes para nosotras. Ahí cenábamos sándwiches sustanciosos, sopas cremosas y chocolates caseros que se derretían en la boca, y charlábamos durante horas.

Qué rápido pasaba el tiempo en ese ambiente acogedor en medio de nuestros proyectos. Qué rápido pasa el tiempo cuando una está en compañía de una buena amiga.

Ayudaba a Louisa a ponerse el abrigo; recogía su bolsa de tejido; le ofrecía el brazo para que se apoyara en él y caminábamos despacio y con cuidado hasta el automóvil.

> Mientras lloramos la pérdida de nuestro amigo, otros se regocijan al recibirlo detrás del velo.
>
> JOHN TAYLOR

Louisa tenía apenas dos años cuando sus padres se dieron cuenta de que algo no estaba bien. No jugaba como los otros niños. En cambio, Louisa caminaba en el patio de recreo con paso vacilante, cauto y con dolor evidente. Así empezó la lucha que duraría toda su vida con la artritis reumatoide, sus efectos devastadores y todas las vulnerabilidades patológicas que a menudo acompañan a la enfermedad.

A pesar del dolor constante, los puñados de medicinas que tomaba a diario y un riguroso régimen de fisioterapia, Louisa estaba resuelta a llevar una vida "normal" y a darse abasto para satisfacer la gran demanda que tenían sus prendas tejidas. Parecía tener algo preparado para casi todas las ocasiones especiales: *baby showers*, fiestas de compromiso, bodas y cosas por el estilo, e innumerables amigos, familiares y simples conocidos querían tener las creaciones hechas a mano de Louisa.

La tradición llegó a un súbito final una tarde gris de marzo en que los "alfileres y agujas" penetraron y pincharon todo el lado derecho del cuerpo de Louisa. Casi no podía moverse cuando los paramédicos llegaron. Dos meses después le dio neumonía, y yo me pasaba la noche en vela al lado de Louisa acariciándole la mano, mientras mis lágrimas caían a raudales sobre las sábanas de su cama. Las ondas del monitor cardiaco alcanzaron picos altos, luego se extendieron y por último cesaron. El médico confirmó la triste noticia a quienes estábamos reunidos a su alrededor.

Louisa se había ido.

Aunque lo vi suceder y oí las palabras del doctor, mi conciencia asimiló la realidad muy lentamente. Aunque sabía que algún día tendría que hacer frente a mi propio dolor, hice lo que estuvo a mi alcance para ayudar a preparar el funeral y a rodear a su esposo, Joe, del apoyo que necesitaba.

Ofrecí ideas sobre los versículos de la Biblia que ella más apreciaba, así como de otros pasajes y cantos para incluirlos en el servicio fúnebre. Busqué en su clóset la ropa con la que la sepultaríamos, tratando de recordar con otros los colores, estampados y texturas favoritas de Louisa. Organicé las comidas y el transporte y aspectos prácticos de todo tipo, pero fue con el mayor cuidado y ternura que me era posible que hurgué en las canastas rebosantes y bolsas de Louisa para seleccionar las prendas tejidas más impresionantes que quería exhibir en el funeral.

Durante mi búsqueda encontré muchos proyectos terminados. Una gorra de bebé, con un pompón en la coronilla, de color amarillo como los rayos brillantes del sol. Toallas de cocina en forma de margaritas, copos de nieve y estrellas. Una bufanda. Pero entre tantos tesoros, había aún más proyectos esperando cobrar forma final.

Noté en especial los calcetines con puntos marrones que empezó a tejer para Joe el pasado invierno. Louisa esperaba dárselos en Navidad el año pasado, pero el ajetreo de las fiestas interrumpió sus planes. Entonces decidió dárselas para su cumpleaños, pero tampoco tuvo tiempo para eso. Louisa y yo hablamos del proyecto retrasado de los calcetines sin darle demasiada importancia unas semanas antes de que muriera; es mi último recuerdo de haber tejido juntas.

Con la mente atrapada en estos recuerdos agridulces y la visión empañada por las lágrimas, me volví hacia Joe y propuse:

—Si te parece bien, me gustaría terminar los calcetines por ella algún día.

Esa promesa que le hice a Joe fue una cuerda de salvamento a la que me aferré todos los días de ahí en adelante. Es verdad que, cuando terminara los calcetines, le daría a Joe finalmente un regalo muy especial y me sentí bien al respecto. Pero, muy en el fondo, comprendía que terminar esos calcetines me ayudaría de algún modo a sobrellevar la pérdida de mi amiga, que me ayudaría como nadie más podría.

Transcurrieron varios meses antes de que pudiera armarme de valor para cumplir mi promesa. Marqué el número, me aclaré la garganta y con voz titubeante pregunté si podía pasar por los proyectos sin terminar de Louisa. Un par de días después, Joe me saludó en la puerta y señaló el sofá, apenas visible debajo de los artículos de tejer de Louisa. Después de asegurarme de que tenía todas las agujas e ideas necesarias, llené el maletero, me dirigí a casa y trasladé mi preciosa carga a la sala. ¿Mi primera tarea? Terminar esos calcetines.

Estudié el diseño, arreglé las agujas como correspondía y toqué el estambre grueso. Tenía ante mí el trabajo de Louisa como un diario que documentaba tanto las celebraciones como los pesares de sus últimos meses de vida. Cuando coloqué un calcetín totalmente terminado sobre mi regazo, noté su forma perfectamente proporcionada y las puntadas uniformes y cuidadosas. ¡Cómo me recordaron los días armoniosos y felices que Louisa disfrutó alguna vez! Pero entonces me fijé en el segundo calcetín, no sólo sin terminar, sino repleto de errores: señales de su creciente cansancio hacia el final.

Aunque a regañadientes, me di cuenta de que no me quedaba más remedio. Tenía que retomar lo que estaba bien hecho donde Louisa lo dejó, sin importar el desconsuelo que me produciría deshacer el testimonio de algunos de los últimos momentos que pasamos juntas. Deshice cientos de puntadas hasta donde la cuenta estaba bien, pero mi vacilación inicial también se desvaneció cuando me pareció que los pequeños lazos de estambre levantaban los brazos en celebración de un nuevo comienzo.

Un nuevo comienzo. Aunque extraño a mi amiga todos los días, acepto las innumerables oportunidades que se me presentan para honrar su memoria, para honrar nuestros recuerdos. Hago bonitos regalos tejidos como Louisa hizo alguna vez. Extiendo su sonrisa cuando los que sufren necesitan que alguien les dé ánimo. Y me deleito en los sueños que mis otras amigas me cuentan en los rincones acogedores y cálidos de las cafeterías locales. De hecho, mi nuevo comienzo, mi nueva vida sin Louisa, prueba que estamos entretejidas para siempre.

BARBARA FARLAND

# 14

# La mesa vacía

Estábamos en Grecia de vacaciones hace muchos años y fuimos a un pueblo pequeño muy alejado de la ruta de los turistas. Deambulamos por las callejuelas hasta que nos dio hambre. Decidimos entrar en un cafecito a probar la comida griega. El piso y las paredes del interior eran de piedra, pero había sillas y mesas modernas que estaban pintadas de amarillo brillante, excepto por una vieja mesa de madera redonda y cuatro sillas, también de madera, que sobresalían en medio de los muebles modernos de color vivo.

Había repisas alrededor de las paredes con frascos que contenían hierbas secas, algún tipo de pepinillos de aspecto extraño, flores frescas, velas y muchas otras cosas.

Una anciana salió de una cortina de cuentas de vidrio y nos preguntó que nos gustaría comer. Pedimos un surtido de platos típicos, vino de la localidad y café.

> Aquel que se ha ido, cuya memoria atesoramos, mora entre nosotros, más potente, no, más presente que los vivos.
>
> ANTOINE DE SAINT-EXUPERY

Como ya casi era hora de comer, el café empezó a llenarse poco a poco. Le comenté a la joven que nos llevó el vino que tenían muchos clientes.

—Los viernes viene a comer mucha gente—, respondió. Todos estaban sentados charlando cuando entró un anciano y se abrió paso hacia la vieja mesa de madera.

Tomó asiento y la joven puso un vaso de agua frente a él y en los otros tres lugares. Hizo lo mismo con platos de pan y comprendí que el hombre debía de estar esperando a otros tres comensales.

Comimos los deliciosos platos y hablamos de a dónde iríamos a explorar después. Al cabo de casi una hora noté que el anciano seguía solo en la mesa. Aunque estaba comiendo algo, los vasos de agua y los platos de pan seguían ahí sin que nadie los hubiera tocado. La mano le tembló cuando levantó el vaso para beber un sorbo y me sentí profundamente conmovida. ¿Quién dejaría a un anciano comer sólo cuando lo estaba esperando?

Cuando mi esposo fue a pagar la cuenta y nuestros hijos fueron al baño, paseé la mirada por los frascos en las repisas, pero me detuve en el viejo. La anciana me vio y le comenté:

—Es triste que sus acompañantes no hayan llegado y que haya tenido que comer solo.

—Siempre come solo. Sus acompañantes nunca vienen —repuso ella.

La miré intrigada.

—¿Le gusta fingir que tal vez vendrán?

—No, él sabe bien que nunca llegarán. Hace muchos años, cuando era joven, eran cuatro los que venían todos los días de regreso a casa del trabajo. Tomaban uno o dos vasos de vino, eran cuatro jóvenes apuestos y fuertes. Una vez a la semana se sentaban en aquella mesa y comían juntos porque era viernes y no tenían que volver al trabajo sino hasta el lunes. Reían, contaban historias y planeaban sus fines de semana. Eran amigos desde que iban a la escuela y siempre estaban juntos.

"Entonces estalló la guerra, y primero uno y luego los otros se marcharon a combatir. Eran como hermanos, comprenderá usted, y al final, cuando la guerra terminó, esperábamos que todos los muchachos volvieran a casa. De los cuatro que se sentaban ahí, sólo Nikolas volvió. Viene aquí cada viernes desde el día en que salió cojeando del hospital y se sentó a comer con sus amigos. En la mente revive su infancia feliz en este pueblo, recuerda cuando eran niños y les gastaban bromas a los vecinos, sus vidas cuando crecieron y se convirtieron en jóvenes y los abrazos de despedida cuando se fueron a la guerra. El resto de la semana lleva una vida normal con su esposa y su familia. Nikolas necesita estos viernes para sobrellevar el dolor, para pasar unos momentos felices con sus viejos amigos.

El relato fue tan conmovedor que todavía me escurren las lágrimas por las mejillas cuando pienso en el anciano. Nunca olvidaré las últimas palabras que me dijo la señora cuando me disponía a irme.

—El legado de la guerra no es sólo las miles de cruces blancas en un cementerio militar, es también las sillas vacías en una mesa y los amigos que nunca volverán a reunirse. Mientras yo viva, Nikolas siempre podrá reunirse aquí con sus amigos.

JOYCE STARK

# 15

# Un regalo curativo

Mi papá fue más que un padre para mí; fue mi amigo y confidente y una de las personas más maravillosas en mi vida. Por eso, cuando murió de repente, de un derrame cerebral, a la edad de cincuenta y un años, mi mundo se vino abajo. Me sentía perdida, junto con mi madre que había estado con él desde que tenía dieciséis años, mis dos hermanos, y todos los que lo conocieron. Nos sumimos en una espesa niebla de rabia, tristeza y consternación.

> Dios nos dio los recuerdos para que pudiéramos tener rosas en diciembre.
>
> J. M. BARRIE

Lloraba todas las noches y trataba de aferrarme a los recuerdos que tenía de él. Revivía cada momento que podía evocar: anotaba mis pensamientos, imprimía mensajes viejos de correo electrónico, leía mis tarjetas de cumpleaños, cualquier cosa que me ayudara porque no quería olvidar. Cuando repasaba todos esos viejos recuerdos, empecé a preguntarme de qué me habría perdido. Mi padre era un hombre callado, conocido por su capacidad para escuchar, su paciencia, su buen humor y su sonrisa. Con frecuencia era él quien escuchaba en vez de hablar. Quería saber qué historias desconocía por haberlo perdido tan pronto. Por eso decidí compilar un libro de recuerdos como regalo de sorpresa para mi mamá y mis hermanos en Navidad.

Empecé mi proyecto en noviembre y me puse en contacto con todos los que sabía que habían estado cerca de mi papá en los últimos años o en el pasado remoto. Envié correos electrónicos y cartas para pedir a los amigos y parientes de Gary Force que enviaran sus pensamientos y remembranzas que tenían de él. En particular, les solicité que compartieran anécdotas graciosas sobre mi padre o historias que quizá nadie había oído, o que habían quedado relegadas al olvido. Les pedí que respondieran a más tardar una semana antes de Navidad.

Esperé y esperé, y hasta principios de diciembre había recibido muy pocas respuestas. Empecé a pensar que tal vez mi idea era terrible o que a nadie le había interesado. Y entonces llegó una avalancha de respuestas. Aproximadamente una semana antes de Navidad comencé a recibir cartas escritas a mano, fotografías viejas y correos electrónicos por docenas. Me sorprendió y maravilló la respuesta y me conmovió aún más lo que la gente escribió sobre mi papá. Casi todos los relatos y recuerdos eran nuevos para mí. Había historias de mi papá jugando póquer hasta las cuatro de la mañana en la preparatoria, de bromas que les jugaba a sus compañeros de la facultad, de su primer trabajo después de salir de la universidad, de cómo conoció a mi mamá y su vida juntos, e historias que hablaban del amor de mi padre por su familia y amigos. Todas y cada una de ellas fue un regalo precioso.

Al final, mi compilación incluyó más de cincuenta entradas y ochenta y cinco páginas. Familiares y amigos vertieron su alma y corazón para hablar de un hombre que la vida les había arrebatado de pronto. Hablaron de cosas que les gustaría haberle dicho y de los recuerdos que atesorarían por siempre. Compilé el libro en la computadora y lo mandé imprimir a una tienda de fotocopias cercana. Se lo di a mi familia como el último regalo el día de Navidad. La emoción nos embargó a todos. Mi mamá se quedó muda y lloró a mares mientras miraba el grosor del libro. Mis hermanos se levantaron y me abrazaron sin decir nada. Mi madre y mis hermanos estaban tan conmovidos que no atinaban a decir palabra y tardaron horas en ver todo el libro. Con los ojos llenos de lágrimas, mamá dijo que era el mejor regalo que había recibido.

Este libro era más que sólo un álbum de recuerdos. Era un proceso curativo. No esperaba sentirme mejor respecto a la pérdida de mi padre después de leer todas esas historias, pero así fue. Me sentí feliz de saber que había tenido una vida estupenda y que había llegado al corazón de muchas personas. Estoy muy orgullosa de que haya sido mi padre. Hacer el libro fue mi primer paso en el camino hacia la curación. Ahora, siempre que estoy triste o lo extraño, tomo el libro y lo hojeo para reír y sonreír un poco. Sé que él me está viendo desde el cielo, que también lo lee y, con suerte, ríe y sonríe junto conmigo.

JENNY FORCE

# 16

# La oración del capellán

Mi historia de dolor empezó con una llamada telefónica. El tipo de llamada que toda madre teme recibir. La llamada que ojalá nunca hubiera contestado. Esa llamada que me dejó llorando por mi niño, mi hijo que acababa de cumplir cuarenta años.

Todavía estaba oscuro cuando fui a trabajar esa mañana de mayo de 2008. Recorrí la ruta familiar a lo largo de la autopista 40 para dirigirme al Centro Médico Regional Munroe en Ocala, Florida. Una compañera de trabajo había pedido libre el fin de semana y yo me presentaba a cubrir mi guardia, preparada para trabajar un turno extenuante de quince horas.

> La fe hace posibles las cosas, mas no fáciles.
>
> Anónimo

Al llegar al hospital hice lo de siempre. Estacioné el automóvil y caminé hacia la entrada norte. Recorrí un largo pasillo hacia la cocina. Di dos vueltas a la izquierda y llegué a mi puesto de trabajo. Oí los mensajes que los pacientes habían dejado en una contestadora. Hice cambios personales al menú del desayuno. Tomé un descanso breve. Volví a mi computadora y empecé a trabajar en los menús de la comida de cada paciente del hospital.

En mitad de mi rutina, casi a las nueve y media de la mañana, el teléfono de la línea exterior sonó. En el otro extremo oí a mi hija menor, Nancy, que llamaba desde Michigan. Lloraba y decía incoherencias; le pregunté qué había ocurrido; en medio de sollozos trató de hallar el modo de decirme  y yo no podía entender lo que decía porque hablaba de prisa y atropelladamente y yo trataba de encontrar la forma de salir de esa pesadilla y entender.

—Mamá —dijo al fin—, Michael está muerto.

Lo que ocurrió después fue una espantosa serie de acontecimientos que se sucedieron con rapidez. De la llamada telefónica, a la cocina, a la oficina de la dietista, gritaba y estaba fuera de control.

¿Dijo muerto? Traté de comprender lo que estaba ocurriendo. Traté de recuperar la compostura.

Mi único hijo no podía estar muerto. Me esforcé por dar sentido a lo que había oído. ¿Habló de una sobredosis?

El personal y mis compañeros de trabajo corrieron a mi lado, pero estaba inconsolable, confundida, me negaba a creer lo que había oído y, no obstante, la verdad empezó a calar poco a poco en mi alma. Dos empleadas de la cocina, preocupadas por el estado de histeria en el que me encontraba, insistieron en llevarme a la planta baja al servicio de urgencias. Me dijeron que esperara hasta que me tranquilizara, que esperara hasta que llegara un pariente, que esperara hasta que pudiera enfrentar la realidad. Llamaron a un doctor y se quedaron cerca, al tiempo que ofrecían palabras de consuelo.

Más tarde, mientras estaba sentada en la sala de urgencias, simplemente esperando, sin un amigo o familiar, sin esperanza en el mundo, sin ninguna forma de saber cómo había pasado lo impensable. Tal vez podría sobrevivir y recurrí al Dios de mi niñez para ofrecerle una plegaria llena de dolor y desesperación.

No puedo soportar esto sola. Necesito Tu ayuda.

El capellán que estaba de turno ese día era católico, vestía de manera informal y hablaba en voz baja. Alguien lo llamó para que esperara conmigo; me llevó a una habitación aparte donde pudiéramos estar solos. Me escuchó con verdadera preocupación e interés mientras lloraba y le contaba, lo mejor que pude, de mi único hijo, de la noche que había ido a pasar en casa de su hermana, de la sobredosis accidental, de sus últimas horas antes de acostarse y de su muerte silenciosa mientras todos los demás dormían.

El capellán me tomó de las manos.

—¿Puedo rezar contigo? —preguntó. Asentí, y me abandoné al dolor—. ¿Entiendes que le rezamos a la Virgen María?

—Sí, está bien —susurré.

El capellán hizo una pausa.

—¿Sabes? —continuó—, María también perdió a su hijo —y con esa sencilla verdad empezó mi viaje desgarrador hacia la recuperación.

Agaché la cabeza y escuché la oración del capellán, asombrada de que Dios me hubiera enviado ayuda tan pronto; de que hubiera oído mi súplica insuficiente de piedad y a través de las palabras de un completo extraño, me hubiera recordado lo que sufrió María al perder a su hijo tan joven.

Desde hace dos años mi camino agreste y accidentado hacia la recuperación ha sido una marcha cuesta arriba. Sigo llorando la corta vida de mi hijo, pero paso a paso, encuentro nuevo consuelo y fortaleza al saber que no estoy sola, al saber que otra madre también tuvo que ir cuesta arriba con el corazón deshecho.

Cada mañana mi cruz parece más fácil de soportar y a menudo, cuando rezo, o medito, o levanto el cáliz, pienso en las palabras del capellán: "María también perdió a su hijo", y me siento reconfortada.

BRENDA DAWSON, según se lo contó a CHARLOTTE A. LANHAM

# 17

# Girasol de Cornell

E ra diciembre de 2000 cuando asistimos al funeral de mi amado padre, Clarence Edward Gammon. Un enorme abanico de girasoles adornaba el púlpito de la iglesia en memoria del sol que iluminó nuestras vidas y en conmemoración de los bellísimos girasoles que él cultivaba cada año. Eran la comidilla del barrio cuando se erguían imponentes y llegaban a rozar los aleros de nuestra casa familiar.

> ¡Oh, corazón! Si algún necio te dijera que el alma, como el cuerpo, perece, responde que la flor se marchita, pero la semilla permanece.
>
> KAHLIL GIBRAN

Cada año desde 2002, las semillas de esas flores preciosas se vuelven a sembrar en mi casa de Cornell, en recuerdo entrañable de mi papá y por respeto al amor que sintió por esas flores. Fue en 2006, cuando empezaba el proceso de siembra para la nueva temporada, que la maravillosa historia de estas flores alcanzó una nueva altura.

Entré en el garaje a buscar las semillas que había cosechado el pasado otoño, como había hecho cada año antes. No caí en la cuenta de inmediato cuando vi en la bandeja las cáscaras abiertas, pero pronto comprendí que un bicho hambriento, que de seguro se había refugiado en nuestra cochera durante el invierno, se había comido las semillas. Una oleada terrible de temor y desolación me invadió, como si hubiera vuelto a perder a mi padre.

Mi esposo me vio llorando desde la ventana de la cocina, abrió la puerta y preguntó qué me pasaba. Le expliqué lo ocurrido. Me miró con compasión y dijo: "Sólo se necesita una". Comprendí. Pasé dos horas buscando y rebuscando entre las cáscaras y encontré un total de doce semillas restantes que sembré en macetas pequeñas, y crecieron las plantitas en la ventana de nuestra cocina.

Regresamos de un fin de semana que habíamos pasado fuera y descubrimos que nuestro gato había descabezado todas las flores y se las había comido. No podía creer que esas flores estuvieran de nuevo en peligro. Una vez más, mi esposo aconsejó: "No te des por vencida, sólo se necesita una". Y había una.

Una planta joven había sobrevivido y la sembré en el jardín de la parte de atrás de la casa. En las siguientes semanas la vi crecer y fortalecerse hasta que alcanzó una altura de treinta centímetros. Un día estaba quitando la hierba alrededor del tallo y algo absolutamente increíble ocurrió: oí el "crac" y claro, me había acercado demasiado y corté el tallo de la flor. Esta vez no derramé lágrimas. Me di cuenta de que me estaban enviando alguna especie de mensaje que aún no lograba discernir.

No tuve el valor de desenterrar el tallo agonizante y lo dejé ahí varias semanas. Un día, mientras estaba desmalezando, algo me llamó la atención. El tallo de girasol había vuelto a la vida: estaba mustio y de pronto se había levantado mirando al cielo y empezó a florecer. Era un milagro. Esta vez, las lágrimas eran por el mensaje recibido en lugar de por lo que había perdido. Sólo se necesita uno para marcar la diferencia, sea una persona o un girasol.

Sin importar los maltratos sufridos, esta flor tenía un propósito y lo iba a cumplir a pesar de todos los ratones, gatos y jardineras descuidadas. Durante el verano el tallo creció hasta medir más de 1.80 metros, formó más de seis flores y proporcionó cientos de semillas para la cosecha.

Comparto estas semillas como comparto mi historia de pérdida y, en última instancia, el regalo más grande de todos: el regalo de esperanza y fortaleza y la certeza de que todos los seres vivos son milagrosos en su existencia y perseverancia.

Todos deberíamos estar tan llenos de esperanza como este girasol de Cornell.

SHERI GAMMON DEWLING

# 18

# Mi hija, Rose

Me senté junto a mi querida hija Rose, que estaba acostada con los ojos cerrados y tenía una expresión de paz en el rostro. La tomé de la mano, le acaricié el cabello y le dije cuánto la amaba. Después de un rato, hubo una ligera conmoción en el cuarto y se oyeron voces que hablaban en ruso, un idioma que estaba aprendiendo, pero que aún no entendía bien. Entonces alguien dijo en inglés: "Es hora de irnos. Necesitan cremar los cuerpos".

Retrocedí horrorizada. ¿Cómo podía alguien hablar de llevarse a mi amada hija y quemarla? El sólo pensarlo me resultaba absolutamente estremecedor. Pero entonces oí otra voz entre mis pensamientos: "Ellos ya no están aquí". Era la voz del suegro de Rose y de inmediato entendí que se refería al cielo y nos recordaba que nuestros seres amados, Rose, su esposo Piper y su hijo Sean, ya no ocupaban los tres cuerpos que yacían lado a lado en esos ataúdes, sino que habían partido de este mundo para ir a un lugar mejor.

—¿Están en un lugar donde puedan sentarse? —había preguntado amablemente mi suegra a mi esposo Ken por teléfono hacia poco menos de una semana. Luego procedió a darnos la terrible noticia que nuestra hija de veintiséis años había muerto, junto con su esposo de la misma

> Quizá no sean estrellas, sino agujeros en el Cielo por donde el amor de nuestros difuntos fluye y nos baña con su luz para avisarnos que son felices.
>
> ANÓNIMO

edad y su hijo de tres años. Iban en el automóvil por una carretera cubierta de hielo cerca de una ciudad remota en Siberia; regresaban a casa después de haber ido a hacer *snowboarding* en las montañas cuando el automóvil patinó, se salió de control y se estrelló contra un autobús.

La noticia era tan increíble e inesperada que fue muy difícil asimilarla; era como si alguien nos estuviera diciendo que el cielo era verde o que el pasto era morado. Simplemente nos dejamos caer en una banca fuera de la librería donde estábamos haciendo algunas compras cuando entró la llamada y nos esforzamos por recuperar, de algún modo, el equilibrio en un mundo que giraba a ritmo vertiginoso. Ken y yo habíamos tomado unas cortas vacaciones y por esa razón, la noticia de la muerte de nuestros seres queridos se les comunicó primero a los padres de mi esposo, ya que eran las únicas personas con las que la embajada de Estados Unidos en Rusia logró establecer contacto en ese momento.

Había sido un año difícil para nosotros, y todos nos habían aconsejado que nos tomáramos unos días para descansar. Fuimos en automóvil de nuestra casa en Boston hasta un pequeño pueblo en la zona rural de Pennsylvania a pasar unos días disfrutando de la tranquilidad del campo. Cuatro meses antes, otra de nuestras hijas, Lillie, sufrió un accidente automovilístico en Boston una madrugada cuando un conductor ebrio que iba a exceso de velocidad salió de una calle secundaria y se estrelló contra el auto que ella conducía; el impacto causó la muerte de uno de los pasajeros e hirió a otros cuatro, entre ellos, a Lillie, que fue la que sufrió las heridas más graves, pero milagrosamente sobrevivió a una delicada operación del cerebro y por fin se estaba recuperando tras una convalecencia muy difícil.

Ahí estábamos de nuevo, enfrentando otra tragedia. Esas palabras: "Ellos ya no están aquí", traspasaron mi conciencia y, en ese momento, ni siquiera estaba segura de seguir creyendo en el cielo. En ese instante, fue como si todo lo que creía se borrara de un plumazo, como cuando una computadora falla de pronto, o como cuando una película se detiene abruptamente en medio de la acción y sólo se ven puntos enroscados y estática.

Siempre había creído en Dios, con excepción de los años de juventud en los que rechacé las creencias de mi infancia y me declaré atea. Pero luego mi vida dio ciertos giros sorprendentes; aprendí a amar a Dios con todo mi corazón y pasé muchos años en América Latina y después en Siberia viviendo como misionera con mi esposo y mis seis hijos. No podía imaginar no creer en el cielo después de haber vivido en situaciones peligrosas y haber dependido de Dios para todo y, sobre todo, después de haber sido testigo de muchos milagros a través de los años. Sin embargo, ahí estaba, profundamente preocupada por Rose y su familia, sabiendo que su futuro, su felicidad y bienestar dependían de que hubiera un más allá. De repente, todo aquello de lo que estaba tan segura parecía haber desaparecido.

En ese momento se me ocurrió que mi fe en Dios siempre había estado relacionada con la Biblia, por lo que traté de pensar en un versículo bíblico sobre el cielo. Pensé en el versículo 16, capítulo 3 del evangelio de san Juan que dice: "Porque tanto amó Dios al mundo, que dio a su Hijo unigénito, para que todo aquel que crea en Él, no se pierda, sino que tenga vida eterna". Medité un momento en este versículo y me pregunté: "¿De verdad creo en eso o son sólo palabras bonitas?". Entonces tuve otro pensamiento: "Puedes elegir. Puedes escoger entre creer o no creer. Depende de ti". Así, en ese momento respondí: "Decido creer" y de inmediato sentí que una paz serena me rodeaba y me daba sustento, algo que hasta la fecha siempre ha permanecido conmigo.

Después de que dejamos ese lugar, todos salimos a la calle y dimos varias vueltas por la cuadra. Todo era muy frío y monótono. Todos estábamos aturdidos. De hecho, estábamos esperando a que cremaran los cuerpos y tratábamos de movernos para mantenernos calientes mientras esperábamos. Era imposible que lleváramos los cuerpos de regreso a Estados Unidos para darles sepultura, por lo que habíamos optado por cremarlos en Rusia y llevar las cenizas de vuelta con nosotros.

Finalmente nos llevaron en varios vehículos al lugar donde había ocurrido el accidente. La carretera estaba muy sola y desierta. Muy pocos vehículos pasaron por ahí mientras estuvimos ahí. Era difícil creer que un autobús hubiera estado ahí en el preciso momento en que el automóvil derrapó fuera de control. Vimos los restos del choque al lado del camino, dispersos por la nieve. En lo alto de una colina que se veía al fondo, alguien había colocado una guirnalda de flores en memoria de nuestros hijos.

Traté de imaginar lo que Rose y su familia sintieron al estrellarse en medio de la nada y abandonar este mundo en un rincón tan desolado de la Tierra. De pronto, mientras miraba la guirnalda de flores, vi que el sol se estaba poniendo detrás de ella; su luz la iluminaba directamente y los rayos se entrecruzaban a su alrededor. Tomé mi cámara para captar ese bello paisaje. El hermano de Piper lo vio en el mismo momento que yo y también sacó su cámara para tomar la fotografía. Lo entendí como una hermosa promesa: que incluso en medio de la nada, el amor y la luz de Dios los habían rodeado y los habían sostenido durante la tragedia para conducirlos después a un mejor lugar.

Esa noche viajamos por tren de Novokuznetsk a Novosibirsk, donde Rose, Piper y el pequeño Sean habían vivido como misioneros y trabajadores de ayuda humanitaria. Me quedé en el corredor del tren viendo por la ventana los abedules y la nieve en la oscuridad y elevé mis pensamientos a Dios. Sentí que Él me respondía, me tranquilizaba y me decía que no debía preocuparme más por Rose, Piper y Sean porque eran felices y habían emprendido una nueva vida, sino que más bien debía centrar la atención en nuestros otros hijos y ayudarles a salir adelante en los duros días que vendrían.

En Novosibirsk realizamos el funeral y fue muy conmovedor ver a muchos rusos queridos que expresaron su amor y aprecio por Rose, Piper y Sean, que habían vivido entre ellos en los últimos años y que habían amado y ayudado a tantos. No pude evitar pensar que, pese a su corta vida, Rose y Piper habían vivido con plenitud. Aunque sólo habían vivido veintiséis años en este mundo, ¿quién era yo para decidir cuánto tiempo debía durar una vida?

Agradezco mucho haber tenido a Rose, a Piper y a Sean y los maravillosos momentos que compartimos cuando estuvieron con nosotros. A menudo siento la presencia de Rose muy cerca de mí. Y el cielo ya no es un lugar abstracto para mí. Me parece mucho más real ahora y espero ir ahí algún día cuando me llegue la hora de partir de este mundo. Mientras tanto, amo la vida y quiero vivir cada día amando a las personas que me rodean, a mis hijos y nietos y a Dios.

LARAINE PAQUETTE

# 19

# Una señal de Dios

Era 1985, tenía dieciocho años e iba a pasar todo el verano fuera de casa. Conseguí lo que consideraba mi primer trabajo verdadero: un puesto de recamarera en el hotel más grande del Glacier National Park. Tenía la intención de aprovechar todos mis días libres para hacer senderismo y explorar el parque. Una de las primeras personas que conocí fue un joven de diecinueve años, de cabello anaranjado y una pasión por el senderismo que casi igualaba su pasión por el Señor. Congeniamos de inmediato. Así lloviera o tronara, explorábamos los senderos del Many Glacier Valley siempre que teníamos tiempo libre juntos. Además de su increíble espíritu aventurero, también admiraba su madurez espiritual que nunca había encontrado en alguien de esa edad.

> Si en lugar de una gema, o incluso una flor, proyectáramos el regalo de un pensamiento amoroso en el corazón de un amigo, eso sería dar como los ángeles lo hacen.
>
> GEORGE MACDONALD

Diez de junio, tercer día libre (y, por lo tanto, tercer día de senderismo). El plan era ir "al lago Iceberg, desde luego" y después al lago y túnel Ptarmigan, si nos daba tiempo; casi veintiséis kilómetros en total si lo lográbamos. Durante el trayecto de los primeros cinco kilómetros de camino, una de las cosas de las que hablamos fue que sería increíble pararse en una saliente debajo de una cascada y ver el agua caer frente a uno. Y entonces aparecieron ante nosotros, precisamente al doblar la curva, las cascadas Ptarmigan, de sesenta y un metros de altura, con una saliente perfecta a unas dos terceras partes del camino hacia abajo.

Quedamos que él iría a "ver" mientras yo esperaba el informe en lo alto. Veinte minutos y varios bocadillos después, empecé a preguntarme por qué tardaba tanto en volver. Empecé a dar vueltas de un lado a otro sobre el tramo de cuatrocientos metros que daba vuelta en U alrededor del borde de las cascadas, pero el paraje estaba tan densamente poblado de árboles que casi no podía ver nada al fondo del cañón. Incluso bajé unos quince metros o un poco más desde el sendero al lugar donde lo vi desaparecer por última vez, pero el suelo estaba mojado y resbaloso por el rocío de las cascadas y no me atreví a ir más lejos. La tercera vez que volví sobre mis pasos por el sendero divisé al fin lo que había empezado a temer: un par de botas que sobresalían de una roca y conectaban con un cuerpo medio sumergido y la mata de cabello anaranjado flotando en la corriente.

Me di cuenta al instante de que estaba muerto. Luego de unos momentos de conmoción y llanto, recogí las mochilas y nuestras pertenencias y empecé a recorrer el sendero de regreso a la estación de guardabosques para informar del incidente. ¿Cómo empezar una historia así? Al parecer, los guardabosques resolvieron que yo tenía el temple suficiente para ser de utilidad en el lugar, porque me pidieron que volviera a subir por el sendero hacia las cascadas con cinco de ellos que llevaban el equipo de rescate y había un helicóptero a la espera. No fue sino hasta unas tres horas más tarde, cuando finalmente regresé al hotel, que rompí en llanto y me desplomé en los brazos de dos amigas que me esperaban deshechas en llanto, ya que la noticia me había precedido.

Desde la mañana siguiente recibí llamadas de varias personas de la iglesia de mi casa que querían decirme que rezaban por mí (por increíble que parezca, la noticia se transmitió por radio incluso antes de que yo tuviera oportunidad de llamar a casa). En el transcurso de las siguientes semanas fui objeto de algunos de los actos más grandes de amabilidad de mis compañeros de trabajo (palmaditas en la espalda, comidas especiales, el ofrecimiento de tomar tiempo libre, etcétera).

Pero la historia no termina aquí. Algo faltaba aún. Lo echaba mucho de menos, pero también tenía la plena certeza de que Dios lo había llamado a su seno y él estaba preparado. Finalmente decidí que necesitaba compartir esto con sus padres. Obtuve su dirección, incluí algunas fotografías que habíamos tomado de las cascadas y el "rescate" y escribí una extensa carta en la que les describí a su hijo como la persona increíblemente espiritual que conocí.

Pasaron varias semanas y recibí una carta de respuesta que me dejó helada. Su madre escribió que había discutido y luchado con Dios por la muerte de su amado hijo y que simplemente no podía aceptar la posibilidad de que ésa fuera realmente Su voluntad. Finalmente "tendió un vellón de lana" y pidió a Dios que le diera diez señales. La primera ocurrió al día siguiente cuando fueron a visitar la tumba: la sombra de una cruz apareció en el capó del automóvil. Continuó mencionando ocho señales más que ocurrieron en las siguientes semanas. La décima fue mi carta, que sirvió como respuesta a su pregunta más crucial. Desde entonces un sentimiento de aceptación y paz se había apoderado de toda la familia.

Todavía me asombra pensar en ello. Pedimos señales a Dios o interpretamos diversos acontecimientos como si Dios nos hablara por medio de señales, pero nunca se me había ocurrido la posibilidad de que Dios pudiera usarme a mí como señal para otra persona.

ANN SCHOTANUS BROWN

# 20

# Del dolor al propósito

¿Por qué estaba la policía en la puerta de mi casa? ¿Qué quería, en especial a las siete de la mañana? Era mi hora de meditación matutina y me había arruinado la concentración; fui a abrir la puerta.

—¿Es usted Sandra Maddox? —preguntó el oficial.

¿Por qué quería saber? ¿Qué era todo eso? No había infringido ninguna ley. Mi esposo no había hecho nada malo. Y mi hija, Tiffany, estaba en la escuela a miles de kilómetros de distancia. ¿Qué podía estar mal?

—Sí, soy Sandra Maddox —gracias a Dios, mi esposo, Ron, había bajado y se hallaba a mi lado.

—Señora, lamento informarle que su hija Tiffany murió en un accidente automovilístico anoche.

—¡NOOOOOOO! —grité mientras me abalanzaba a los brazos abiertos de mi esposo. En un instante, mi mundo pequeño y tranquilo quedó hecho añicos. ¡Dios mío, no puede ser verdad! No mi Tiffany. ¿Por qué?

El tiempo perdió todo significado y vivía como autómata, sólo hacía lo que era absolutamente indispensable. Incluso respirar se volvió una carga pesada. No era posible que nunca más volviera a ver el rostro sonriente y hermoso de Tiffany. Dios mío, ¿por qué?

Todas las mañanas, ahí estaba de nuevo: una ola inmensa de dolor que se estrellaba contra mí y las aguas revueltas me hundían y arrastraban

> No desperdicies tu dolor; úsalo para ayudar a otros.
>
> RICK WARREN

al fondo. No podía siquiera imaginar que alguna vez pudiera volver a reír o sonreír. Mi alma, mi niña, me había sido arrebatada. ¿Cómo sepultas a tu única hija? Increpé a Dios. Se supone que los padres no deben morir después que sus hijos. Sabía que Dios era bueno, pero no podía ver ningún bien en esto. Nada tenía sentido para mí.

Tiffany era tan joven y tenía tanto por qué vivir. Ni siquiera tuvo tiempo de iniciar su propia familia. No, ningún Dios de amor permitiría que eso pasara. ¿O sí?

Todo momento parecía desbordar desesperación.

En medio de todo, pensé en nuestras últimas visitas y en todas las cosas que me contaba, todas sus ocurrencias graciosas. Una de las últimas fue: "Mamá, creo que cuando uno quiere respuestas, a veces es necesario encarar directamente a la gente hasta que te las dé, digo yo". Me dio risa oírla decir eso. Recordarlo ahora traspasaba y salvaba mi atribulado corazón.

Me había estado flagelando pensando en todas las cosas que había hecho mal como madre. Mi mente estaba llena de preguntas y deseos inútiles: ¿qué hubiera pasado si ?; si tan sólo hubiera hecho esto o lo otro. Pero ¿de qué servía? Nada podía devolverme a mi preciosa hija.

Unos meses antes, nuestra iglesia había terminado una serie llamada "40 días de propósito", una campaña basada en el libro *The Purpose Driven Life* de Rick Warren. Encontré frases que habíamos memorizado y que en estos momentos me venían a la mente justo cuando las necesitaba:

A Dios le interesa más tu carácter que tu comodidad.

Estamos hechos para durar para siempre.

No eres un accidente.

¿Era posible que Dios tuviera algún propósito con la muerte de mi hija?

Las palabras que el pastor pronunció al pie de su tumba me dejaron perpleja: "Miren los dones especiales que Dios dio a Sandra en los últimos días de Tiffany".

¿Cómo podía ser un don la muerte de mi hija? Reflexioné en esas palabras mientras lloraba sin control. Medité y recé, y "encaré a Dios", como habría dicho Tiffany.

¿Era posible que Dios me hubiera estado preparando para este preciso momento toda mi vida? Desde luego, no era la voluntad perfecta de Dios quitarme a mi hija, pero Él lo había permitido. ¿Tenía algún propósito al infligirme este dolor y sufrimiento?

Pensé en mi madre, que me abandonó cuando yo era muy pequeña. Reflexioné en el matrimonio abusivo del que había logrado alejarme cuando Tiffany tenía catorce años. ¿Acaso Dios no había cuidado de mí entonces? De alguna manera, cada prueba por la que pasamos había fortalecido el lazo entre Tiffany y yo, incluso durante sus años de rebeldía.

Y Dios me recordó la oración que entonces rezaba. "Dios mío, por favor trae a Tiffany a casa, no a casa conmigo, sino contigo."

Pensé en la última vez que la vi, mandándome besos de despedida en el aeropuerto apenas unas semanas antes. Llevaba en el cuello la hermosa bufanda roja que fue el último regalo que le di. ¿Cómo iba a imaginar que ésa sería la última vez que la vería en este mundo?

¿Era posible que Dios no me hubiera arrebatado a Tiffany, sino que simplemente la hubiera llevado a casa con Él? ¿La necesitaba más que yo? ¿Estaría ella bailando en Su presencia en este momento?

Nunca dejaré de anhelar el abrazo de mi hija. Las lágrimas aún se asoman y en las fiestas decembrinas, esa época que solía ser tan alegre, son terriblemente difíciles de sobrellevar para mí.

Pero poco a poco, llegué a pedirle a Dios que me mostrara su propósito en todo esto.

Y poco a poco, las puertas empezaron a abrirse.

Me invitaron a hablar en la preparatoria de Tiffany, donde me permití llorar mientras contaba la historia de la decisión equivocada que tomó aquella noche cuando aceptó subir al auto de un amigo que había bebido.

Dios me inspiró para escribir un libro para niños en memoria de Tiffany, un libro cuyo personaje principal es ella, de pequeña.

Y luego un día, la directora del ministerio femenil de la iglesia me preguntó si quería dirigir un nuevo programa dirigido a madres jóvenes de bebés y niños en edad preescolar. Sentí que el alma se me salía del cuerpo.

¿Podría hacerlo? ¿Podría tolerar estar en una habitación con todas esas "hijas"? ¿Cómo saldría? ¿Haría surgir de nuevo todo ese dolor y pesar?

Pero a estas alturas ya sabía que ésta era más que una decisión, era una misión sagrada.

Poco a poco, la oscuridad empezaba a disiparse y el sol estaba saliendo de nuevo en mi vida. Dios me estaba mostrando su propósito, una forma de seguir adelante sin Tiffany y dejar un legado en este mundo que ella había conocido tan poco.

Hoy en día comparto mi historia siempre que puedo: ante grupos de la iglesia, grupos comunitarios y grupos escolares, dondequiera que me pidan ir. Es sorprendente cuántas personas he conocido que también perdieron a sus hijos, personas que necesitan saber que le importan a Dios.

Les digo que el duelo es necesario, pero que si confían en los propósitos del Señor, esa marea de aguas turbias de dolor tratará de arrastrarlas consigo, pero no podrá hundirlas para siempre.

A veces, antes de encontrar el amanecer, debemos hallar el valor para caminar en la oscuridad.

SANDRA E. MADDOX

Caldo de Pollo
para el Alma

3

CAPÍTULO

# Manos amigas

# 21

# Guía compasivo

Conocí a Gene cuando nuestro hijo tenía tres años; siempre supimos que Evan moriría joven debido a su compleja situación médica relacionada con el síndrome de Noonan. Ese día, hace cuatro años, mientras miraba a Gene, director de la funeraria, derramar lágrimas al oír la historia de Evan, comprendí que él sería fuente de consuelo, porque, como era de esperar, llegó a tomarle mucho cariño a Evan.

*Una palabra a su tiempo,*
*¡cuán buena es!*

PROVERBIOS 15:23

Vi a Gene de nuevo la semana pasada en el segundo piso de un bello edificio de ladrillos pintados que tenía molduras de madera pulidas. La cochera abierta en la entrada, con las columnas adornadas que sostenían el techo, era impresionante. Mi esposa Penni y yo nos sentamos con él alrededor de una mesa de caoba en la sala de conferencias. Habíamos organizado una reunión para planear el regreso a casa de Evan, de siete años.

Evan murió un viernes por la mañana. Más tarde, ese día, el personal de Gene llegó a nuestra casa y observó mientras Noah, de once años, y yo llevábamos a Evan a la carroza fúnebre.

—Oye, papá —susurró Noah—, no se ve muy segura.

Paddy, que también era administrador de pompas fúnebres, se asomó por el otro lado del automóvil y le dijo a Noah:

—Puedes seguirnos si quieres. Ya sabes, para asegurarte de que Evan llegue bien —Paddy introdujo su robusto cuerpo de apoyador de futbol americano en la parte de atrás y su comportamiento fue maravilloso.

Hablar de los detalles del funeral de un niño es una experiencia demoledora. Sin embargo, al hablar con Gene, sentimos que nos aligeraba un poco la carga. Compartió con nosotros sus recuerdos del día que conoció a Evan, y Penni le preguntó por sus hijos, en especial su hija, que tiene síndrome de Down. No sé si lo que Gene hizo en seguida es propio de su profesión, pero nos mostró algunas fotografías y videos cortos de su hija. Penni insistió, y Gene sonrió con nosotros mientras veíamos a su hija en una competencia de animadoras deportivas. En ese momento, me di cuenta de que Gene sonreía por Evan también.

El jueves, seis días después de que Evan murió, fue el velorio para los amigos cercanos y la familia inmediata. De algún modo sobreviví a la intensa sensación de pérdida. De vez en cuando veía que Gene se asomaba por la puerta. Empecé a caminar hacia él y antes de que pudiera decir nada, él se me adelantó y dijo: "Aquí estoy para apoyarte en lo que necesites". Volví con mis amigos.

El viernes fue un acontecimiento totalmente distinto al que asistieron cientos de personas. Me sentía exhausto después de la primera hora y media y le pregunté a Gene si estaríamos aún más atareados. Me miró y respondió: "Scott, no te imaginas lo atareados que vamos a estar, en especial entre las cinco y las siete". Eran apenas las tres y media de la tarde.

El sábado, el día del funeral, llegamos a la iglesia. Los bomberos de Royal Oak iban a ser los portadores del ataúd y el gran camión de bomberos ya estaba preparado para encabezar la procesión al cementerio. Uno de los empleados de Gene nos llamó a señas y nos indicó con la mano dónde debía detenerse el automóvil.

Avanzamos por el vestíbulo de la iglesia y ahí estaba Evan, frente a los tres grandes árboles de Navidad, y tras él había unos ventanales altísimos. Era una mañana fría de diciembre, clara, de sol radiante y cielo azul. Había tableros de fotografías de la vida de Evan y flores de todos colores. Unos globos blancos se elevaron hacia el techo y las cuerdas se mecían con suavidad mientras las personas pasaban a ver a Evan.

—Su atención, por favor —pidió una voz estentórea. Levanté la cabeza y vi a Gene. Se veía muy alto con su saco negro—. Es hora de entrar en el auditorio y de que pasen a ocupar sus lugares.

En seguida, Gene pidió a la familia que se reuniera en torno a Evan para despedirse. El pastor nos invitó a tomarnos todos de las manos y a rezar. Gene pidió amablemente a todos que se retiraran, excepto a Penni, Noah, la hermana Chelsea y yo. Luego nos pidió a Penni y a mí que colocáramos las manos en la tapa y la cerráramos. Ay, Dios, qué difícil fue. Gene aseguró el ataúd y entramos en fila al santuario. Gene encabezó la procesión, seguido por un bombero que iba vestido con un traje impecable y luego nosotros.

Después de una celebración perfecta de la vida de Evan, Gene nos volvió a pedir que nos pusiéramos de pie y saliéramos detrás de Evan. Los bomberos hicieron un saludo formal mientras subían el ataúd, que estaba envuelto con la bandera de la Universidad de Michigan, un merecido tributo al cuerpo médico que atendió a Evan tan bien durante siete años.

El coche de bomberos se puso en marcha con las luces intermitentes prendidas y fue imposible dejar de notar que todos los automóviles se hacían a un lado de la calle en señal de respeto para dejar pasar a nuestro hijo. La carroza, que iba delante de nosotros, llevaba un globo blanco atado a la puerta de atrás que indicaba que un niño había muerto.

—Mamá, mira todas esas personas que nos siguen —exclamó Noah al tiempo que miraba hacia atrás.

Cuando entramos en el cementerio vimos una tienda verde grande a la distancia. Sabíamos que nos aguardaba. Avanzamos por el laberinto serpenteante de tumbas y arreglos florales y hojas perennes y al final vimos a Gene. Nunca flaqueó. Con la mano grande y abierta marcó el lugar exacto donde nuestro automóvil debía detenerse. La precisión me parecía increíble.

Nos pidió que nos quedáramos en el automóvil mientras su personal recibía un vehículo tras otro y les indicaba dónde debían estacionarse. Cuando llegó la hora, Gene abrió la puerta del lado de Penni y la condujo a un asiento al lado de Evan. Vimos cómo los bomberos colocaban a Evan encima de la que sería su última morada y se formaban directamente frente a nosotros y detrás de Evan, como si quisieran protegerlo hasta el final.

Gene pidió a todos que se acercaran todo lo posible a nuestro alrededor dentro de la tienda. El último servicio fue apacible y al final todos cantamos himnos, empezando con "Amazing Grace".

Cuando la última nota aún flotaba en el aire, Gene nos hizo una seña para que nos apartáramos y los sepultureros llegaron para bajar el ataúd. No sé si alguna vez han visto algo así, pero es muy impresionante ver cómo se mecen esas correas de manera escalofriante y se desenrollan muy, pero muy despacio.

Penni sugirió que cantáramos, por lo que alguien empezó a entonar "Jesús ama a los niños pequeños". Todos nos unimos al coro, incluso

Gene y su personal. Gene nos entregó a cada uno de nosotros, Penni, Noah, Chelsea y a mí, una rosa blanca, que dejamos caer sobre el ataúd.

Llegó el momento de echar un poco de tierra al ataúd de Evan. Empuñé el mango de madera de la pala y la hundí en una montaña de arcilla.

Cuando lancé el primer montón de tierra sobre el ataúd que tenía la inscripción "Evan Harrison Newport", de mis labios salieron las palabras que nunca pensé decir: "Ésta es por mi hijo".

Penni siguió; luego Chelsea, después Noah. Otros más vinieron detrás. Gene fue el último.

Gene volvió a guiarnos y nos pidió que miráramos el cielo fresco de invierno. Distribuyó los globos blancos que habían rodeado a Evan en los últimos tres días. Le dio a Noah el que había estado en la puerta de atrás de la carroza.

—Noah, este globo especial es para ti —dijo.

Soltamos los globos.

Mientras se alejaban flotando a un lugar muy distante, familiares y amigos empezaron a interpretar lo que veían en el cielo.

—Parece una linterna gigante —dijo Gene. Ése era el juguete favorito de Evan.

Scott Newport

# 22

# Y un niño pequeño los guiará

El esposo de mi amiga Eileen murió de repente tras una breve enfermedad que nos tomó a todos por sorpresa. Dan tenía apenas 56 años y gozaba de buena salud, o por lo menos eso era lo que creíamos. ¿Cómo era posible que se hubiera ido?

Después del funeral, familiares y amigos se reunieron para compartir recuerdos y acompañar a la acongojada viuda. Eileen estaba haciendo su mejor esfuerzo por parecer fuerte y estoica. Siempre había sido la roca de la familia; era el tipo de mujer que podía manejar cualquier situación y hacer frente con elegancia y aplomo a cualquier cosa que la vida le presentara. Circulaba con gracia entre la multitud de dolientes, aceptando las condolencias, agradeciendo a las personas por haber ido, haciendo una pausa para sonreír al oír las historias que la gente contaba sobre algo tierno, gracioso o considerado que Dan había hecho.

Lo disimulaba bien, pero yo —y todos los demás— nos dábamos cuenta del estado precario y emocionalmente frágil en el que se hallaba, y todos andábamos de puntillas a su alrededor como si Eileen fuera una bomba de tiempo a punto de

> Los corazones apesadumbrados, como las nubes de tormenta, se alivian cuando sueltan un poco de agua.
>
> ANTOINE RIVAROL

estallar y nos cuidábamos mucho de no decir o hacer nada que pudiera hacer añicos el control que tanto trabajo le había costado aparentar.

De pronto, a mitad de una anécdota chistosa que uno de los dolientes estaba contando sobre Dan, lo que todos temíamos que sucediera, sucedió. Eileen dejó de sonreír y los ojos se le llenaron de lágrimas. Miró su regazo, apretó las manos sobre los muslos y la barbilla le tembló visiblemente por el esfuerzo que hacía por no perder la compostura delante de todos. Pero todo fue en vano. Las lágrimas escurrieron en silencio por sus mejillas y los hombros empezaron a temblar cuando perdió la batalla con su dolor terrible y abrumador.

Todos nos quedamos paralizados. ¿Qué correspondía hacer? ¿Debíamos seguir charlando, fingir que no nos dábamos cuenta y darle la oportunidad de recobrar la compostura? ¿Debíamos decir algo? ¿Debíamos abrazarla? ¿Llevarle un pañuelo? ¿Ofrecerle algo de beber? ¿Debíamos dejarla en paz para que llorara en privado?

Aunque los adultos titubeábamos, temerosos de hacer algo incorrecto que empeorara la situación, Lauren, la nieta de ocho años de Eileen, se sentó al lado de ella y le estrechó las manos entre las suyas.

—No te preocupes, abue —dijo—, llora todo lo que quieras. Me voy a quedar aquí sentada junto a ti acariciándote la mano mientras lloras.

Fue un gesto muy sencillo y, sin embargo, era precisamente lo que había que hacer. Aunque los adultos, supuestamente más sabios, vacilábamos, abochornados e inseguros ante el dolor descarnado, la pequeña Lauren de ocho años reconoció sin ambages el dolor y el sufrimiento de Eileen y le ofreció el consuelo que necesitaba en ese momento.

Ese acto inocente y desinhibido fue una prueba rotunda de que la simple aceptación y comprensión suele ser la mejor respuesta ante el dolor de otro.

CANDACE SCHULER

# 23

# La pulsera de mi madre

La pulsera de dijes de plata de mi madre comenzó como una "pulsera de abuelita": tenía dijes grabados con los nombres y fechas de nacimiento de sus seis nietos. Algunos son de perfiles de una niña o niño pequeño; otros son discos de plata sin adornos. Luego, mamá agregó un dije por mí y otro por mi hermano Art. Luego de décadas de matrimonio, recibió un nuevo anillo de bodas de diamantes y agregó su argolla original de plata, que era muy delgada, a la pulsera.

Un pequeño cerdo de plata cuelga de la pulsera, un tributo a los muchos años que mi padre trabajó en Hormel Company. También hay un dije de Portugal; no tengo idea de cuál sea su significado, pero sé que mis padres alguna vez hicieron un viaje a ese país. Con el tiempo, uno a la vez, se fueron sumando dijes que representaban a sus once bisnietos. Mamá usaba su pulsera con frecuencia y siempre se la ponía el día de las madres.

> Cuando era joven, admiraba a las personas inteligentes. Ahora que soy viejo, admiro a las personas bondadosas.
>
> ABRAHAM JOSHUA HESCHEL

Después de que mi madre murió, Art y yo hicimos planes para reunirnos en su casa y repartirnos todas sus pertenencias. Mamá vivía en Burlingame, California. Art y su esposa Joan viajaron en avión desde Minnesota. Mi esposo Carl y yo planeamos ir en nuestra camioneta desde Washington para poder volver a casa con la vajilla de ranúnculos Spode de Madre, que siempre me había fascinado, y una pequeña cómoda con gavetas, el único objeto que mi madre tenía que había pertenecido a SU madre.

Al salir de la casa para emprender este triste viaje, me caí y me fracturé el tobillo. Horas después, luego de que me enyesaron, salí del hospital en silla de ruedas, con instrucciones estrictas de mantener el tobillo elevado varios días. Debido al síndrome pospolio, no podía sentarme ni levantarme de la silla de ruedas sin la ayuda de Carl. Viajar era imposible.

Habíamos vendido ya el condominio de mamá, y necesitábamos vaciarlo para los compradores, por lo que Art y Joan clasificaron las cosas de mamá sin nosotros. Me moría de ganas de estar ahí.

Art hizo los arreglos necesarios para enviarme la cómoda y la vajilla de porcelana de mi madre. Traté de pensar en qué más me gustaría conservar, pero estaba de luto por mi madre y tenía mucho dolor por la fractura del tobillo. Mi mente no funcionaba con claridad, y no se me ocurrió nada específico. Mamá y yo teníamos estilos diferentes; ella era una mujer elegante, con mucha clase. Yo soy una "chica campirana" y nuestras casas reflejan nuestra personalidad. No necesitaba ningún mueble; su ropa no me quedaba. Art llamó varias veces para preguntar por algunos objetos pequeños que pensó que podrían interesarme, pero al final regaló casi todo lo que había en la casa al Ejército de Salvación.

El día de las madres del siguiente año recordé la pulsera de plata. ¿Por qué no había pensado en pedirla? Cuando Art llamó para describirme las joyas de Madre, en caso de que quisiera alguna, no mencionó la pulsera. Esperaba que Joan la hubiera tomado, pero cuando le pregunté, Art dijo que no, que no recordaba haberla visto. Me dolió en el alma pensar que hubiéramos pasado por alto la preciosa pulsera de mamá y que hubiera terminado en una tienda de mercancía usada del Ejército de Salvación.

Ese verano, más de un año después de la muerte de mamá, recibí un paquete de una joyería de Burlingame. El paquete estaba asegurado; tuve que firmar al recibirlo. No imaginaba qué podía contener. Cuando abrí la caja, los ojos se me llenaron de lágrimas. La pulsera de dijes de mamá estaba en el fondo del mismo estuche forrado de terciopelo gris en el que ella la había guardado siempre.

El joyero explicó en una nota que mamá le había llevado la pulsera para que le pusiera un nuevo dije por el bisnieto que acababa de nacer, pero que nunca fue a recogerla. Cuando trató de llamarle, el teléfono estaba desconectado.

"Era una señora encantadora", escribió, "y sé que esta pulsera era una reliquia familiar". Buscó en sus archivos hasta que encontró a otra clienta que vivía en el mismo edificio que mi madre. Le llamó, le explicó lo de la pulsera y preguntó si sabía cómo comunicarse con alguien de la familia de mi madre. No lo sabía, pero habló con el administrador del edificio, que le dio mi nombre y dirección. Luego fue a la joyería, pagó el nuevo dije y le dio mis datos al joyero. Él me envió la pulsera de mamá.

Cada año, el día de las madres, cuando me pongo la pulsera en la muñeca, no sólo recuerdo a mi amada madre, sino que agradezco a dos personas generosas que hicieron el esfuerzo por devolver un valioso tesoro familiar a alguien que no conocían.

PEG KEHRET

# 24

# Soy enfermera

Tenía poco más de dos años de trabajar en la unidad de cuidados intensivos cuando la conocí. Hope llegó a nosotros porque tenía insuficiencia respiratoria a causa del cáncer de mama en etapa terminal que sufría. Tenía treinta y nueve años y había librado esta batalla de manera intermitente desde hacía años. Parecía que todos sabían que no iba a ganar la guerra, es decir, excepto ella. Tenía una hija adolescente en casa y también una pequeña de ocho años. Era madre soltera desde hacía años, pero era afortunada en el sentido que tenía una de las mejores redes de apoyo familiar que había visto desde que trabajaba en la unidad. Hacía mucho tiempo que sus padres se la habían llevado a ella y a sus hijas a su casa para ayudarla a criarlas y atender a su hija que tenía que someterse con frecuencia a operaciones y tratamientos.

> No podemos decidir la dirección en la que sopla el viento, pero podemos ajustar las velas.
>
> ANÓNIMO

Al principio, Hope no fue una paciente fácil de tratar. Tenía ventilación mecánica no invasiva, que era una experiencia tremenda hasta para el más animoso de los pacientes, y tenía mucho dolor las veinticuatro horas del día. Tenía periodos de oxigenación muy baja, que producían confusión y agresividad. Esto hacía difícil que algunas personas se llevaran bien con ella. Además, tenía una dinámica complicada con el padre de su hija menor, que ponía a las enfermeras en medio del problema. Era una situación muy espinosa que estresaba mucho a la familia y al personal, y la protegíamos lo mejor que podíamos. También equilibrábamos las labores para que las mismas enfermeras no tuvieran que cuidarla todo el tiempo.

Estuvo con nosotros varias semanas; a veces mejoraba lo suficiente para trasladarla al piso médico-quirúrgico algunos días. Inevitablemente, siempre volvía con nosotros. Aunque no estaba preparada para darse por vencida y dejar de luchar, nos hacía saber con frecuencia que si iba a morir, desde luego no lo haría en el hospital. Las enfermeras y los médicos que la atendían fueron realistas cuando le hablaron de sus probabilidades, lo mismo que sus padres. Pese a todo, siempre que Hope quisiera luchar, estábamos ahí para ayudarla.

Estuve a su cuidado a menudo y en sus momentos de lucidez expresaba su pesar y, sorprendentemente, hablaba de la culpa que sentía por haber pasado la mayor parte de la vida de su hija menor luchando contra el cáncer en lugar de dedicarse a ser su madre. Durante estas charlas me di cuenta de que Hope estaba en realidad mucho más cerca de rendirse de lo que nos había hecho creer. La confianza fue creciendo entre nosotras y en una ocasión me reveló el secreto de su motivación inquebrantable. Se aferraba a la vida cada día porque quería con desesperación durar hasta el noveno cumpleaños de su hija, para el que faltaba sólo una semana. No quería que su hija menor fuera con frecuencia a la unidad de cuidados intensivos; detestaba que su bebé la viera ahí, conectada a sondas intravenosas y máquinas, incapaz de levantarse siquiera para cuidarla. Sin embargo, le emocionaba pensar que la pequeña iría a verla en su cumpleaños. De repente dejó de hablar del tema y apartó la mirada, llorosa. Le pasé una caja de pañuelos desechables y esperé a que continuara. No quiso decir más, sólo movía la cabeza, hasta que al fin susurró: "No puedo ir a su fiesta de cumpleaños".

Al ver a esa mujer, esa madre que estaba viviendo sus últimos días en el hospital, lejos de su familia y amigos, que por fin dejaba ver algunas grietas en su fachada fuerte, fue más de lo que pude soportar. No podía quitarle el cáncer y no podía hacer que se sintiera bien para ir a casa. Sin embargo, podía ser su voz, su defensora y actuar como su conexión con el exterior.

Fui a trabajar el día del cumpleaños de su hija. Me senté a su lado a primera hora de la mañana y le pregunté si le gustaría ofrecerle una pequeña fiesta a su hija, ahí en su habitación. No respondió nada por un momento y los ojos se le llenaron de lágrimas. Estoy segura de que a mí también. Luego asintió con la cabeza y dijo en voz muy baja: "Bueno". Mi esposo llevó unos pastelillos. Conseguimos unos globos de colores y los atamos a las sillas. Fui a la tienda de regalos y compré un perro de peluche (el animal favorito de su hija) para que Hope se lo diera. Llevé todo a su habitación, incluso una tarjeta de cumpleaños para que le escribiera un mensaje personal a su hija, y envolvimos juntas el perrito.

Cuando su hija llegó más tarde ese mismo día, el rostro se iluminó de alegría cuando se dio cuenta de que tenía una fiesta sorpresa. Todos cantamos "Feliz cumpleaños" y luego salimos para dejar a la familia a solas un momento. No sé qué me afectó más: Hope y su familia, o las otras enfermeras y yo cuando comprendimos que estábamos viendo la última celebración de cumpleaños entre madre e hija. El corazón se me partió por ellas cuando pensé en mi propia hija, acurrucada en casa con su padre. Hubo muchas lágrimas ese día, tanto de alegría como de dolor.

Hope murió unas semanas más tarde, en paz, en nuestra unidad médico-quirúrgica. Su familia estuvo con ella al final y me la encontré en el pasillo inmediatamente después de que ella murió. Intercambié abrazos con todos, incluso con la pequeña, y les di el pésame. Se veían tranquilos, sabían que su amada hija y madre estaba descansando al fin. Los vi alejarse y esperé que en el futuro, cuando pensaran en los últimos días de Hope, no sólo recordaran su lucha y la tristeza. Esperaba que también recordaran esos momentos de verdadera felicidad en los que pudo hacer de lado su enfermedad y amar a su familia, mimar a su hija y celebrar la vida que dejaba atrás.

Me encanta ser enfermera. Muchas personas buscan su propósito durante años y el mío fue claro desde que tengo uso de razón. Esta situación me afectó muchísimo y hasta la fecha me siento feliz por haber sido parte de la vida de Hope. Ya no trabajo en la unidad de cuidados intensivos, sino en la sala de labor y parto, que me lleva a completar el círculo. En lugar de asistir a los que viven sus últimos momentos, doy la bienvenida a nuestro mundo a la nueva vida. Pongo mucho corazón en lo que hago, y estoy segura de que mis compañeras podrían confirmarlo. Cada paciente que cuido se marcha con una pequeña parte de mí y me parece bien que así sea. Hay suficiente de mí para seguir. Toda yo soy enfermera.

MELISSA FRYE

# 25

# El señor Fitz

Gigante. Ésa era la primera palabra que venía a la mente. El señor Fitsumanu medía por lo menos 1.98 metros, o tal vez más, y era tan ancho como una montaña. Sus manos eran como mazos con dedos. Cuando hablaba era como si el trueno hablara en inglés con acento samoano. "Díganme señor Fitz", nos pedía, y a la edad de trece años, ¿quién era yo para discutir con él?

Mi padre acababa de morir y con él desapareció el rumbo de mi vida, o eso pensé. El señor Fitz aconsejaba: "No pienses mucho en lo mal que te sientes, sólo reconoce lo que sientes y sigue adelante". Mi padre hablaba muy poco inglés y sólo me hablaba en samoano. El señor Fitz, por más extraño que fuera su acento, poseía un extenso vocabulario. Parecía que siempre hablaba en términos filosóficos, lo cual me agradaba. Siempre me hacía pensar. En retrospectiva, creo que estaba buscando a alguien que llenara el hueco que había dejado la muerte de mi padre y el señor Fitz, en muchos sentidos, era como mi padre y por eso le tomé cariño.

El señor Fitz se acababa de mudar a Missouri, y se ofreció a darnos clases en la escuela dominical de mi iglesia. Cuando el señor Fitz entró en el salón, se hizo un silencio sepulcral. Noté que sólo tenía dos dedos en la enorme mano derecha. Eso no le impedía escribir con ella. Usaba el

> Si cambiáramos nuestra actitud, no sólo veríamos la vida de manera diferente, sino que la vida misma sería diferente.
>
> KATHERINE MANSFIELD

pulgar y el dedo meñique, no necesitaba más. Se dio cuenta de que me había quedado mirando su mano y dijo: "No me duele, no dejes que te duela a ti". Debo haber puesto cara de completo horror o miedo, porque cuando me volví hacia el resto de la clase, mis compañeros estallaron en carcajadas. Me volví a ver al señor Fitz y me sonrió. Me dio vergüenza haber mirado fijamente su mano, pero su sonrisa me reconfortó y empecé a reír también.

Cuando el señor Fitz tenía veintitantos años trabajaba en Hawái en un astillero como cortador de acero. Su turno estaba por terminar y se distrajo pensando en el nuevo juego que él y sus amigos estaban aprendiendo: el golf. Dejó de prestar atención a la sierra, se le resbaló y le cercenó tres dedos. Se envolvió la mano de inmediato, recogió los dedos y corrió al hospital, pero los médicos no pudieron reimplantar los dedos porque los huesos y tejidos estaban muy dañados. El señor Fitz contaba esta historia con una sonrisa y luego levantaba la mano y decía: "No se preocupen. Por lo menos puedo seguir jugando golf". Me quedaba asombrado, no sólo por la historia, sino por el hecho de que todavía jugara golf.

El señor Fitz y su esposa fueron amigos de la infancia de mi madre y mi padre en Samoa. Cuando vio mi nombre en la lista, me preguntó quién era mi padre. Le dije cómo se llamaba y que había muerto el mes anterior. Me levantó en brazos y empezó a llorar. Una avalancha de emociones que había tratado de ocultar a mi familia, amigos e incluso a mi madre, estallaron de pronto y empecé a sollozar de manera incontrolable. Soy el niño más pequeño de la familia y mi hermana menor y yo éramos los únicos hijos que aún vivíamos en casa. Mis hermanos mayores me decían: "Ahora tú tienes que ser el hombre de la casa. Más vale que dejes de llorar". No había derramado una sola lágrima desde el funeral.

—No quiero ser el hombre de la casa. Quiero que me devuelvan a mi padre. Quiero decirle que lo amo —grité en ese momento.

—Un hombre puede extrañar el amor de su padre —dijo el señor Fitz al tiempo que me bajaba al suelo—. Llorar por otra oportunidad de profesar tu amor me dice que en verdad eres el hombre de la casa. No pienses mucho en lo mal que te sientes, sólo reconoce lo que sientes y sigue adelante.

En las siguientes semanas, mi familia y yo frecuentamos la casa del señor y la señora Fitz. Esto hizo muy feliz a mi madre. Se puso al corriente de los chismes y yo ayudé al señor Fitz a arreglar varias cosas de la casa, mientras escuchaba anécdotas de la niñez de mi padre. El señor Fitz siempre tenía algo que arreglar y, por alguna razón, yo siempre tenía que arreglarlo. Él sabía dónde estaba la escalera y yo podía subir por ella para limpiar las canaletas del techo. Al parecer, su sabiduría y mi juventud eran una combinación muy eficaz.

Un domingo, después de la iglesia, le pidió permiso a mi madre para llevarme como caddy a un torneo de golf el último día de clases. Lo oí y le supliqué a mi madre que me dejara ir. Ella accedió, y faltar a clases el último día parecía algo sin importancia. Era mi oportunidad de ver al gigante golpear la pelota con esos palos.

Al fin llegó el día y yo estaba listo para ver al señor Fitz balancear esos palos brillantes que daban la impresión de que saldrían volando de sus manazas. Nos estacionamos, sacó los palos del maletero, me los entregó y me enseñó a colgarme la bolsa al hombro. Era mucho más pesada de lo que esperaba.

Nos registramos y mientras nos dirigíamos al primer *tee* me di cuenta de que todos los hombres nos miraban. Al principio pensé que era por el tamaño del hombre que iba caminando a mi lado, pero luego vi a alguien que señalaba la mano del señor Fitz y hacía un ademán con la propia. El señor Fitz me miró y dijo: "No me duele, no dejes que te duela a ti". Se me había olvidado lo de su mano. Un funcionario del torneo que se hallaba con el hombre que hacía los ademanes se acercó.

—Señor, ¿está seguro de haber venido al torneo indicado? —preguntó.

—Sí, señor —respondió el señor Fitz sin dudar.

El funcionario, sorprendido por la voz estridente del señor Fitz, retrocedió, le preguntó cómo se llamaba y nos informó que estábamos con el siguiente grupo y era nuestro turno.

Mientras observábamos a los otros jugadores iniciar el recorrido, noté que el señor Fitz sonreía. Después de cada golpe inicial, su sonrisa parecía hacerse más grande. Empecé a preocuparme. ¿Sería esa su forma de enfrentar el nerviosismo? Esos hombres estaban mandando las pelotas hasta el otro estado. Entonces llegó el turno del señor Fitz.

Los hombres ya habían empezado a congregarse detrás de nosotros. El señor Fitz tomó el palo de golf más grande de la bolsa y caminó hasta el *tee*. Colocó la pelota en su lugar, tomó el palo sólo con la mano izquierda y en un santiamén se oyó un latigazo, luego un ruido metálico, y la pelota salió despedida. Si esos hombres habían mandado las pelotas hasta el otro estado, el señor Fitz mandó la suya a Marte.

Se oyeron aplausos por todos lados. El señor Fitz rio.

—¿Alguien vio mi pelota? —preguntó a la multitud.

Me asombró la forma en que el señor Fitz jugaba golf con una mano y lo hacía parecer como si así fuera como se jugaba. Llegó en cuarto lugar y, a juzgar por la reacción de los otros golfistas, bien podría haber ganado. Para mí, fue el mejor.

—Debe de haber sido muy difícil perder los dedos. ¿Alguna vez pensó que nunca podría golpear la pelota tan bien como los demás? —le pregunté cuando íbamos camino a casa.

Meditó mi pregunta un momento y luego, en inglés casi perfecto, respondió:

—Perder algo que uno da por sentado que siempre estará ahí no es lo difícil. El reto radica en hacer lo mejor posible con lo que venga después —a los trece años, esas palabras se me quedaron grabadas para siempre en la mente.

El señor Fitz murió en agosto del año siguiente. Se ahogó cuando trataba de salvar a su sobrina de una corriente de resaca. Amé a ese hombre y la dirección que le dio a mi vida. En el corto tiempo que lo conocí, me di cuenta del efecto que tuvo en mi vida y hasta el día de hoy se lo agradezco. Cada vez que pienso en él, aún lo oigo decir: "No pienses mucho en lo mal que te sientes, sólo reconoce lo que sientes y sigue adelante".

HIGHLAND E. MULU

## 26

# La vida es una serie de elecciones

F ue la llamada telefónica más difícil que había tenido que hacer. "Se nos fue", anuncié en voz baja. "Se acabó". Pude oír a mi padre que aspiró aire con fuerza y trató de contener los sollozos. No oí nada de mi madre. Sentada en la estrecha cama de nuestra habitación espartana del hospital, con mi esposo a mi lado, procedí a dar a mis padres la noticia que su nieto de seis meses había muerto.

> Cada momento difícil tiene el potencial de abrirme los ojos y el corazón.
>
> MYLA KABOT-ZINN

Los días y las semanas que siguieron pasaron como en una especie de niebla y lo único que recuerdo del funeral es la forma en que mi amiga Grace me apretó muy fuerte la mano y lo agradecida que me sentí de que lo hiciera. Recuerdo a los amigos que fueron a la casa durante la semana de luto tradicional y recuerdo que me pregunté si alguna vez podría volver a reír o siquiera a sonreír. En ese momento, me parecía inimaginable.

Traté de retomar mi vieja rutina, y a poco más de un mes de la muerte de nuestro hijo, regresé a trabajar. Tenía colegas maravillosas y solidarias, pero de todos modos fue un tormento para mí. Estar sola con mis pensamientos era simplemente intolerable; el silencio me crispaba los nervios. Dejé de ir en mi auto a la oficina y empecé a tomar el autobús, ya que quedarme sola, atrapada en medio del tránsito, estaba causando estragos en mi cordura. Mis colegas hicieron todo lo posible por ser comprensivas, pero a veces, trabajar en una oficina repleta de mujeres daba pie a situaciones que no podía manejar.

El día que me enteré de que una de mis colegas iba a llevar a su hijo recién nacido a la oficina no fue bueno. Traté de conservar la calma, pero por dentro me sentía cada vez más desesperada, porque sabía que no había modo de que pudiera sumarme al entusiasmo de mis compañeras. Cuando llegó, una de ellas pasó corriendo a mi lado y se detuvo apenas para preguntarme alegremente: "¿Ya viste al bebé?". Por supuesto que no. Tampoco quería verlo. No era nada personal; lo que pasaba es que no estaba emocionalmente preparada para ello. Mis heridas estaban demasiado frescas. Ver a otros bebés me resultaba demasiado doloroso.

Por fortuna para mí, mi amiga Lesly se hallaba cerca de ahí por casualidad. De inmediato se dio cuenta de lo que ocurría y tomó una decisión. "Se me olvidó algo en casa", me dijo. "Acompáñame a recogerlo". No dije una palabra y la seguí en silencio mientras ella tomaba su bolsa y las llaves del auto, abrumada por una sensación de alivio y gratitud por que me sacara de ahí.

La pérdida de nuestro hijo no era ningún secreto, y después de que murió, necesitaba con desesperación sentir que su muerte no había sido del todo en vano. Me prometí que si de alguna manera podía aprovechar mis experiencias para ayudar a otros que pasaban por tragedias semejantes, lo haría. Cuando me enteré de que a la esposa de un amigo cercano de mi hermano le estaba costando mucho trabajo aceptar que su bebé había nacido muerto, le envié a él un correo electrónico, redactado con mucha delicadeza, para preguntarle si su esposa querría conversar conmigo. "Sí", respondió sin tardanza. "Stacey quiere saber de ti. Quiere hablar con alguien que comprenda por lo que está pasando."

Establecimos la conexión y Stacey y yo empezamos a compartir nuestras historias y nuestra tristeza. Hablamos de nuestras frustraciones, de las personas que no podían comprender por lo que estábamos pasando, que creían que nos ayudaban cuando nos decían que teníamos que "superar la pérdida y seguir adelante", que "ya vendrían otros hijos", y quizá lo más desconcertante de todo, que "era mejor que hubiera ocurrido ahora que más adelante". Gracias a nuestros intercambios, ambas nos fortalecimos, a las dos nos consoló saber que había alguien que entendía. A medida que fuimos sanando, nuestros intercambios se volvieron menos frecuentes y los reanudamos años después cuando las dos nos embarazamos al mismo tiempo y necesitamos identificarnos con alguien que instintivamente sabía lo que la otra sentía.

Nunca he sido extrovertida cuando se trata de compartir mis sentimientos cara a cara, y esto fue especialmente cierto en lo que se refiere a la muerte de nuestro hijo. Mostrar mis vulnerabilidades en persona no era algo que yo pudiera hacer con facilidad. En consecuencia, el hecho de ser una escritora expatriada con amigos dispersos por todo el mundo tenía sus ventajas. Aunque no podía permitir que derribaran las murallas protectoras que había construido a mi alrededor en mis encuentros personales de todos los días, descubrí que era mucho más sencillo para mí bajar mis defensas cuando escribía por correo electrónico. Ello significaba que podría evitar las reacciones físicas cuando contara mi historia: los demás no verían las mías y yo no me vería obligada a lidiar con las de ellos.

Escribir se convirtió en la principal forma de terapia y me permitió chatear y cartearme con amigos en California y Noruega, amigos cuyo apoyo se convirtió en mi cuerda de salvamento siempre que las circunstancias eran deprimentes. "Recuerda", me escribió un amigo de California durante uno de estos intercambios, "la vida es una serie de elecciones. Vas a recibir muchos golpes, pero depende de ti decidir cómo los vas a tomar". Entendí que tenía razón. No podía cambiar el hecho de que mi hijo hubiera muerto, pero podía decidir cómo vivir con lo que había sucedido. Dependía de mí decidir si quería seguir en el fondo de ese agujero profundo y oscuro o si quería levantarme y seguir adelante. Cuando me vi obligada a decidir, me di cuenta de que necesitaba salir de ese lugar, que no estaba dispuesta a dejar que el dolor de mi tragedia definiera para siempre quién era yo. Entendí que me dolería más quedarme que encontrar la manera de sanar. Gracias a mis amigos y a lo que escribía, me volví a encontrar y el tiempo se convirtió en el aliado que mitigó lo que mis seres queridos y mis escritos no podían.

Desde luego, esto no quiere decir que ya no sienta dolor. En las semanas anteriores al cumpleaños y el aniversario de la muerte de mi hijo, a menudo me siento agitada y ansiosa, aunque no siempre me doy cuenta del porqué hasta que veo el calendario. El paso de los años me ha dado las herramientas que me ayudan a abrirme camino en épocas difíciles. He escrito y he compartido, y el apoyo que he recibido en reciprocidad me ha hecho sentir profundamente anonadada. Mi amiga Isabel comentó un día: "Al ser tan sincera y auténtica ayudas a otras personas a admitir que también tienen sentimientos. ¡Imagínate!".

Creo que no le falta razón a Isabel.

LIZA ROSENBERG

# 27

# Cómo ayudar

Te ruego que seas amable con esta nueva persona
En la que me vi obligada a convertirme.
Necesito comprensión y paciencia,
Te pido por favor que me las des.

A menudo me siento torpe y me equivoco
En mis actividades cotidianas,
Y algunas de las cosas que antes hacía
Ahora me resultan más difíciles, no sé por qué.

Aun el dolor
multiplicado cien veces
es divisible por el amor.

TERRI GUILLEMETS

Hay ciertas canciones que no puedo
soportar oír
Y lugares en los que no puedo estar,
Algo tan simple como doblar la ropa
me hace llorar;
(Lo mismo pasa cuando voy al súper.)

Si el olor de un sándwich tostado de queso
De pronto me hace derramar algunas lágrimas,
Entiende que le encantaba comerlos en el recreo,
Y que pasé años preparándoselos.
No temas mencionar su nombre.
Lo necesito más de lo que imaginas.

No eres tú la razón por la que sufro,
Es la pérdida de mi hijo lo que me tiene así.

Préstame tu hombro si necesito llorar,
Y escúchame si necesito hablar.
El camino por el que transito es TAN difícil,
Es el más duro que recorreré.

Quizá algún día te enseñe sus fotografías
Y no me deshaga en llanto.
Dime que entiendes mi sufrimiento,
No sabes cuánto significaría para mí.

Sé que el dolor irá menguando;
Tenme paciencia hasta que ello ocurra;
Nunca volveré a ser la misma persona,
Pues ya no soy la que antes era.

BEVERLY F. WALKER

# 28

# Un edredón de recuerdos

Le decía mamá mamá. Era mi abuela. Éramos muy unidas, y cuanto más tiempo pasaba con ella, más notaba los pequeños detalles. Nos quería mucho a mis primos y a mí, y le gustaba pasar tiempo con nosotros. Siempre estaba dispuesta a ayudar a los demás o a dar algo a los necesitados. Cuando pasábamos por épocas difíciles y se preguntaba por qué ocurrían las cosas, su fe en Dios nunca flaqueó. Sin embargo, lo que más recuerdo es que ella era el pegamento que mantenía unida a toda la familia.

La mejor manera de alegrarte es tratar de alegrar a alguien.

MARK TWAIN

Tenía cinco años el verano que mi familia se enteró de que mi abuela tenía cáncer. ¿Cómo iba yo a saber por qué mamá mamá se enfermaba cada día más y después, de repente, por qué se fue? Me esforzaba por comprender. Mi abuela murió unas semanas antes de mi cumpleaños. ¿Había hecho yo algo malo? ¿Cómo podía entender que era el cáncer lo que me había arrebatado tan pronto a mi abuela, y no algo que yo hubiera hecho?

Vi sufrir a todos los que me rodeaban. Algunos se mantenían ocupados. Algunos lloraban, pero luego sonreían entre las lágrimas cuando evocaban un buen recuerdo. Mi primo Caleb tenía pesadillas sobre la muerte de mamá mamá. Por mi parte, opté por llorarla en silencio.

Un día, después del funeral, recuerdo que estaba viendo las fotografías familiares en el pasillo cuando vi algo de reojo. Noté que la puerta del dormitorio de mamá mamá estaba abierta. Alguien había entrado.

Me acerqué sigilosamente y me asomé por la puerta. Mi madre estaba sacando del clóset la ropa de mamá mamá. Al principio temí que fuera a tirarla a la basura. Esa ropa me traía muchos recuerdos, como el vestido azul de puntos que mi abuela siempre se ponía para ir a la iglesia, o la blusa de flores que se ponía para cuidar el jardín. Entonces noté que mi mamá se detuvo y observó la ropa con expresión pensativa.

Di unos pasos y entré en la habitación.

—¿Qué estás haciendo?

—Pues estaba jugando con la idea de hacer unos edredones con la ropa de mamá. Creo que hay material suficiente para cinco edredones: dos para tus tías, uno para Sarah, uno para ti y uno para mí —levantó la mirada—. ¿Te gustaría?

Los ojos se me llenaron de lágrimas. No podía hallar las palabras para hablar, por lo que me limité a asentir con la cabeza. Casi podía ver en ese momento un edredón de parches sobre mi cama. Una manta que me hiciera sentir segura, con la que pudiera taparme la cabeza por la noche, y algo que durante el día me recordara a mi abuela.

Recuerdos. Eso era lo único que tenía de ella ahora. Y fue a esos pocos recuerdos a los que me aferré en los años que siguieron.

Primero quedaron listos los edredones de mis tías, luego el de mi prima Sarah. Seguía el mío, o por lo menos eso creía.

—Han pasado varios años desde que murió mamá mamá —dijo mi madre un día—, pero Caleb sigue teniendo pesadillas.

Sentí un nudo en la garganta. No estaba segura de que me agradara hacia dónde iba esa conversación, pero no dije nada. Esperé, porque sabía que tenía que haber más.

—Estaba pensando —empezó mi madre—. ¿Crees que a Caleb le gustaría tener un edredón hecho de la ropa de mamá mamá?

Levanté la mirada, sorprendida.

—Pensé que habías dicho que sólo había material suficiente para cinco edredones.

—Bueno —mamá suspiró hondo—, estaba pensando que podría cederle el material de mi edredón.

Clavé la mirada en el piso. Sabía lo que ese edredón significaba para mi mamá. Contuve la respiración. No sé si fue Dios o no, pero oí una voz, un dulce susurro, que me conmovió. Levanté la mirada.

—¿Podrías hacer dos edredones más pequeños?

—¿Quieres decir algo así como una colcha para cubrirse las piernas?

Entendí en qué estaba pensando mi mamá y esperé a que respondiera.

—¿Sabes? Creo que podría funcionar.

—Entonces divide mi material —propuse—. Dale la mitad a Caleb.

Vi la expresión de horror y confusión en el rostro de mi madre.

—Lo que yo quería era dividir mi material, no el tuyo. Nunca te haría eso.

—Divide mi material —repetí con firmeza—. Por favor, eso es lo que quiero.

El edredón quedó terminado a finales de agosto. Recuerdo las largas horas que mi mamá pasó cosiéndolo y bordándolo. Cuando contemplé la colcha terminada, no pude evitar sonreír. En cada cuadro había un recuerdo vívido cosido a la tela.

Había una pluma cosida al cuadro verde que simbolizaba las reliquias indias que mamá mamá guardada en el ático para que jugáramos con ellas. En un cuadrado color rosa había caramelos, como los que ella guardaba en la guantera del viejo automóvil gris. En la esquina había una concha cosida sobre un cuadro azul cielo. Me recordó cuando salíamos a buscar conchas a la playa.

Cuando nos dirigíamos a darle la colcha a Caleb, un pensamiento cruzó por mi mente. ¿Le ayudará con las pesadillas? ¿O sólo las empeorará?

Me mordí el labio mientras extendía la colcha para que Caleb la viera. No sé qué habrá pensado al principio. Pero luego estiró la mano despacio, tocó el material y sonrió con ternura. ¿Qué estaba recordando? Quizá los disfraces de Halloween que mamá mamá nos hacía. Quizá la vio una vez más inclinada sobre las flores con las manos llenas de tierra. O tal vez los recuerdos lo habían llevado de vuelta al acuario, donde alguna vez tocó un cangrejo y, con una sonrisa pícara, miró a mamá mamá.

Luego de un momento me miró.

—¿Estás segura de que quieres dármela?

Sonreí de oreja a oreja.

—Sí, claro. Es tuya.

Mi tía nos contó después que la colcha había funcionado. Las pesadillas de Caleb habían desaparecido.

Ese verano comprendí algo. Tomar la decisión de compartir mi material fue muy difícil, pero cuando oí a mi madre y a Caleb hablar sobre mamá mamá, algo cambió dentro de mí. Mi corazón empezó a sanar. Sentí alegría al ver el entusiasmo de Caleb y, lo más importante, sentí paz.

MEAGHAN ELIZABETH WARD, 17 años

# 29

# La mujer que no podía dejar de llorar

**U**n sábado muy temprano salí a hacer unos mandados. Más adelante en la calle de nuestro tranquilo barrio alcancé a ver unas luces rojas destellantes y una muchedumbre apiñada a un lado de la calle. Aminoré la velocidad, como muchos de nosotros hacemos, para ver qué había pasado.

Para mi horror, vi una lona amarilla cubriendo lo que tenía que ser un cuerpo en la acera. Alrededor del cuerpo había ocho o nueve bicicletas rotas y desperdigadas. Como toda mi vida he sido una ávida ciclista, tuve que detenerme a la vuelta de la esquina, donde estacioné mi automóvil, y regresé caminando para unirme a la multitud que miraba, consternada, en silencio.

> ¿Alguna vez te ha pasado que te lastimas y la herida empieza a sanar, pero no puedes dejar de arrancarte la costra una y otra vez?
>
> ROSA PARKS

—¿Qué sucedió? —pregunté a una mujer. Ella me dio los detalles de lo ocurrido.

—Había un grupo de ciclistas —empezó—. Uno de ellos tenía un neumático desinflado y todos estaban en la acera, mientras un hombre lo arreglaba.

Dejó de hablar un momento y luego señaló el cuerpo cubierto en la banqueta.

—Un sujeto que venía en una camioneta grande dobló la esquina a gran velocidad, perdió el control y arrolló a todos los ciclistas. Las ambulancias se llevaron a la mayoría de ellos, pero este pobre joven murió.

Me senté en el borde de la acera. El silencio era sobrecogedor. La policía estaba marcando todavía el área con cinta amarilla y hablando con el joven conductor de la camioneta. El vehículo había terminado en el jardín de una casa.

Nunca hice mis mandados. Debo de haberme quedado sentada en la orilla de la acera más de una hora. Al fin llegué a casa con el corazón acongojado por ese joven y las personas que lo amaban. Tres meses después comprendí por qué llegué "por casualidad" al lugar de los hechos y no me pude despegar de ahí.

Mi nieta Autumn había conseguido un trabajo mientras estaba en la preparatoria. Un día, Autumn me llamó para pedirme un favor muy grande.

—Tienes que ayudarme —suplicó—. Trabajo con una mujer cuyo hijo murió hace unos meses en un accidente de ciclismo. Trabaja un rato, pero luego se va hacia la parte de atrás y llora a lágrima viva. Tú sabes cómo ayudar a la gente, tienes que hacerlo.

De pronto todo encajó: el accidente de las bicicletas; el joven debajo de la lona amarilla: el hijo de esa mujer donde Autumn trabajaba.

Le dije a Autumn que tenía que pensarlo con mucho cuidado. ¿Cómo podía ayudar sin parecer entrometida? Esa mujer no me conocía y yo no los conocía ni a ella ni su hijo.

Entré en lo que denomino mi "zona de silencio" y salí con un plan, aunque no tenía idea de si funcionaría. Le pedí a Autumn que con delicadeza le dijera a esa mujer que su abuela (es decir, yo) trabajaba como voluntaria en casas de enfermos desahuciados; le pedí también que le explicara a esa mujer qué era una residencia así, porque ella era de otra cultura y tal vez no conocía lo que se hacía en una casa de enfermos desahuciados. Autumn le daría a Saheema mi teléfono, porque pensaba que tal vez yo podría ayudarla a sobrellevar el dolor.

De verdad me sorprendió cuando Saheema llamó, y sí, lloró en el teléfono. Mi intuición me aconsejó que me reuniera con ella en un terreno neutral: ni en mi casa, ni en la de ella.

Le pregunté a Saheema si podía reunirse conmigo en un parque. Le describí el parque y el lugar tranquilo donde podíamos sentarnos a una mesa de día de campo a charlar. La única hora a la que ella podía ir a verme era a las siete de la mañana. Me pareció muy bien. Le sugerí a Saheema que llevara álbumes de fotografías familiares.

Llegué primero al parque con un termo grande de té y dos tazas. Esperé diez minutos, y empecé a pensar que no se iba a presentar. Entonces la vi caminando despacio y vacilante hacia mí; llevaba varios álbumes de fotografías.

Sí, iba llorando. Me puse de pie y la ayudé a colocar todos los álbumes sobre la mesa. Antes de que tomáramos asiento, abrí los brazos y ella se refugió en mi abrazo. Ninguna de las dos dijo una palabra durante por lo menos cinco minutos. Sólo la abracé; abracé a esa mujer menuda con acento muy marcado, que venía de un país muy lejano y no podía dejar de llorar. Había llevado muchos pañuelos desechables, pero noté que Saheema utilizó pañuelos de tela de colores.

Pasamos juntas una hora, bebimos té caliente y miramos las fotografías. Conforme iba pasando despacio cada página, me decía los nombres de las caras de su enorme familia extendida, y nos detuvimos mucho tiempo en cada fotografía de su hijo. Había fotografías de él de cuando era bebé, luego de niño, en los deportes escolares y la graduación universitaria. Era evidente que su hijo era una estrella resplandeciente en la familia, y en especial en la vida de ella. Era alto, moreno y apuesto como galán de cine.

Cuando cerramos las páginas del último álbum, Saheema ya no lloraba. De hecho, sonrió algunas veces y se limpió los ojos. Nunca hablamos de mi trabajo con los desahuciados, ni siquiera de la "vida después de la vida". Éramos sólo dos mujeres que sabíamos lo que era el dolor; dos mujeres de culturas diferentes cuyos caminos se cruzaron un día por casualidad.

Quiero creer que Saheema empezó a sanar ese día. Más o menos una semana después recibí una encantadora carta que decía: "Gracias por ayudarme y por interesarse en mi familia y en mi amado hijo".

Lo mejor fue cuando Autumn me contó que Saheema había dejado de ir al fondo a llorar.

BOBBIE JENSEN LIPPMAN

# 30

# Un pedacito de cielo

Como madre cuyo hijo murió hace seis años, cada ocasión especial es un tormento. Echo de menos la integridad de mi familia y pienso en cuánto me gustaría que todos mis hijos pudieran volver a estar juntos para compartir la celebración de los días especiales. Un año, una semana antes del día de las madres, empecé a sentirme angustiada por cómo soportaría otra celebración del día de las madres sin mi hijo. No quería perder otro año sin celebrar el día como se debe homenajeando a mi madre y a mi suegra, además de "estar en el momento" con nuestra familia. Se me ocurrió una idea, que no era una forma muy tradicional de sobrellevar la situación.

Le hice una petición insólita a mi esposo. Como Paul es muy lógico, temí que pensara que me había extralimitado y que había perdido el juicio, pero a lo largo de mi viaje de dolor he aprendido a comunicar mis necesidades a otros, trátese de lo que se trate. No cometan el error de suponer lo que otros piensan o sienten. La apertura que implica ser capaz de comunicar nuestros sentimientos a las personas que amamos es la clave para encontrar la salida de la oscuridad de la desesperación a la luz de la esperanza y la alegría. Como no estaba del todo segura de la respuesta de mi marido, decidí enviarle por correo electrónico mi petición para el día de las madres. Le pedí que cuando fuera a comprar una tarjeta del día de las madres para mí, también comprara otra en nombre de Andy. Le sugerí que escuchara a

> No hay dolor en
> la Tierra que el Cielo
> no pueda curar.
>
> ANÓNIMO

su corazón y que Andy lo guiaría a la tarjeta indicada. Mi esposo no respondió, por lo que no estaba segura de que accedería a mi petición.

El día de las madres me desperté y pensé en el día lleno de diversión que nos esperaba. Un viaje a casa de mi hermana para estar con mi familia, que incluía a mi madre y a mi padre, nuestra hija y yerno y nuestros dos maravillosos nietos, mi hermana y su familia y mi hermano y su familia; dieciocho miembros de la familia juntos para disfrutar de la primera parte del día.

Para completar la segunda parte de nuestro día, iríamos a casa de los padres de Paul y pasaríamos un buen rato con ellos. El hecho de que las madres de ambos aún vivieran era un regalo especial. Pensé por un momento en Andy, que no estaría con nosotros, y la realidad me entristeció. El teléfono sonó; era mi hija que vivía en Dallas y no había podido estar con nosotros que llamaba para desearme un feliz día de las madres. Su llamada me ayudó a concentrarme en el presente en lugar de el pasado.

Cuando colgué, vi que en la cocina había un hermoso jarrón lleno de flores con dos tarjetas y dos regalos. Mi esposo me dio su tarjeta y su regalo. Soy muy afortunada, porque después de veintiún años de matrimonio, mi esposo todavía entiende lo maravilloso que es para mí oír que me ama y aprecia como su esposa, amiga y madre de nuestros hijos. Luego tomé la otra tarjeta que estaba junto a las flores y abrí el sobre. Era una hermosa tarjeta y mi esposo la había firmado exactamente con la misma letra de Andy. Los ojos se me llenaron de lágrimas, pero eran lágrimas de felicidad, no de tristeza. Paul me dijo que abriera el regalo. Era un cuchillo de cocina con la siguiente nota:

*Mamá:*
*Quise comprarte algo que te hiciera pensar en mí. Por eso te compré un pedacito de cielo. Cada vez que cocines y uses el cuchillo, yo estaré contigo preparando algún delicioso brebaje y cortando un pedacito de cielo. Espero que pienses en mí y sepas cuánto me gusta cocinar, y que este regalo te dé tantos años de alegría como la que tú llevaste a mi vida.*

*Con amor, Andy*

A Andy le encantaba cocinar y pasábamos mucho tiempo riéndonos y charlando con la familia y amigos reunidos en la cocina. ¡Un regalo perfecto! Ese día, todos estuvimos juntos. Con la compasión de mi esposo y su disposición a cumplir mi extraña petición, puede disfrutar del día de las madres sin el corazón afligido.

JAN GROVER

Caldo de Pollo para el Alma

**4**

CAPÍTULO

# Ajustes de actitud

# 31

# El comprador secreto

El funeral de Paul fue el viernes. El sábado por la tarde, todo el mundo se había ido y la casa me pareció tan vacía, tan callada  El lunes tuve que hacer un esfuerzo enorme para volver al trabajo; no tenía idea de cómo podría sobrevivir a ese día. Me inspiré en Paul, que había querido con desesperación trabajar hasta el último momento que fuera posible.

Mis compañeros de la oficina no sabían qué decirme, ni yo a ellos. Hubo muchos momentos incómodos. De alguna manera logré salir adelante ese día, y la semana entera, a pesar de que, con frecuencia, me disculpaba para ir al baño a llorar.

> La acción es el antídoto de la desesperación.
>
> JOAN BAEZ

En cuanto salía del estacionamiento, estallaba en llanto y lloraba como una magdalena todo el camino a casa. Para evitar que los vecinos llamaran a los paramédicos, me forzaba a calmarme al entrar en la casa.

Una vez dentro, la parálisis se apoderaba de mí. No podía hacer más que sentarme frente a la computadora a jugar solitario para tratar de no sentir el dolor. Recreaba una y otra vez en la mente las últimas semanas con Paul. Una parte de mí aún esperaba que él entrara de pronto en la habitación para que de alguna forma volviéramos a nuestra vida de antes y yo pudiera despertar de esta pesadilla. Ensayaba conversaciones que planeaba tener con él hasta que caía en la cuenta de que ya no habría más conversaciones. Y lloraba hasta que el estómago me dolía.

No podía hallar la energía para preparar nada que se pareciera a una cena. Algunas noches casi no comía nada aparte de los caramelos que había en un plato en el escritorio. Nunca me habían gustado los caramelos, pero ahora parecía que no podía parar de comerlos. O tal vez era porque los tenía a la mano. El helado de galleta con trocitos de chocolate era el otro ingrediente básico de mi nueva dieta.

Una de las razones por las que no comía mejor era porque no había ido al supermercado desde la muerte de Paul. Ése era uno de varios lugares que no podía encarar sin él. Las idas al súper con Paul eran una aventura, motivo por el cual casi siempre íbamos juntos. Empezábamos en el departamento de salchichonería, donde ordenaba una variedad "adecuada" de carnes frías y quesos para prepararnos unos "buenos" sándwiches. "Bueno" era el elogio más grande de Paul para un sándwich. De ahí íbamos a la panadería y a la sección de condimentos.

En el departamento de frutas y verduras, Paul tenía la firme idea de que los cubos estaban abiertos precisamente para que los clientes pudieran tomar muestras. Mientras me explicaba estas cosas, sonreía y me guiñaba un ojo con picardía.

Los pasteles de café, los bizcochos y las donas a menudo "aparecían" en nuestro carrito de compras cuando yo no me fijaba. Después de fingir sorpresa, Paul explicaba que "esa ancianita de allá" debía de haberse confundido y por accidente había puesto esas golosinas en nuestro carro. Luego argumentaba que sería muy descortés devolverlas al anaquel, por lo que no nos quedaba más remedio que quedarnos con ellas.

Le enseñé cómo jugaba al "conductor veloz" con el carrito de compras cuando nuestros hijos eran pequeños y fingía acelerar y revolucionar el "motor" del carro. No tardó en tomarle el gusto a ese juego e incorporó el "carro de carreras" a nuestra rutina de compras. ¡Cómo nos divertíamos en esas simples salidas al supermercado!

Otra complicación de volver a la tienda era que conocíamos al gerente, que de seguro me preguntaría por Paul si me veía sin él. Aún no podía soportar eso.

El día que recibí la llamada para avisarme que podía pasar a recoger las cenizas de Paul, me di cuenta de que necesitaba que mi amiga Judy me acompañara. Estaba nerviosa y era otra salida que no quería enfrentar sola. Esperaba que la compañía de Judy me infundiera valor, y así fue. Tenerla a mi lado me facilitó tender la mano para aceptar la caja de cartón en forma de cubo que contenía las cenizas de Paul. No había tenido necesidad de comprar una urna porque Paul quería que dispersara sus cenizas de inmediato en el lago donde pasaba los veranos cuando era niño.

Firmé algunos formularios y nos dirigimos al auto. Me senté con la caja sobre el regazo y respiré hondo, sin saber lo que sentía.

—¿Qué quieres hacer ahora, Bet? —preguntó Judy luego de un minuto de silencio.

Lo pensé un momento y respondí:

—Necesito que vayas conmigo al supermercado. No he tenido el valor de ir desde que Paul murió, pero necesito comprar comida.

—Claro, vamos. Pero no tienes que ir sin Paul, lo llevaremos con nosotras.

La miré desconcertada un momento y entonces entendí. Por supuesto, llevaríamos a Paul con nosotras.

—A Paul le gustaría que volvieras a divertirte —me recordó Judy cuando empecé a comprender—. Él encontraría el sentido del humor en esto —tenía razón, desde luego—. Lo dejaremos ir en el carro con nosotras. Así podremos conversar con él mientras hacemos las compras y no tendrás que ir sin él.

—Bueno, estoy lista —entrecrucé una mirada con Judy y empecé a reír. Al principio, me sentí extraña. Casi había olvidado cómo se sentía. Pero también me sentí bien y sabía que Paul no querría que me pasara la vida llorando. Sería el primero en hacer una broma. Comprendí por qué necesitaba a Judy a mi lado: para ayudarme a encontrar el humor en la situación.

Fuimos a la tienda, llevamos la caja con nosotros y la pusimos en el asiento infantil. Le dijimos que habíamos vuelto al súper y le preguntamos qué debíamos comprar.

—De acuerdo, empezaré en la salchichonería —fingí responder.

Luego fuimos a las frutas y verduras, donde le expliqué a Judy lo de las muestras.

Incluso compré un pastel de café para Paul. Jugamos al "carro de carreras" por los pasillos vacíos, y nos reímos cuando imitamos los ruidos de un automóvil.

—Mira cómo tomo esta esquina, Paul. ¿Cómo dices? No, no puedo ir más rápido.

—Paul, ¿necesitas café? —preguntó Judy.

—¿Qué marca de toallas de papel decidimos que nos gustaba más? —inquirí yo a mi vez.

Cuando nos dirigimos a la caja a pagar, con el corazón más alegre, logré contener las lágrimas cuando el gerente de la tienda se acercó y me preguntó cómo estaba Paul. Ésa fue la primera vez que pude decirle a alguien que Paul había muerto sin desmoronarme por completo. No le conté al gerente que Paul estaba ahí mismo, que estaba en la caja que estaba sacando del carro mientras hablábamos. Después de que salimos, Judy y yo soltamos una carcajada ante lo absurdo de la situación.

Con el humor de Judy y las cenizas de Paul, superé esa primera ida de regreso a la tienda. Pasaron varios meses antes de que ir sola al supermercado no me resultara tan duro, y antes de que dejara de comprar los artículos favoritos de Paul. Pero cada vez fue un poco más fácil cuando recordaba el día que llevé a Paul conmigo, con todo y caja.

BETTIE WAILES

# 32

# La victoria con el hierro ocho

E s muy difícil golpear la bola con un hierro ocho cuando las lágrimas te escurren hasta las manos. La primera vez que sucedió me di
cuenta de cuál era el problema, pero no tuve el valor de enfrentar
la verdad.

La segunda vez me hallaba en el séptimo hoyo, un par cuatro corto.
Después de un golpe inicial decoroso busqué en mi bolsa y saqué el hierro ocho para el tiro relativamente sencillo al *green*. Cuando miré la pelota
y vi que el palo descansaba cómodamente sobre el suelo, las lágrimas
brotaron de nuevo a raudales.

Comprendí que era preciso enfrentar el dolor y la ira que se habían apoderado de mi alma. A pesar de ser
un hombre de sesenta y dos años, quería
con desesperación sollozar como un niño.
Ustedes verán, el hierro ocho era el palo
favorito de mi padre, el que empleaba con
frecuencia para ganar nuestros reñidos y
emocionantes partidos de golf.

> Vuelve la cara al sol
> y las sombras quedarán
> detrás de ti.
>
> PROVERBIO MAORÍ

Como me sentía muy macho, había
sofocado la ira y el dolor que sentía en lo profundo del corazón en los
seis meses que siguieron a su muerte. Sin embargo, había llegado la hora
en que la tensión fue demasiado para mí y empecé a derramar lágrimas
espontáneas cada vez que tomaba ese palo de golf.

A menudo pensaba que ojalá hubiera muerto de un ataque al
corazón, o incluso en un accidente automovilístico. De esa manera

sólo su presencia habría desaparecido, y no los recuerdos del padre que amaba.

El horror de la enfermedad de Alzheimer me había arrebatado no sólo a mi padre, sino también los recuerdos del hombre que fue. Mi mente era un caleidoscopio dinámico de recuerdos del cuerpo en decadencia y la mente marchita que había escapado de la realidad. Los recuerdos del hombre que había amado y respetado se centraban en los ojos que habían perdido su chispa y la mente que había renunciado a esforzarse por recordar nombres.

Recordé el miedo que se apoderó de mí cuando mi padre aún podía moverse, pero necesitaba ayuda para encontrar el baño cada vez que tenía que ir. La aflicción y la confusión me acosaban cuando oía palabras soeces y vulgares salir de la boca de un hombre que jamás había expresado nada más violento que un "qué demonios" de vez en cuando.

A veces, cuando sacaba el hierro ocho, literalmente oía la respiración sibilante del último día de mi padre en el teléfono mientras agonizaba en la costa del Atlántico mientras yo lo escuchaba impotente en la costa del Pacífico.

Ese palo, el favorito de mi padre, se convirtió en un símbolo de algo feo que me recordaba sólo esos espantosos últimos meses. El golf era mi amigo debido a las numerosas veces que jugué con mi padre. Ahora era un tormento.

Tal vez fue la casualidad o quizá un pensamiento inducido por Dios, pero cuando iba camino de jugar otra ronda como autómata, comprendí lo que había ocurrido. El juego ya no me atraía.

Después de estacionar mi auto, abrí la cajuela para sacar los palos, temiendo lo que sabía que tenía que hacer. Levanté un poco la bolsa, apenas lo suficiente para sacar el *putter* y el hierro ocho. Tomé dos pelotas y sólo esos dos palos, me encaminé al primer *tee*. Tenía que exorcizar a ese demonio.

Mi idea original fue superar el terror psicológico y la rabia profunda con pura fuerza de voluntad. Razoné que si me forzaba a jugar el hoyo nueve sólo con el hierro ocho, finalmente lograría borrar o sofocar las emociones que me embargaban cada vez que sacaba ese palo de la bolsa.

En el primer hoyo no me pude concentrar. Tenía el cuerpo rígido y golpeé la pelota más fuerte de lo normal, porque la ira interior me hacía querer aplastar esos recuerdos del mal de Alzheimer hasta olvidarlos. No estaba concentrado en el golf, sino en luchar para reprimir el mar de lágrimas.

Caminé más rápido de lo normal; pisaba con fuerza sobre el césped tratando de que la actividad física liberara mi alma de esos sentimientos.

El hoyo dos no fue diferente. Era "el hombre", que perseguía la victoria por la fuerza bruta y, no obstante, sentía que la rabia aumentaba y la confusión me dominaba.

En el tercer hoyo sucedió. Mi tiro desde el *tee* produjo el resonante "clic" de una pelota bien golpeada y la vi elevarse al cielo, una reproducción del tiro que mi papá hacía a menudo, y ya no pude contener las lágrimas. Primero los ojos se humedecieron, pero luego brotaron a mares mientras el cuerpo entero se sacudía con la gran liberación de la emoción reprimida.

Cuando caminé hacia la pelota reparé en el cielo azul brillante por primera vez. El césped se veía invitador. Sentí cómo me latía el corazón dentro del pecho.

Cuando llegué donde estaba la pelota, sucedió lo inimaginable.

Ni siquiera traté de ahogar las lágrimas. Dejé caer el *putter* detrás de mí, tomé el hierro ocho, miré la silueta borrosa del palo cerca de la pelota y la golpee hacia el hoyo que estaba a unos dieciocho metros de distancia.

Una vez más el golpe fue perfecto. Vi que la pelota tocaba el *green*, rebotaba una vez y luego rodaba los últimos metros directamente hacia el hoyo.

Había visto muchas veces a mi padre hacer este tiro cuando quería empatar o ganar un hoyo. Mientras la bola rodaba firmemente hacia el hoyo, en la mente vi el rostro de mi padre, con su sonrisa serena y la mirada brillante, como cuando lograba hacer una vez más ese tiro casi milagroso.

El resto de la ronda de golf se volvió borroso, pero los recuerdos que me vinieron a la mente eran tan nítidos como la televisión en alta definición. Cada golpe que daba producía un recuerdo memorable.

Tan real como en los viejos tiempos, oí su comentario: "¡Magnífica ronda! Hiciste varios tiros excelentes". Ganara o perdiera, el respeto de mi padre por sus oponentes era auténtico y alentador.

Recordé su rostro radiante de felicidad cuando exclamó: "¡Sabía que podías lograrlo!", la primera vez que le gané en un partido. Aunque me tardé hasta los treinta y dos años, su orgullo era genuino. Mi recuerdo de ese día también incluyó la gratitud que sentí porque jamás "me dejó ganar", sino que permitió que fuera un verdadero logro mío.

En el hoyo ocho golpeé muy mal la pelota, y recordé lo orgulloso que me sentía de papá cuando jugábamos con alguien que apenas estaba aprendiendo a jugar. Su paciencia y enseñanza discreta hacían sentir cada vez más segura a la persona y, por lo tanto, su destreza aumentaba. Papá nunca se atribuyó el mérito de la mejoría, sino que siempre le dio todo el crédito al aprendiz.

Por último llegó el hoyo nueve. Cuando me dirigía al último *green* noté que había dejado de llorar, caminé con paso más ligero y mi corazón se regocijó.

Sí, los recuerdos tristes del cuerpo enfermo de mi padre y su mente ausente seguían ahí. Estaban presentes, pero el consuelo de la nostalgia feliz había vuelto. Mi mente era libre de nuevo para recordar la belleza del amor disfrutable.

Después de jugar el último hoyo, levanté el hierro ocho al cielo y dije en voz alta: "Gracias, papá, por enseñarme qué es la vida y cómo vivirla".

JOHN H. HITCHCOCK

# 33

# La voluntad de dejarlo ir

Le encantaba el ron Myers, el chocolate amargo y los Tres chiflados. Desde el momento en que lo conocí, supe que era algo extraordinario. Para mí, fue la primera persona que conocí que se mostró dispuesto a apoyarme. ¡Qué diferencia marcó en mi vida! De esa verdad nació una nueva libertad y a la edad de veintiún años aprendí por fin a divertirme y a jugar como niña. En Bill encontré un compañero de juego, un cómplice y mi alma gemela.

Cuando llegaron a mi puerta temprano esa mañana de enero, supe de inmediato qué iban a decirme. Fue un conductor ebrio en un camino rural oscuro y gélido. Dijeron que murió al instante. A la edad de treinta años, se había vuelto una estadística.

El estado de conmoción en el que me hallaba me ayudó a sobrevivir innumerables meses, entremezclado con la negación cuando me parecía verlo cruzar la calle o pasar por ahí en una camioneta. De vez en cuando, la tristeza se desbordaba y el bendito alivio de las lágrimas amortiguaba en parte el dolor. Lo que más sentía era ira y miedo. Había perdido la fe. No quería absolutamente nada que ver con un dios que había permitido que esto ocurriera.

> Cuando no es posible cambiar una situación, el reto radica en cambiar nosotros mismos.
>
> VICTOR FRANKL

Durante cuatro años continué con nuestro trabajo con adultos con discapacidades. Lo hice en su nombre y para tener un motivo para levantarme por las mañanas. La alegría se había esfumado de mis ojos y mi sonrisa era hueca. Simplemente no sabía vivir sin fe y, al mismo tiempo, era incapaz de vivir con mi fe en la realidad donde Bill había muerto. Mi vida había perdido todo significado y no me importaba nada. Estaba muriendo por dentro.

Finalmente, cuando se aproximaba el cuarto otoño, sentí que me hundía cada vez más con cada hoja que caía de los árboles y entendí que estaba en problemas. Con lo que pensé que era mi último aliento, pedí ayuda. Milagrosamente, alguien me tomó de la mano, alguien que tenía la fortaleza espiritual para mantenerse firme y señalarme el camino. Una tarde nublada de sábado me acurruqué debajo de una manta en el rincón del sofá y empecé a llorar mientras contaba la historia de Bill. Ella se quedó sentada en silencio, acompañándome en mis sollozos, palabras y dolor, sin emitir juicios ni comentarios.

Hasta que vacié por completo mi alma, me tomó de las manos y me miró directamente a los ojos.

—Si quieres recuperarte —empezó a decir en voz muy baja—, tienes que dejar ir a Bill.

Abrí los ojos desmesuradamente y el cuerpo se me puso rígido. Me estaba pidiendo lo único que con toda franqueza no podía hacer. Charlamos mucho tiempo e intenté buscar otra opción. Simplemente no estaba dispuesta a dejarlo ir; sin embargo, no podría abrirle el corazón a Dios si continuaba aferrándome a Bill y culpando a Dios por su muerte. Me sentí incluso más estancada de lo que me sentía más temprano ese mismo día. No tenía idea de a donde volver la cara.

Con paciencia, ella me ofreció otra sugerencia.

—Reza para que Dios te dé la fuerza de voluntad que ahora necesitas —aconsejó—. Pide voluntad dos veces al día. No te compliques. Hazlo aunque no lo sientas de verdad. La voluntad vendrá —no quería aceptar su sugerencia, pero no se me ocurría ninguna otra alternativa. En consecuencia, accedí con renuencia a intentarlo.

Y así empecé a pedir en susurros amargos: "Querido Dios, por favor ayúdame a tener la voluntad de dejar ir a Bill", todas las mañanas y todas las noches de los siguientes diez días. Una tarde, en medio del trabajo, de pronto sentí que me llegaba la fuerza de voluntad que había pedido. Era apenas una punzada, pero muy clara. Salí corriendo de la habitación, me senté con Dios un momento y grité en silencio: "No, todavía no. No estoy lista". No obstante, continué rezando todos los días, con un poco menos de amargura y un poco más de vigor.

Al cabo de unos días volvía a sentir la punzada; era suave, pero muy fuerte y muy clara. Comprendí que había llegado el momento, ¡y tenía la voluntad de hacerlo! No tenía tiempo para meditar en ese portento; en cambio, recibí la gracia para actuar y ya. Me senté tranquilamente en una silla y conversé con Bill, ¡y ahí estaba él! Hablé sin parar y dije todo lo que anhelaba decir: hablé de mi enorme gratitud hacia él, de la intensidad de mi dolor y la profundidad de mi amor. Hablé y hablé hasta que sólo me quedó una sola cosa que decir. Guardé silencio un momento ante su presencia y luego empecé a explicar mi necesidad y deseo de dejarlo ir y mi convicción de que los dos podíamos ser libres.

Y entonces, con plena voluntad y abandono, le dije adiós. Antes de que las palabras salieran de mis labios, sentí que el poder de Dios me fortalecía y me llenaba de amor y paz. Nunca creí que fuera posible. La luz se volvió a encender y me sentí completamente conectada. Me quedé tranquila en el seno del amor durante mucho rato; nunca imaginé que el poder de Dios era tan amoroso y puro.

No sabía a donde ir a partir de ahí, pero simplemente decidí seguir adelante con mi día y hacer lo correcto. Cuando asistí a una reunión esa noche, descubrí que algunas personas me miraban maravilladas. Varias de ellas comentaron que me veía muy distinta y me preguntaron qué había pasado. Les expliqué lo mejor que pude, porque las palabras me parecían totalmente inadecuadas. La transformación de ese momento ha estado viva en mí desde aquella tarde de otoño.

Cuando me visita la oscuridad, trato de recordar el poder de la luz y el amor de ese momento. He aprendido a amar con más libertad, a dar con más generosidad y a vivir con más alegría. Ahora, cuando veo el ron Myers, el chocolate amargo o a los Tres chiflados, siento una profunda gratitud tanto por el amor de Bill como por la voluntad de dejarlo ir.

CATE ADELMAN

# 34

# Aprender sobre la pérdida antes de que sea demasiado tarde

Un día de la semana pasada desperté de pésimo humor. ¿Por qué? Se nos acabó el café. Me retrasé en el pago de mi tarjeta Master Card. Mi reloj favorito se descompuso.

Ni siquiera pensé en darle los buenos días a mi esposo Bob. Después de todo, llevábamos 32 años de despertar juntos. Como de costumbre, nos levantamos y nos dirigimos a nuestros escritorios.

Revisé el correo electrónico y respondí a las personas que se quejaban de los días lluviosos como si todos estuviéramos viviendo un desastre de proporciones catastróficas.

Me quedaba un mensaje más. Era de un hombre llamado John, y resultó ser una sorpresa que me quitó el aliento.

> La vida es lo que hacemos de ella, siempre ha sido así, y siempre lo será.
>
> ABUELA MOSES

La primera vez que John me escribió fue hace casi un año. Respondió a una columna que yo había escrito sobre algunos problemas que Bob y yo habíamos superado en nuestra relación:

"Hola, Saralee. Mi esposa Donna me habló de un artículo que escribiste que le pareció conmovedor y la hizo llorar. Soy un hombre adulto que puede ser muy emotivo. Me sorprendió agradablemente que hubiera un final feliz y que todo hubiera salido bien. Pocas parejas en la actualidad disfrutan de la cercanía que tienes con tu esposo. Me enorgullece decir que he estado con mi amada desde hace veintiséis años y que ella sigue siendo la única para mí".

Cuando vi su nombre en el mensaje de correo electrónico que estaba leyendo en ese momento, esperaba leer más sobre su matrimonio amoroso. John escribió:

"Hace dos días mi esposa se cayó por las escaleras. Perdí a la única chica que he amado y amaré en mi vida. Tenía sólo cincuenta y cuatro años y gozaba de perfecta salud".

Miré las palabras y sentí que mi vida cambiaba por completo en menos de un minuto.

Oí a Bob en su estudio. Estaba de mal humor porque estaba hablando por teléfono con el veterinario y la llamada se había cortado varias veces. Le pedí que viniera y leyera el mensaje de John.

Mientras leía, la expresión le cambió. En cámara lenta, pasó de verse tenso y fastidiado a triste y calmado. Suspiró y me dijo: "Gracias por dármelo a leer".

Lloré cuando releí el resto de la nota de John:

"Era donadora de órganos y me han informado que, gracias a su buena salud, ayudará por lo menos a cincuenta personas. Ha sido muy agradable hablar contigo sobre el amor que profesamos a nuestros mutuos cónyuges".

Respondí: "El mensaje que me enviaste por correo electrónico me hizo pensar en muchas tonterías que me hacen enojar. Fue una llamada de atención que me hizo reparar en lo que importa en la vida y lo que no". Cuando le pedí permiso para escribir sobre esta lección, aceptó gentilmente y dijo: "Estoy seguro de que Donna se sentiría honrada".

Soy yo la que tengo el honor de escribir sobre los muchos legados de Donna. De la manera más desinteresada cambió la vida de cincuenta personas cuando les dio los valiosos regalos de su cuerpo. Por las palabras de su esposo, que la adoraba, deja y continúa enseñando la profunda lección que a menudo pasamos por alto: el amor es lo más importante. También tengo la esperanza de que ayude a muchos, como yo, a darse cuenta de que casi todo es insignificante en comparación con el amor, la vida y la muerte.

Por eso, esta mañana no me enfureció que el papel de la impresora se hubiera acabado cuando tenía encima la fecha de entrega, o que estemos, al igual que muchos otros, tan cortos de dinero que nos veamos obligados a usar vales de alimentos.

En silencio, dije: "Gracias, John, por ser tan abierto conmigo respecto a tu tierno amor. Gracias por enseñarme que vivir el momento es el camino que conduce a la alegría, porque todos los momentos futuros son en verdad impredecibles. Gracias, Donna, por mostrarme que dar, en su forma más digna y noble, se hace sin esperar nada a cambio. Por toda la eternidad, siempre serás "la única" para John, para cincuenta personas de cuya vida serás a partir de ahora una parte extraordinaria y para mí.

Y entonces le di los buenos días a Bob.

SARALEE PEREL

# 35

# Mi hijo

No me agradaba Tommy. ¿Que si lo amaba? Parecía muy improbable que alguna vez llegara a sentir amor por él. Sabía que nuestras diferencias tenían que resolverse pronto o tendría que dejar de intentar ser su madrastra. La madre natural de Tommy había muerto un año antes y él y su hermano habían pasado por una serie de amas de llaves y niñeras, y ahora nosotros.

Cuando el padre de Tommy y yo nos casamos parecía una situación ideal. Sus hijos tendrían una madre y mis hijas tendrían un padre. La muerte y el divorcio dejan muchos refugiados y aquí había seis que podíamos combinarnos para establecer una verdadera familia.

> Si reprimes demasiado el dolor, puede redoblarse.
>
> MOLIÈRE

Tommy era rechoncho y constantemente se quedaba frente al refrigerador abierto tomando galones de leche. No era necesario corregirlo por nada, porque con sólo dirigirle una mirada, los ojos se le llenaban de lágrimas. Estaba segura de que si el labio inferior le temblaba una vez más, me haría gritar. Estaba consciente de que trataba al niño con amabilidad, pero en realidad estaba ahogando los sentimientos de culpa que me inspiraba. Era más sencillo con el hermano menor de Tommy, aunque nunca entendí por qué.

Cuando Tommy no estaba llorando, o devorando leche, halaba su camiseta y la estiraba. A veces cerraba la puerta del dormitorio y me dejaba fuera cuando su padre estaba en casa para poder estar con él a sus anchas, sin mí. Tommy tapaba la pantalla del televisor para que mis hijas no pudieran ver. En mi opinión, Tommy se estaba convirtiendo rápidamente en un niño absolutamente odioso, y apenas tenía siete años.

Teníamos varios meses de casados y la tensión aumentaba a ritmo fenomenal. Cada noche temía el ritual de acostar a Tommy y besar su mejilla regordeta mientras él me fulminaba con la mirada.

Recé para que Dios me guiara.

El padre de Tommy me había contado de la pérdida que habían sufrido los niños. Nancy estaba enferma desde hacía mucho tiempo y cuando él llamó a los niños a la casa para decirles que su madre había muerto, la única respuesta de Tommy fue preguntar si podía salir a jugar. Mi esposo, atrapado en su propio sufrimiento, lo interpretó como inocencia infantil y evadió reconocer y resolver el dolor de Tommy. Los niños no asistieron al funeral y el tema se cerró. La actitud dominante era que la vida era para los vivos, pero parte de Tommy también había muerto.

Estaba casi segura de que las dificultades con Tommy se relacionaban con su pérdida. Como no estudié psicología y no tenía experiencia personal con la muerte, me daba cuenta de que si tocaba el tema tal vez abriría una caja de Pandora que después no podría controlar, pues no estaba preparada para ello. Tenía que correr el riesgo, y con la ayuda e inspiración de Dios, me armé de valor.

Esa noche, mientras arropaba a Tommy en la cama, me senté cerca de él.

—¿Extrañas a tu mamá? —pregunté.

No le tembló la barbilla, no brillaron las lágrimas en los ojos ni me lanzó miradas furibundas en respuesta a mi pregunta. Esa vez el volcán de dolor que tenía en su interior hizo erupción con violencia. Mientras lloraba y sollozaba, lo abracé y, por primera vez, nos conectamos. Le di mis besos y abrazos porque así me nació y no por obligación, y él los aceptó de manera auténtica y abierta. Después de que amainó la tormenta, charlamos.

—Tengo entendido que tenía los ojos azules como los tuyos —comenté, sin dejar de abrazarlo. Él asintió. No quería que se quedara con nada guardado y sondeé más profundo—. ¿Qué es lo que más extrañas de tu madre? —pregunté.

—Extraño su pizza. Hacía una pizza muy buena —respondió. Había dejado de sollozar y estaba preparado para hablar.

—Conocí a tu madre una vez que fue a recoger a tu padre después del trabajo. Yo también trabajaba ahí. Era muy bonita —Tommy no recordó el incidente, pero coincidió en que era muy bonita.

Aunque yo sabía bien que no, le pregunté si había ido al funeral. Hablamos de dónde estaba sepultada. Nunca había visto su tumba. Hablamos de la relación de su madre con Dios, que yo sabía que había sido buena.

Me esforcé por recordar algunos detalles que conociera de su madre para poder hablar más de ella, pero sabía muy poco. Después, nuestra conversación divagó y hablamos de otras cosas más actuales, menos emotivas.

Cuando besé la mejilla regordeta de Tommy y lo abracé esa noche, había amor en los besos que compartimos. Por fin habíamos empezado a comunicarnos y pude darle con sinceridad algo de mí y él a mí.

A la mañana siguiente, cuando Tommy entró en la cocina a desayunar, me llamó "mamá" de manera muy natural. No le había pedido que lo hiciera, nada más lo hizo.

Entiendo que nunca ocuparé el lugar de su madre natural ni quiero hacerlo. Ella siempre será especial en el corazón de Tommy, pero el pequeño también necesita una madre de carne y hueso todos los días. Me escogió a mí y lo amo al igual que a su hermano con toda el alma.

LORNA STAFFORD

# 36

# La última carcajada

E l funeral de mi padre pudo haber sido una comedia de situaciones. No hubo mucho de que reírse en los últimos años de la vida de papá. En la Nochebuena de 1996, mi madre sufrió una embolia que la dejó parcialmente paralizada, e incapaz de hablar con claridad. Papá pasó los siguientes cuatro años cuidándola, a pesar de su propia batalla contra el cáncer de próstata.

En noviembre de 1999 mis padres se mudaron a una casa de reposo, donde papá murió a mediados de febrero de 2000. Las últimas semanas fueron especialmente difíciles. Papá había crecido en un orfanato y el último lugar donde quería estar era una institución o, mejor dicho, una institución no era, definitivamente, el último lugar donde él hubiera querido estar. Era un hombre independiente, pero ya no podía valerse por sí mismo, ni siquiera para ir al baño. Además, tenía mucho dolor y sus quejidos a menudo hacían asomar las lágrimas a los ojos de las enfermeras.

> La risa es la medicina de Dios. Todo el mundo debería bañarse en ella.
>
> HENRY WARD BEECHER

Murió durante una nevada un domingo por la noche. El funeral fue el jueves, el único día claro de una semana de tiempo tormentoso.

No dejó instrucciones para el funeral y tampoco había ido a la iglesia en años. Sin embargo, lo criaron como católico y en algún momento de su vida incluso pensó en ser sacerdote. Por lo tanto, pedimos al sacerdote de la parroquia local que dirigiera el servicio, a pesar de que conocía a papá sólo a través de nuestras breves descripciones. No teníamos forma de saber que, sin querer, nos proporcionaría uno de nuestros recuerdos más entrañables.

Mi hermana Sandra, que viaja mucho, tiene el don de poder relajarse en cualquier parte, además de carecer de inhibiciones. En algún momento, antes de que nadie llegara a la funeraria, cuando sólo estábamos nosotras dos y mi yerno, que nos había llevado en el automóvil, decidió que estaba exhausta. Por lo mismo, se acostó en el suelo. Bill, uno de los directores de la funeraria entró en la sala y por poco se desmaya cuando vio lo que parecía un cuerpo tirado al frente de la sala.

El incidente nos hizo reír un poco, pero aún habría más. La organista era la madre del dueño de la funeraria, una mujer agradable que acabábamos de conocer. Escogimos dos canciones para el servicio y le pedimos que terminara con "On the Street Where You Live". Tanto a mi padre como a mi madre les encantaban las canciones de las obras musicales. En nuestra adolescencia, si papá llegaba a la casa con algunas copas de más, a menudo nos pedía a mamá o a mí que tocáramos sus favoritas en el piano, entre las cuales figuraba "On the Street Where You Live". Decidimos, por ello, que ésa sería la última canción.

Rebuscamos entre las partituras de mamá para que la señora Anderson pudiera ensayar antes del servicio. Luego, en el último minuto, ella nos pidió que eligiéramos algunas canciones más y explicó que en ocasiones los servicios duraban un poco más de lo previsto y que no quería quedarse sin música. Seleccionamos algunas otras piezas, pero hicimos hincapié en que "On the Street Where You Live" debía ser la última.

La gente empezó a llegar. Dan, mi esposo, entró empujando la silla de ruedas de mamá. Ella se veía muy linda, vestida con una chaqueta de lana roja, el cabello recién arreglado, y le habían puesto un toque de maquillaje. Éste era el evento social más importante al que había asistido en años, y aunque a veces lloraba en silencio, pasó mucho tiempo mirando a su alrededor para ver quiénes estaban presentes y de vez en cuando saludaban con la mano buena.

Uno de los últimos en llegar fue el tío de Dan, Andy. Él y mis padres habían sido amigos cuando eran adolescentes. Era un poco excéntrico, por decir lo menos. Había vivido solo la mayor parte de su vida y con frecuencia vagaba sin rumbo fijo, sin afeitarse, y se ponía ropa tan sucia y desgastada que daba pena. Sin embargo, hizo su mejor esfuerzo para ir al funeral. Llevaba el cabello recién cortado y peinado, se afeitó y se puso un traje de mezclilla, de color anaranjado rojizo, que parecía directamente salido de los años setenta.

Sandra y yo nos miramos y pusimos los ojos en blanco, pero no dijimos nada. Mamá le dirigió una sonrisa y levantó la mano unos momentos.

Entonces empezó la música. Todavía estábamos saludando a la gente cuando empezó "On the Street Where You Live". En cuanto nos dimos cuenta de lo que estábamos oyendo, el director de la funeraria se acercó a explicar: "Mi madre está en las primeras etapas de la enfermedad de Alzheimer. Ya no puede conducir, no puede vivir sola, pero tiene mucho talento musical y no quisiera quitarle esto".

"Ah", dijo una de nosotras. Sandra y yo intercambiamos una mirada rápida, comunicándonos en silencio: "Por mí no hay inconveniente, si estás de acuerdo". Las dos sabíamos que si papá estuviera ahí, se habría deshecho en atenciones con la señora Anderson, por lo que consolamos a Richard y le aseguramos que todo estaría bien.

Cuando ocupamos nuestros lugares al frente de la capilla, ambas notamos que la señora Anderson se había quitado los zapatos y pisaba los pedales con los pies en calcetines. El sacerdote se colocó detrás del atril. La conversación se apagó. La señora Anderson siguió tocando.

Y tocando.

El padre Paul nos miró. Yo desvié la mirada y Sandra enarcó una ceja. El padre Paul miró a la señora Anderson. De hecho, todo el mundo miró a la señora Anderson. Por fin, el sacerdote se acercó, le puso la mano en el hombro y le susurró algo al oído. Ella asintió, pero siguió tocando hasta que terminó la canción.

Habíamos conocido al padre Paul dos días antes y sabíamos que en su juventud había sido cartero y que se había ordenado sacerdote cuando ya era mayor. Era un hombre menudo con dientes frontales prominentes y cabello corto erizado; se parecía un poco a Alvin, la ardilla, tratando de ser una estrella punk.

La vestimenta, por supuesto, no correspondía a la imagen de una estrella punk: la casulla era de color crema, entretejida con hilos más oscuros, como si fueran espigas de trigo. Pero llevaba puestos tenis oscuros, posiblemente para poder salir corriendo inmediatamente después del funeral.

Y, para colmo, llamó Harold a nuestro padre.

Papá se llamaba Frank. Tenía una risa contagiosa y un maravilloso sentido del humor. Los juegos de palabras, las bufonadas, la sátira política, todo provocaba en él una carcajada. También le divertían mucho los niños, los animales y lo ridículo de la vida cotidiana.

Cuando el sacerdote llamó Harold a nuestro padre, Sandra y yo deliberadamente evitamos mirarnos. En alguna parte en las filas de atrás, una de mis amigas le dio un codazo a otra y susurró: "A Cheryl le va a dar un ataque". Tenía razón, pero no por las razones que pensó. Sandra y yo estábamos haciendo hasta lo imposible por no estallar en carcajadas.

Cuando éramos adolescentes, Bill Cosby era uno de los comediantes favoritos de la familia. Sandra había empezado a llamar a papá "el viejo raro Harold", por uno de los personajes de las rutinas de comedia de Bill Cosby. Cuando el sacerdote dijo ese nombre por equivocación, ambas pensamos en eso. Y sonreímos, sabiendo que en alguna parte del universo, papá sonreía con nosotras.

CHERYL MACDONALD

# 37

# Cuando los padres
# lloran al pie de las tumbas

E l ruiseñor canta posado en el alambre. ¿Cómo puede cantar? Hace apenas unos días que vi al bebé ruiseñor en nuestra entrada cuando estacionamos el automóvil. Tuve miedo de que lo hubiéramos atro-pellado, pero miré atrás cuando bajé del automóvil y estaba bien, dando saltitos en el jardín. Daba un salto, abría las alas a medio crecer, daba otro salto, y volvía a extender las alas. Lo vi recorrer así todo el sendero: saltando y abriendo las alas; se veía muy gracioso. Supuse que la madre estaría volando por ahí, protegiéndolo, guiándolo y quizá in-dicándole el camino a seguir. Pero ella no podía controlarlo. Luego me pregunté por qué habría renunciado a su custodia y se había dado por vencida ante lo inevitable.

> Cuando alguien que amas se convierte en un recuerdo, el recuerdo se convierte en un tesoro.
>
> ANÓNIMO

El polluelo se había caído del nido de-masiado pronto. No iba a poder remontar el vuelo porque no estaba listo. Había gatos que merodeaban por el barrio. A menudo los veía corriendo velozmente entre las casas. Imaginé que el polluelo no podría escapar de su horrible muerte, fuera ésta a manos de un gato o un automóvil, ya que parecía tardarse eternidades en cruzar la calle; por eso, dejé de vigilarlo y entré en la casa. No quería presenciar su muerte.

Ayer vi a un ruiseñor revoloteando alrededor del árbol en nuestro jardín. ¿Acaso buscaba a su hijo? Lo vi volar de nuestro árbol al árbol que estaba del otro lado de la calle, donde creo que tenía su nido. Volaba de un lado a otro. No pude evitar preguntarme si sería la madre o el padre ruiseñor.

Hoy vi al pájaro cantando, posado en el alambre. ¿Cómo podía cantar? ¿Cómo podía ese pájaro actuar como si nada hubiera pasado ahora que su cría se había ido?

Mi hijo dejó de existir. Ya no está. El destino intervino y se llevó a Donnie. Murió hace casi ocho años. Sin embargo, hoy como el día después de que recibí la noticia, todavía tengo que irme despacio y con tiento. Tomo cada día a la vez. Y, desde luego, pasó muchísimo tiempo antes de que volviera a tener ganas de cantar.

Mi esposo también perdió un hijo. Su dolor fue distinto del mío. Quería ir al cementerio con frecuencia y yo no podía soportar estar ahí.

Nuestro hijo era un consumado guitarrista clásico, y a Don nunca dejó de maravillarle el talento de Donnie. Creo que en cierta forma para mí era algo más natural, porque aprendí a tocar el piano de oído desde que era niña. No me malinterpreten, me encantaba oír a nuestro hijo tocar la guitarra. Sabía que era sumamente talentoso, pero no me admiraba tanto como a mi esposo. Don era el que nunca se perdía un recital. Incluso si yo no podía ir, mi esposo faltaba al trabajo, si le era posible, para asistir. Una vez viajó tres horas en automóvil a Memphis para ir a un recital cuando Donnie iba a la escuela en esa ciudad.

Después de su muerte, Don ponía la música grabada de Donnie todo el tiempo. Era muy difícil para mí. Incluso en ocasiones lo oía tarareando o silbando las melodías. A mi parecer, eso era como cantar y me parecía demasiado pronto. Invariablemente cerraba la puerta de la habitación para no oír la música y no empezar a llorar.

Pensaba: "¡Qué fácil es para él! Visita la tumba y escucha a Donnie tocar la guitarra como si todavía estuviera aquí, ¿y eso le ayuda a superar su ausencia? Debe de ser diferente para los padres".

Yo quería gritar y romper cosas la mayor parte del tiempo. Sentí que me arrancaron el corazón del cuerpo cuando perdí a mi hijo. Pensaba que era peor para mí porque yo lo había llevado en mi seno y lo había conocido nueve meses antes que mi esposo. No creía posible que alguna vez dejara de derramar lágrimas y, mucho menos, que volviera a cantar.

Entonces encontré este poema. Mi esposo lo copió y lo puso en su mesita de noche.

*Cuando los padres lloran al pie de las tumbas*
de Alice J. Wisler

*Veo llorar*
*a los padres ante las lápidas*

*Se despojan de la valiente armadura*
*que se ven forzados a llevar en el trabajo*

*Quitan la basura*
*delicadamente con los dedos*

*Inhalan el dolor,*
*disminuidos por la angustia*

*Y desean con el corazón lo que ya no pueden tener:*
*caminar de la mano*

*con los hijos que se han ido;*
*a todos los padres que dejan una*

*parte de su corazón en las lápidas*
*que las brisas que soplan debajo de los árboles de tiempo*

*alivien su dolor cuando reciban las lágrimas curativas*
*…el regalo que sus hijos les dan.*

El poema me hizo comprender que el dolor de mi esposo era tan intenso como el mío. Reconocí el hecho de que lloraba en el cementerio, donde se sentía más cerca de su hijo. Y aunque yo no soportaba estar ahí, era el lugar donde él se desahogaba. Comprendí que el amor de un padre es tan profundo como el de una madre y que el lazo entre padre e hijo es igual de sagrado.

¡El amor nunca muere! Tampoco el amor de un padre, o el de una madre, ni siquiera el de un ruiseñor.

Con el tiempo aprendimos a honrar la muerte de nuestro hijo de maneras que funcionaban para cada uno. Nos unimos y descubrimos maneras de celebrar su vida, respetarnos y llevarlo dentro de esa belleza. Y en alguna parte a lo largo del camino, ambos aprendimos de nuevo a cantar.

BEVERLY F. WALKER

# 38

# Llamado a la acción

**D**os tarjetas de cumpleaños enmarcadas cuelgan de la pared de mi oficina. A menudo las miro y sonrío porque me devolvieron al camino del que me había extraviado y me ayudaron a sanar.

Soy escritora. Lo soy desde finales de la década de 1980, cuando mi padre aún vivía. Él fue el que me animó a no cejar en mi empeño. Aunque un editor pensara que mi trabajo no valía la pena, papá siempre creyó en mí.

¿Qué sucede cuando uno de nuestros seres queridos muere y era la persona que estaba íntimamente conectada con otro de los amores de nuestra vida?

> Acción es elocuencia.
>
> WILLIAM SHAKESPEARE

En mi caso, dejé de escribir. Una cree que se trata del típico bloqueo del escritor y que en un par de meses volverá al teclado, fortalecida.

Sin embargo, pasa un año y luego dos, y después esos años se convierten en cinco. Una llega al punto de decir: "Alguna vez fui escritora". Fue divertido, pero quedó en el pasado y es momento de seguir adelante.

Nuestros seres queridos tienen formas bellas de enviarnos mensajes, aun después de haberse ido. Es su manera sutil de darnos un empujoncito para que volvamos a lo que amamos y a lo que tenemos que hacer con nuestra vida.

Mi mensaje llegó en la forma de dos viejas tarjetas de cumpleaños que encontré por casualidad; ambas me las había mandado mi padre. Una decía: "Que seas feliz escribiendo", y la otra: "Escribe un buen libro".

Me senté a contemplar las tarjetas. ¿Acaso sabía que yo estaba en apuros? ¿Me observaba cada vez que me sentaba a escribir y las palabras no fluían? ¿Percibía que había renunciado a mi sueño cuando él murió? ¿Eran esas tarjetas su forma de estar a mi lado cada vez que me ponía a escribir?

En lo profundo del corazón comprendí que las tarjetas eran mi forma de regresar y necesitaba conservarlas. Las mandé enmarcar. Coloque el marco en la pared y me senté frente a él. Cada vez que pongo las manos en el teclado, levanto la mirada a esas tarjetas y leo en voz alta las palabras de papá, y siento que sigue alentándome.

Funcionó, porque desde que encontré esas dos tarjetas, me han publicado cuatro novelas.

Todos pasamos por un periodo de duelo. Todos sanamos a nuestro propio ritmo.

Aunque nuestros seres queridos no quieren que los olvidemos, tampoco quieren que los lloremos para siempre. Además, de ningún modo quieren que abandonemos nuestros sueños.

Si nos fijamos bien, encontraremos una pequeña señal que nos envían para decirnos que es hora de dejar de lamentarnos y hacer algo que los haga sonreír. Es hora de lograr algo que nosotros sabemos que los habría hecho sentir orgullosos.

Es evidente que era mi destino conservar esas tarjetas desde antes de que papá muriera para que pudiera redescubrirlas en el momento en que las necesitara para hallar de nuevo el camino que me llevaría a realizar mis sueños.

Cada día que escribo lo imagino sonriendo. Para mí, no hay mejor forma de honrar la memoria de una persona que se ha ido que realizar un sueño que ambos compartimos.

Gracias a papá he vuelto a ser escritora.

SUSAN PALMQUIST

# 39

# Paz de Chicago

Cuando me dirigía a mi oficina en el automóvil, me invadió un sentimiento de perdón total y absoluto hacia mi exesposo Ron. Recuerdo ese instante como si hubiera sido ayer. Iba rumbo al norte por la autopista I-95 y cuando llegué a lo alto del paso elevado de Baymeadows, sentí un enorme regocijo y perdón en el corazón hacia él. Por primera vez en más de una década pude decir: "Te perdono".

Ron y yo estuvimos casados once años antes de divorciarnos. Nuestros tres hijos pequeños y yo nos sentimos solos y desconsolados. Nos quedamos un tiempo en Illinois después del divorcio, pero luego me mudé con mis hijos de regreso a Florida para estar con mi familia. Ron se quedó en Chicago.

Fue maravilloso volver a Florida y estar rodeada de mis padres, hermanos y sus familias. Ellos nos animaron y nos dieron todo su apoyo. Ron nos visitó una vez. No fue una visita feliz. Hizo una parada corta en un viaje a Las Vegas donde

> Los débiles no pueden perdonar. El perdón es el atributo de los fuertes.
>
> MAHATMA GANDHI

iba a jugar y nos visitó unos días. En esa época, Ron estaba atrasado en el pago de la pensión alimenticia y nos debía varios miles de dólares. Me indignó que gastara dinero en un viaje a Las Vegas. Mis hijos y yo nos habíamos sacrificado y pasado apuros mucho tiempo. No me pareció justo que su padre hiciera un viaje y que no pagara la pensión alimenticia.

Fue un milagro sentirme en paz con Ron. A veces quería reír a carcajadas. Sentí que me quitaban un enorme peso de encima cuando me di cuenta de que al fin podía perdonarlo y seguir adelante con mi vida. Aunque no se lo conté a nadie, estoy segura de que los demás percibieron que había cambiado mi forma de pensar respecto a Ron.

Dos semanas después, cuando entré en mi oficina, la operadora del conmutador me detuvo y me informó que había recibido una llamada urgente de alguien llamado Al de Chicago. Me pidió que le llamara de inmediato.

Al estaba casado con la hermana de Ron y siempre había sido un amigo maravilloso, incluso cuando Ron y yo nos estábamos divorciando. Perdimos contacto con el paso de los años, por lo que entendí que Al no me llamaba para conversar. Cuando marqué el número de Al y lo oí decir en tono de voz apesadumbrado: "Hallaron muerto a Ronnie esta mañana temprano. Pensé que tú y los niños debían enterarse". El corazón me dio un vuelco. Todavía puedo cerrar los ojos y hallarme de nuevo en esa pequeña sala de conferencias atestada oyendo palabras que no quería oír. En lo primero que pensé fue en mis hijos. Acababan de perder a su padre, un hombre que nunca tendrían la oportunidad de conocer. Nunca tendrían la posibilidad de conocerlo y amarlo como yo alguna vez lo hice. Salí de la sala de conferencias como si tuviera los pies de plomo y fui a mi oficina a buscar a mi gerente. Necesitaba salir de inmediato para ir a darles la triste noticia a mis hijos.

Partimos a Chicago muy temprano a la mañana siguiente. Éramos un grupo apesadumbrado. Mi papá y mi hermana nos acompañaron en el viaje. Mi hijo mayor vivía en Missouri y tomaría un vuelo a Chicago para asistir al funeral. Los días que siguieron pasaron muy rápido. El funeral de Ron tuvo lugar un día después del día del padre. Era el primer día del padre que mis hijos pasaban con él en muchos años. Fue una experiencia agridulce.

Jason, nuestro hijo mayor, se portó con estoicismo. Durante el funeral, tocó "Stairway to Heaven" en la guitarra. Los ojos me ardieron por las lágrimas cuando la hermosa melodía se oyó desde el balcón de la iglesia. Jennifer, nuestra única hija, lloró mucho cuando partimos de Chicago. A pesar de las circunstancias, le había dado mucho gusto conocer por fin a la familia de su padre. Joey, nuestro hijo menor, me preguntó si creía que su papá se había ido al cielo. Le respondí: "Por supuesto que tu papá se fue al cielo. Está con la abuela y juntos nos cuidan desde ahí". Sin embargo, no estaba muy convencida. Estaba segura de que Dios sólo abría las puertas del cielo a los buenos padres.

Llegamos a casa muy tarde y como viajeros cansados, nos fuimos a acostar. Desperté muy temprano a la mañana siguiente y, mientras mi familia dormía, me serví una taza de café y salí al jardín. Mi papá había comprado tres rosales dos semanas antes y nos habíamos pasado la tarde de un domingo sembrándolos. Quería asegurarme de que hubieran sobrevivido a una terrible tormenta que cayó en nuestra ausencia.

Dejé mis huellas marcadas en tierra húmeda por el rocío de las primeras horas de la mañana. El día estaba clareando. Me sentía triste por la muerte prematura de Ron, pero también aliviada porque ya no sufría. No obstante, no estaba convencida de que hubiera llegado al cielo. Soy de Missouri, el estado donde hay que ver para creer.

Los rosales estaban intactos. Ninguno de ellos había sufrido daños durante la tormenta. Me agaché para percibir el dulce aroma de las rosas y cuando lo hice me llamó la atención una etiqueta blanca que se había quedado en uno de los rosales. Entré a buscar unas tijeras, volví al jardín y corté la etiqueta. Cuando la miré, me pareció que el tiempo se detenía. El nombre del rosal era "Paz de Chicago".

Entonces comprendí. Dios me había estado preparando para la muerte de Ron desde dos semanas antes cuando me inculcó perdón en el corazón por todos esos años de sufrimiento. Creo que mi perdón liberó a Ron y que pudo cruzar las rejas celestiales.

Teresa Curley Barczak

# 40

# La tarjeta de Navidad

Cuando tenía nueve años, el tío Frank murió en un accidente automovilístico. Iba por un camino rural a altas horas de la noche cuando de pronto saltó un ciervo de astas muy grandes frente a él. El tío Frank no tuvo tiempo de aplicar los frenos. Murió al instante y, para empeorar las cosas, su muerte ocurrió en la madrugada del día de Navidad.

El tío Frank era el único hermano de mi madre y ella estaba totalmente inconsolable cuando el alguacil nos dio la noticia. No había dos hermanos más unidos que mamá y el tío Frank, es decir, hasta su gran altercado. Yo era muy pequeña para saber por qué riñeron en realidad, pero sabía que habían tenido una discusión muy fuerte y que habían intercambiado palabras airadas. El tío Frank salió furioso de nuestra casa y no habíamos vuelto a verlo desde entonces; murió dos semanas después, antes de que tuvieran oportunidad de reconciliarse.

> El perdón no cambia el pasado, pero agranda el futuro.
>
> PAUL BOESE

Había mucho dolor en nuestra familia ese año como para estar de humor para celebrar la Navidad. Me dolió por mí, porque era la primera pérdida que sufría, pero también me dolió por mi madre, porque se veía muy atormentada y agobiada por la culpa.

—Frank sabía que lo querías con todo el corazón, cariño —mi padre trató de consolarla.

—Nunca podré volver a decirle cuánto lo amaba y cuánto lamento las cosas horribles que le dije —sollozó mi madre.

La muerte de mi tío cambió para siempre a nuestra familia. Mi madre lloró mucho tiempo después de la muerte de su hermano, pero por fin se secó las lágrimas y una noche de principios de marzo, cuando terminábamos cenar, anunció: "Nadie en esta familia volverá a salir enojado de esta casa. Nunca nos iremos a acostar enojados unos con otros. Haremos las paces de inmediato. ¿Quedó claro?". Todos asentimos con la cabeza y creo que nos sentimos aliviados al constatar que el espíritu fuerte de mi madre había resurgido.

Pese a todo, la Navidad siguiente fue muy difícil para nosotros. El hecho de que el tío Frank hubiera muerto el día de Navidad se cernía sobre nuestra familia como nubarrón que se negaba a disiparse, y todos sabíamos que ese día era especialmente difícil para mamá. Ella trató de que la Navidad fuera disfrutable para nosotros, pero no pudo deshacerse del sentimiento de culpa que la atormentaba.

Luego vino esa memorable Nochebuena; me quedé helada cuando saqué la correspondencia del buzón. Entre otras tarjetas de Navidad había una del tío Frank. ¿Cómo era posible? El tío Frank tenía cinco años de muerto. El sobre estaba maltratado y descolorido y no tenía matasellos, pero tenía una estampilla postal que había dejado de circular hacía tres años.

Pensé que las rodillas se me iban a doblar cuando llevé la tarjeta de Navidad a la casa y se la entregué a mi padre. La expresión de mi padre confirmó mi incredulidad.

—¿Qué es esto? —susurró papá—. ¿Es algún tipo de broma?

—¿Dónde estuvo todo este tiempo? —pregunté—. ¿Y cómo logró llegar a nuestro buzón sin matasellos de la oficina de correos? —la mirada de incredulidad de mi padre me dio a entender que nunca obtendríamos respuesta a nuestras preguntas.

Cuando mi madre vio la tarjeta de Navidad del tío Frank, casi se desmaya, pero papá la detuvo y la ayudó a sentarse en el sofá. Mamá sostuvo la tarjeta y lloró mucho tiempo antes de recuperar la compostura y abrir el sobre con delicadeza, aunque con manos temblorosas. Los ojos de mamá volvieron a llenarse de lágrimas cuando leyó en silencio la última nota que el tío Frank escribió. Mamá se quedó muda, por lo que papá tomó la tarjeta de sus manos y nos la leyó:

"Maggie: siento mucho todas las cosas horribles que te dije. Tenías razón y yo estaba equivocado, pero fui muy terco para admitirlo. Voy a celebrar la Navidad con todos ustedes. Las líneas telefónicas siguen sin servir por la tormenta y por eso no he podido comunicarme contigo. Te quiero, Maggie. Vamos a pasar la mejor Navidad de nuestra vida. Les mando mi amor a todos ustedes, Frank".

El tío Frank iba camino de nuestra casa a celebrar la Navidad con nosotros y a renovar su amor y relación con mi madre. El saber lo que el tío Frank sentía sanó a mi madre y a nuestra familia. En un instante vi que las facciones de mi madre se relajaron, su rostro volvió a verse dulce y sereno, su modo de caminar y estatura volvieron a mostrar vitalidad y energía como no había visto en mucho tiempo. Mi madre estaba al fin en paz.

Nunca supimos exactamente dónde había estado esa tarjeta de Navidad esos cinco años y cómo llegó finalmente a nuestro buzón. En lo más profundo de mi corazón, creo que Dios intervino e hizo que esa tarjeta que estuvo extraviada tanto tiempo llegara a las manos de mi madre para que ella finalmente pudiera tener paz. Si hubo alguna vez un milagro de Navidad en nuestra familia, fue esa tarjeta de Navidad.

LaVerne Otis

CAPÍTULO

# Al final

# 41

# No estoy sola

El 4 de septiembre de 2000 mi esposo y yo celebramos nuestro cuadragésimo aniversario de bodas. Como cada año, me llevó a cenar a un restaurante. Hubo velas, flores y filetes. Una velada tranquila, él y yo solos.

—Me encanta celebrar así —comenté—, pero cuando cumplamos cincuenta años de casados, quiero que renovemos nuestros votos; sólo una celebración discreta: tú, yo y los hijos.

—De ningún modo —protestó él—. Ya pasé por la primera vez y fue muy difícil para mí.

> La tristeza se va volando en las alas del tiempo.
>
> JEAN DE LA FONTAINE

Era cierto. Nunca había visto un hombre tan asustando en toda mi vida. Caminé por el pasillo central de la iglesia hacia mi futuro esposo y él tenía la cara tan blanca como mi velo de novia. El tío Marvin me contó que creyó que tendría que ir al frente a sostenerlo para que no se cayera, o por lo menos a apoyarlo para que las rodillas le dejaran de temblar. El sudor le escurría de la frente hasta el cuello de la camisa. Su voz sonó como la de un muchacho en plena pubertad cuando repitió después del ministro: "Yo, Glen, te acepto".

En ese momento estuve a punto de huir, quería darme la vuelta y salir corriendo de ahí. ¿Lo había presionado a hacer algo que no quería? Me consolé pensando que había sido él el que me propuso matrimonio. No eché a correr, y con trabajos logramos llegar al final de la ceremonia sin cometer grandes errores, salvo que me puso el anillo en la otra mano. Yo estaba tan aturdida a esas alturas que ni me fijé.

Entendí por qué no quería volver a pasar por eso. Aunque había rechazado mi sugerencia, le sonreí. Sabía cómo hacer cambiar de opinión a mi esposo. A pesar de que era "el hombre de la casa", podía persuadirlo de ver las cosas a mi manera sin que siquiera se diera cuenta.

Cinco años después, cuando estábamos por cumplir cuarenta y cinco años de casados, le diagnosticaron cáncer pulmonar a Glen.

—Querida, tú y yo sabemos que no llegaré a los cincuenta. Vamos a hacerlo a los cuarenta y cinco —me dijo un día inopinadamente.

—¿Hacer qué? —no tenía idea de lo que hablaba. ¿El cáncer le había afectado el cerebro?

—Nuestros votos. Vamos a volver a casarnos.

—Creí que no querías hacerlo. No es necesario —no se me habría ocurrido siquiera obligarlo a pararse delante de un montón de parientes otra vez. No era buen momento.

—No, quiero que lo hagamos —me tomó la mano y me miró directamente a los ojos; el verde de los suyos se veía deslavado y tenía la cabeza calva por la quimioterapia. Sin embargo, yo vi al joven apuesto de cabello oscuro y reflejos dorados en los ojos que me propuso matrimonio cuarenta y cinco años atrás.

—¿Quieres volver a casarte conmigo? —preguntó con voz temblorosa como la primera vez, cuando estábamos en el auto en el mirador del parque Iroquois y me puso un anillo de doscientos dólares en el dedo: una argolla sencilla, hermosa, de oro blanco, con un pequeño diamante en el centro y un círculo de chispitas de diamante alrededor. Años después me ofreció comprar un juego de anillos más caro, pero me negué. Quería los anillos que habían sellado nuestros votos.

—Sí —respondí—. Sí, quiero volver a casarme contigo —me besó como la primera vez que acepté.

—Entonces más nos vale que empecemos a hacer planes —se veía radiante de felicidad, como un niño que se había salido con la suya, como si hubiera sido idea suya desde el principio.

—No se necesitan muchos planes —imaginé que una ceremonia pequeña después de la iglesia, el domingo por la tarde, sería apropiada.

—No, quiero un fiestón como Dios manda. No tuvimos dinero para hacer una gran recepción la primera vez. En esta ocasión será diferente.

—No necesito nada de eso, sólo algo sencillo —protesté.

—Pero yo sí —repuso él—. Ya le pedí a Bub que sea mi padrino, y supongo que querrás que las chicas sean tus damas de honor. Ofreceremos una gran recepción, con pastel de bodas y todo el tinglado.

—No creo que todavía me quede mi vestido de novia. No es necesario que vayamos vestidos formalmente.

—Claro que sí. Cómprate otro.

Me quedé perpleja. Glen estaba muy emocionado y empezó a invitar a todos los que veía antes de que siquiera pensáramos en enviar las invitaciones.

El 5 de julio de 2005, dos meses antes de nuestra gran celebración, sucumbió al cáncer.

Una semana después, recibí una llamada de la joyería, una dependienta que preguntaba por mi esposo. La señorita me dijo que su pedido estaba listo. Cuando fui a ver de qué se trataba, abrí un estuche que contenía un maravilloso juego de anillos de boda de diamantes. El diseño era idéntico al de los anteriores, excepto que el diamante al centro era mucho más grande. Sentí lástima por la pobre de la vendedora después de que recuperé el control, dejé de llorar y hablar entre sollozos; le expliqué por qué ya no los necesitábamos.

Devolví los anillos.

Lo lloré como supongo que todas las viudas lloran a sus esposos, pero con el tiempo y la ayuda de Dios viene la recuperación. Mi esposo no me dejó en realidad. Él soñaba con ir a un crucero en Alaska. Lo hice y él me acompañó en el corazón. Yo quería ir a Hawái. Fui y él estuvo a mi lado. Lo llevé en el alma. Río con él a cada nueva aventura que emprenden nuestros nietos. Lloro con él cuando perdemos a un miembro de la familia. Estaremos juntos hasta que volvamos a unirnos en nuestra nueva vida en el cielo.

Este año enfrentaré nuestro quincuagésimo aniversario, pero no necesito un diamante caro que me recuerde cuánto me amaba mi esposo; tengo cuarenta y cinco años de recuerdos, tres hijos y el último y más bello recuerdo de todos: él quiso hacerlo todo de nuevo.

JEAN KINSEY

# 42

# La última savasana

ecidí no ir a mi clase de yoga de las 10:15 de la mañana y, en
cambio, fui al hospital a ayudar a mi amiga a morir. La unidad
de terapia intensiva se volvió mi clase. El yoga trata de la unidad,
y nos reunimos alrededor de mi amiga en su cama del hospital, vestidos
iguales con nuestras batas de papel azul y mascarillas del mismo color.
Tenía un mes ya tratando de sanar —máquinas que emitían zumbidos y
luces centelleantes la mantenían viva— y desde muchas semanas antes,
luchaba contra la temible bestia que llamamos cáncer.

Ese día enfrentamos la decisión sobre la cual sólo había leído en
los periódicos: ¿cuándo liberar a alguien de los tubos que pueden salvar y estrangular a la vez para dejarlo morir? Estaba lo suficientemente
consciente para conversar con nosotros. Desde luego, no podía hablar en
estricto sentido debido a la traqueotomía, y
las cintas adhesivas que le sellaban los labios
silenciaban sus deseos. Su hijo le limpiaba
la boca con una pequeña esponja rosa y le
aplicaba humectante en los labios pálidos,
que se veían ya violáceos después de semanas de respirar con mucho esfuerzo.

> Si te entregas al viento,
> podrás remontarlo.
>
> TONI MORRISON

—Cuando estén seguros —dijo ella.

—¿Seguros de qué, mamá? —preguntó su hijo, agachándose para
acercarse y mirándola a los ojos.

No tuvo fuerza para agregar más, pero creo que entendimos. Como
ocurre con el nacimiento, cuando las palabras son pocas, la muerte tam-

poco exige hablar demasiado. Todo está en la mirada. Mi amiga sólo se despediría si sabía que había llegado al final y no había más esperanza.

En sus últimos días siguió siendo mi maestra. Siempre le llevaba pequeños regalos cuando la iba a visitar y trataba de ayudar, aunque no pudiera sanarla. La última semana le llevé un espejo pequeño que encontré entre las cosas de maquillaje de mi hija. Habían pasado dos meses desde que mi amiga había visto sus ojos. Al principio, me preocupé. ¿Qué vería en su rostro después de semanas de estragos de la enfermedad? La ayudé a abrir el espejo; trató de sujetarlo con fuerza, pero tenía los dedos hinchados y magullados. Su enorme sonrisa llenó el momento. Vio la belleza de su ser. Su imagen le produjo una gran paz. Mantuvo fija la mirada, asintió y me dio las gracias por el regalo. Espero que haya sabido que ella me dio un regalo aún más precioso: el recordatorio de que la autoaceptación es la mayor alegría de todas.

Ese día era el que sus hijos habían decidido que estaban "seguros". No querían que siguiera luchando. Con dignidad, podía dejarse ir al fin. Congregados alrededor de su cama, la abrazamos entre lágrimas cuando encontró su última savasana.

Siempre había querido llevar a mi amiga a una clase de yoga, pero ella siempre me decía: "No soy flexible. ¡No podría hacerlo bien!". Se sentiría orgullosa de saber que había llegado a ser una maravillosa maestra de yoga que llevó la paz de la unidad y la autoaceptación a una habitación pequeña de la unidad de terapia intensiva.

PRISCILLA DANN-COURTNEY

Nota del editor: savasana es una posición de relajación que a menudo se usa para iniciar y terminar una sesión de yoga.

# 43

# Cuando fui cobarde

No la había visto en dos semanas. Los niños estaban de vacaciones y era imposible llevarlos a los tres a una residencia de ancianos. Eran pequeños e inquietos, no había dónde sentarse y no comprendían qué era la muerte.

Traté de llevar a Blake, pero tenía sólo cinco años, era el mayor y no se dejó convencer.

—Odio cruzar por ese cuarto de viejos —protestó—. Me pueden pegar una enfermedad.

Le expliqué que eran viejos, pero que no estaban enfermos, al menos, no tenían ninguna enfermedad que pudieran contagiarle, pero no importó. Detestaba el lugar y no podía culparlo.

> El valor no es siempre un rugido. A veces, el valor es la vocecilla que al final del día dice "mañana lo volveré a intentar".
>
> MARY ANNE RADMACHER

Yo también había llegado a odiarlo y tenía que hacer acopio de valor cada vez que tecleaba el código de entrada y percibía el olor rancio del aire de esa casa. Temía los ojos saltones que se me quedaban viendo y los rostros huecos, las extremidades retorcidas y nudosas por la edad, las cabezas blancas enclenques y las arrugas por todas partes.

Pero era una mujer adulta y era su nuera. La había acompañado a cada paso de su transitar por el cáncer. No podía abandonarla en este momento, aun cuando estaba tan cerca, y a la vez tan lejos. Resistía por ningún otro motivo que no fuera que no podía morir, sin importar lo poco que comiera o lo delgada que estuviera.

Mientras mi esposo Chris cuidaba a los niños en el parque vecino (ya había cumplido su turno), entré a verla. Escribí mi nombre en el gran libro azul que había en la mesa del vestíbulo y me lavé las manos con ese antiséptico apestoso que tenían en una botella cerca de ahí.

Atravesé la sala común mientras veinte pares de ojos me veían, clavaban la mirada en mí y tal vez deseaban ser yo, o que yo estuviera ahí para ayudarlos, visitarlos, salvarlos, o qué sé yo. Esbocé esa sonrisa fingida que no se me borraba del rostro y fingí que todo estaba bien, que era feliz y valiente, y que las miradas no me molestaban en absoluto. Devolví la mirada a esos ojos y fingí que no tenía miedo, aunque me aterrorizaba pensar que un día yo también estaría ahí. Y seguí fingiendo hasta que llegué al corredor que conducía a su habitación y pude volver a respirar, por lo menos hasta que llegara a la cama donde yacía y la tuviera frente a mí.

Entonces entré despacio y la encontré acostada de lado, viendo a la pared. Estaba profundamente dormida, como Chris me había advertido. Vi las mejillas demacradas y los ojos cerrados, bien apretados. Vi el cabello canoso y grueso extendido sobre la almohada, la boca abierta y la sonda de oxígeno en la nariz. Vi las manchas de color caramelo que dejaron las gotas del suplemento alimenticio líquido que le cayeron en el hombro.

Puse la mano sobre el brazo de ella y la sentí muy caliente, acurrucada como bebé debajo de las mantas con la camisa del pijama de invierno encima y pañal en vez de pantalones. No se movió ni despertó, dormía profundamente.

La moví con cuidado y comprendo que debí haber dicho algo, que debí decir: "Rosemary, soy yo. Rosemary, despierta".

Tenía muchas ganas de verla porque sabía que no le quedaba mucho tiempo y quería que supiera que había ido otra vez a verla, pero incluso si hubiera despertado, no creo que me hubiera reconocido ni que supiera qué día era.

Creía que antes estaba enferma, con su bastón, el cáncer creciendo en el pulmón y sus extrañas y peculiares manías. Pero entonces sólo estaba vieja.

Ahora estaba enferma de verdad y agonizaba despacio, lastimosamente y sin dignidad. Así es como sufrimos mientras los vemos irse y nadie lo dice en ninguno de esos folletos sobre el cáncer que reparten como aspirinas en los hospitales.

Me quedé ahí sin moverme y sé que tuve que haber dicho algo. Incluso si estaba dormida, tal vez podría haberme oído. Pero no me atreví a romper el silencio que se apoderaba de nosotros en ese cuarto. No podía arriesgarme a que despertara y me mirara con esos ojos confundidos y empañados. No podía soportar su habla ininteligible, sus jadeos y temblores. El miedo me paralizó y no me dejó pronunciar las últimas palabras que debí haberle dicho.

Por eso tuve que recordar la última vez —¿o fue la penúltima?... había habido tantas visitas— que la vi y hojeamos las páginas del álbum de fotografías familiares. Le enseñé las fotos de mis hijos en toda su esplendorosa juventud; fotografías de los bebés que yo había engendrado con su hijo para convertirla en abuela.

Esas fotografías me recordaron épocas felices y espero que también ella las haya recordado. Sin embargo, a pesar de que pensaba que era bueno para ella ver a los niños, aunque fuera en fotografía, no dejaba de ser triste. Si no hubiera podido controlarme, habría llorado y llorado, por ella, por el dolor de perderla.

Entonces, mientras la observaba dormir, dejé que ese miedo se colara entre nosotras y creciera. No traté de ahuyentarlo, ni de ocultarlo o aniquilarlo con mi espada de valor. Quería despertarla y decirle que la amaba para que lo supiera, pero fui cobarde y no dije nada. Las palabras se me quedaron atoradas en la garganta como arroz seco. Me odié por mi debilidad y por esas palabras de arroz pegadas a la garganta.

En silencio y cobardemente, salí de la residencia de ancianos, feliz de librarme de su hedor y deseosa de sentir la brisa de otoño a pesar del frío. Y aunque detestaba la basura de las hojas secas y muertas que tapizaban la acera, me dio gusto verlas también.

De camino a casa, casi no hablamos, excepto para decir: "Sigo oliendo a ese lugar. El olor no se me quita". Chris dijo que a él tampoco.

Abrió las ventanas del auto y aunque los niños se quejaron del frío, las dejamos abiertas hasta llegar a casa, con la esperanza de que la peste se disipara.

Y entonces, como era de esperar, recibimos la llamada a las 2:22 de la madrugada del día siguiente. Sabíamos lo que significaba que el teléfono sonara a esa hora y, por supuesto, pensamos que quizá si nos apresurábamos a ir a la residencia de ancianos aún podríamos tomarle la mano esquelética y darle el último adiós, pero ni siquiera eso fue posible, porque murió mientras dormía.

Paz al fin y al fin, paz.

El cáncer nos hizo morir con ella centímetro a centímetro, y aunque seguimos vivos porque somos jóvenes y sanos y todavía no nos llega nuestra hora, siempre recordaremos el infierno de verla morir en vida que nos consumió.

Sobre todo, nunca olvidaré cuando fui cobarde y permití que el miedo se interpusiera entre mí y dos palabras sencillas. Le fallé y siempre lo lamentaré.

ALEESAH DARLISON

# 44

# Ganar la guerra

Lo recuerdo como si hubiera sido ayer. Un consultorio estéril y un doctor demasiado seguro de sí mismo. Imagino el cuarto donde estábamos sentados. Las cubiertas perfectamente limpias y los instrumentos bien organizados. El ruido que hizo el papel cuando mi padre se sentó en la pequeña mesa de examen y el crujido de la puerta cuando el doctor entró.

—Cáncer —nos dijo con aires de suficiencia—. Tiene cáncer.

—Está equivocado —repliqué mientras miraba a mi padre que se llevó las manos a la cabeza—. Digo, mírelo, está en excelentes condiciones. Tiene que haber algún error.

> La fe es el pájaro que canta cuando el amanecer todavía está oscuro.
>
> RABINDRANATH TAGORE

Mi madre empezó a llorar en silencio mientras el doctor seguía informándonos que mi padre tenía un tumor cerebral. Estaba alojado en el hemisferio derecho del cerebro y era más o menos del tamaño de una pelota de golf. Podían operarlo, pero no nos ofrecían ninguna garantía.

—¡Ninguna garantía! —exclamé—. ¡Ninguna garantía! ¿Qué me dice de la garantía de que verá crecer a sus nietos o que celebrará su sexagésimo aniversario de bodas? ¿Y por qué no nos garantiza que verá a su hijo graduarse de preparatoria el año próximo? —a esas alturas, lloraba sin ningún control.

—Lo lamento —nos dijo el médico mientras se disponía a marcharse—. Pero les aseguro que haremos todo lo que esté a nuestro alcance.

Mientras cada uno de nosotros trataba de recobrar la compostura para salir del consultorio, mi madre pronunció las primeras palabras después de que recibimos la noticia: "¿Por qué?".

¡Había tantos por qués que me pasaron por la mente! ¿Por qué nosotros?, ¿por qué él?, ¿por qué ahora? ¿Por qué, por qué, por qué? La lista podría haber continuado hasta el infinito.

Cuando llegamos al estacionamiento, mi padre farfulló algo. Miré a mi madre y sin decir una palabra, se encogió de hombros.

—¿Qué dices? —pregunté.

Nos miró a las dos y con un poco más de confianza esta vez, respondió:

—No se preocupen. Puedo vencer esta enfermedad. La venceremos juntos.

Así de fácil era para él. Como si "esta enfermedad" a la que se refería fuera un resfriado común, en vez del tumor que crecía sin control y le estaba destruyendo el cerebro.

Los meses siguientes transcurrieron muy lentamente. La operación salió bien y después de que se recuperó y le dieron un tratamiento de quimioterapia, mejoró mucho. Varios exámenes después, los doctores nos informaron que el tumor había desaparecido. El cáncer de mi padre había entrado en remisión. Lloré de alegría ese día, al igual que mi madre. Creo que la pregunta que teníamos en el fondo era: ¿por cuánto tiempo?

No tuvimos que esperar demasiado para averiguar. Al cabo de unos meses estaba sentada en casa de mis padres cambiando de un canal a otro de la televisión cuando oí a mi padre bajar las escaleras. Entró en la sala y se quedó extrañamente inmóvil. Lo recuerdo muy bien porque me pareció que todo sucedía casi en cámara lenta. "¡Ayúdame!", gritó mi padre. Supongo que se dio cuenta de que algo estaba mal porque cuando corrí a su lado empezó a convulsionarse. Lo acosté en el suelo y corrí a llamar al 911.

En el hospital hicieron varios estudios: resonancias magnéticas, tomografías computarizadas, análisis de sangre, no faltó nada. Una vez más, el doctor entró y se sentó frente a nosotros.

—Lo siento —empezó—, pero tiene otro tumor.

En la mente empecé a gritar: "¿Cómo, otro? ¿Vencimos el primero y ahora nos dice que hay otro?".

Levanté despacio la cabeza para mirar al doctor y una sola lágrima escurrió por mi mejilla.

—¿Es operable? —pregunté.

Mientras esperaba la respuesta, sentí el sabor a sal de la lágrima que me cayó en los labios.

—Temo que no, no esta vez —respondió—. Podemos probar con quimioterapia y radiación, tal vez incluso con algunos ensayos clínicos, pero definitivamente no es posible operar.

Nos informó que la razón era el lugar donde estaba situado el nuevo tumor. Estaba creciendo directamente en el centro del cerebro de mi padre, dentro y alrededor de los nervios ópticos. La operación era demasiado arriesgada. Podía terminar ciego, o peor aún, sufrir muerte cerebral. Los doctores nos advirtieron que si el tumor seguía creciendo, mi padre presentaría síntomas de la enfermedad de Alzheimer. Lo más probable, nos dijeron, era que finalmente olvidara quiénes éramos e incluso quién era él, que se volviera incontinente y fuera incapaz de valerse por sí mismo. Dijeron que su muerte sería lenta. Ahí lo teníamos, el destino de mi padre desplegado frente a nosotros como si fuera un camino que se extendía hasta el infierno.

Cuando recuerdo aquel día, trato de convencerme de que no nos rendimos. Trato de imaginarnos luchando con todas nuestras fuerzas, como lo hicimos cuando el primer diagnóstico. Trato de recordar que nos dijimos que haríamos lo que tuviéramos que hacer para curar a mi padre. En retrospectiva, no creo que mi madre y yo hayamos abandonado jamás la esperanza, pero lo que ahora sé es esto: ese día, la perspectiva de mi padre cambió. Ese día sinceramente entendió que lo que más temíamos estaba ocurriendo. Se estaba muriendo.

En los siguientes dos meses fuimos y venimos de Geisinger para que recibiera tratamientos de quimioterapia y radiación. Como no tuvieron éxito, nos enviaron al Instituto Nacional de Salud de Baltimore a ensayos clínicos. Cada visita parecía que agregaban más medicinas a su ya enorme colección. Podríamos haber abierto una farmacia en la casa. A pesar de todo, nada funcionaba. Parecía que sin importar cuántas pastillas le dieran, el tumor continuaría creciendo.

Después de llegar a casa del que sería nuestro último viaje al Instituto Nacional de Salud, decidí salir a caminar. Le pregunté a mi padre si quería acompañarme y aceptó. De aquel paseo por la calle que dimos ese día recuerdo el sol abrasador de agosto que parecía tocar cada parte de nosotros; recuerdo que oí los pequeños guijarros que rodaban por la calle y se introducían en la suela de los zapatos, y a un conejo que corrió a esconderse entre los matorrales cuando nos acercamos demasiado. Sentí el susurro del viento que soplaba en las frondas de los árboles y me agitaba con suavidad el cabello. El recuerdo más vívido, sin embargo, es de la mano curtida que tocó mi hombro y las incómodas palabras que siguieron.

—¿Qué sucede? —pregunté mientras la débil mano de mi padre se apoyaba en mi hombro.

Entonces ocurrió. Mi padre pronunció las palabras que yo tanto temía oír:

—No puedo seguir así —me dijo—. No puedo ser fuerte por todos. Estoy cansado emocional y físicamente. Necesito el permiso de mi familia para dejar de luchar —lloró—. Prométeme que te harás cargo de tu madre. Prométeme que la ayudarás a superar esto.

¿Qué puedes decir cuando alguien que amas te pide permiso para morir? Dije lo único que podía decir.

—Te lo prometo —repuse con voz ahogada.

Cuando pronuncié esas palabras, vi el alivio en su mirada.

—Gracias —lloró—. Te quiero muchísimo.

—Yo también te quiero, papá.

Caminamos el resto del tiempo sin decir palabra en silenciosa comprensión.

Ésta fue la última conversación íntima que sostuve con mi padre. Dos semanas después murió. Murió tres días después del cumpleaños de mi hija mayor. Su pastel y helado fueron su última comida. Lo tuvimos dieciocho meses a partir del primer diagnóstico. En otra situación, ese tiempo podría haber parecido toda una vida, pero para nosotros no fue más que un parpadeo.

En los días y semanas posteriores a su muerte me pregunté a menudo por qué. ¿Por qué Dios se lo llevó? ¿Por qué no a otro? Lo que ahora sé es que no debemos conocer la respuesta a esa pregunta, por lo menos no en esta vida. A algunos puede parecerles que el cáncer venció a mi padre, pero a decir verdad, fue todo lo contrario. A lo largo de toda esta prueba durísima, su fe se mantuvo inquebrantable y su sonrisa nunca desapareció. El cáncer puede haber vencido su cuerpo humano, pero nunca venció su alma. Es posible que haya perdido la batalla, pero al final ganó la guerra.

LAURA J. O'CONNOR

## 45

# El regalo más grande

Lo primero que pensé fue: ¿por qué agobiarme con esto? Examiné mis sentimientos y me di cuenta de que era un regalo, el regalo más grande que mi madre podría haberme dado. Me sentí muy honrado de que me escogiera.

Todos sabíamos que la enfermedad de mamá era terminal. El cáncer había vuelto y ya no cabía la posibilidad de una remisión. Los tratamientos de quimioterapia la habían debilitado tanto la primera vez que ya no eran opción. El paso indicado era llevar la cama de hospital a la sala de su casa y permitirle morir con dignidad. Así estaría rodeada por su familia y amigos queridos. Empleamos a un equipo de enfermeras especializadas en cuidados terminales para que atendieran y mantuvieran a mamá lo más cómoda posible.

> Entendemos la muerte por primera vez cuando posa la mano en alguien que amamos.
>
> MADAME DE STAËL

Papá se había jubilado hace poco y estaba en casa con mamá todo el tiempo. Mis tres hermanos y yo, nuestras esposas y todos los nietos de mamá nos reuníamos en su casa todas las noches después del trabajo y la escuela. Poco a poco nos retirábamos a nuestras casas y repetíamos la rutina al día siguiente. Mamá estaba entre despierta y dormida, a veces lo suficientemente lúcida para sostener una conversación seria, pero el medicamento intravenoso para controlar el dolor la mantenía dormida o descansando una buena parte del tiempo.

Estuvo estable casi toda la semana. Luego la enfermera nos suplicó que habláramos con ella, que la consoláramos y la convenciéramos de que íbamos a estar bien, que dejara de luchar. Una de las cosas que mi madre me hizo prometer en esos momentos fue que ayudaría a mi papá a adaptarse, a mantenerse activo y ocupado y a seguir adelante.

Mamá pasó la mayor parte del siguiente día sin despertar. Toda la familia estuvo presente, socializando en otra habitación, además de la enfermera. Papá estaba sentado en un sillón detrás de la cabecera de la cama, viendo la televisión. Yo estaba sentado al lado la cama, tenía la mano de mamá en la mía, la acariciaba y le frotaba con ternura el brazo con la otra mano. Observé el cambio extraordinariamente sutil que se produjo en su expresión facial, y luego sucedió la experiencia más asombrosa que he presenciado.

Vi y sentí que su esencia, su espíritu, abandonaba el cuerpo. El tiempo se hizo más lento. La piel adquirió una tonalidad gris ceniciento y casi en seguida volvió al color normal. Informé a papá: "Se fue. Mamá acaba de morir". Papá me pidió que esperara un momento para avisarle a los demás. Se acercó a la cama, lloró un momento y se despidió de ella. Entonces fui a la otra habitación a informar a todos los demás. La enfermera trató de hacerse cargo; quería examinarla y verificar que mamá hubiera fallecido en verdad. Le dije: "No se moleste, ya lo sé".

Todos se apiñaron en la habitación y papá me sugirió que saliéramos a caminar un poco. Tuve la impresión, mientras caminábamos y hablábamos, de que sentíamos alivio. Alivio porque su sufrimiento había terminado al fin y las vidas que estaban como en suspenso ahora podían seguir adelante. Incluso, mi padre me preguntó mi opinión acerca de cuánto tiempo sería prudente guardar luto, ya que mi mamá le había propuesto una candidata para que saliera a distraerse. Hasta en la muerte mamá seguía controlando nuestro universo.

Nadie preguntó jamás cómo supe, sin tener los conocimientos médicos necesarios, cuándo fue el momento preciso en que murió mamá. Supongo que no importaba en realidad, salvo a mí, el testigo de ese momento milagroso. En 1993 hubo una película llamada *My life*, en la que el protagonista, interpretado por Michael Keaton, muere en una escena sobrecogedora. Me dan escalofríos cada vez que la veo. Este recuerdo me acompañará toda la vida, grabado en mi mente. Gracias, mamá, por éste, el regalo más grande.

THOMAS P. HAYNES

# 46

# Feliz cumpleaños a mí

E ran las siete de la mañana. El anciano estaba semisentado en la cama de hospital en su pequeño departamento. Su cabello canoso y dorado caía con suavidad sobre la almohada y sus ojos azules se veían enormes en el rostro delgado. Ese hombre era mi padre y sabía que hoy era su último cumpleaños: cumplía ochenta y ocho años.

Yo estaba en el baño, frente a su dormitorio, peinándome y preparándome para el día. Mamá estaba acostada en su cama gemela a poca distancia de papá. Como estaba exhausta por cuidarlo y preocuparse por él, aún dormía.

> A veces, el mayor acto de valor es uno pequeño.
>
> LAUREEN RAFFO

De pronto oí cantar a papá. Siempre le gustó que fuera su cumpleaños y trataba de divertirse ese día. Tuve que esforzarme para oír su débil voz. Los ojos se me llenaron de lágrimas cuando entendí lo que estaba cantando: "feliz cumpleaños a mí, feliz cumpleaños a mí". Con la ayuda de Dios logré sonreír, me dirigí a su cama y lo escuché hasta que terminó la canción. Si él tenía el valor para cantar, yo podía armarme del valor necesario para poder sonreír.

Disfrutó de su último cumpleaños rodeado de su familia. Una semana después, el día que mi madre y él cumplían cincuenta y dos años de casados, los ángeles se lo llevaron a casa. Mi madre menuda y frágil, mi hija adolescente y yo estuvimos a su lado, lo tomamos de las manos y cantamos viejos himnos familiares mientras él cerraba los ojos en este mundo y los abría en el próximo. En el funeral, el ministro dijo que "nuestros cantos lo acompañaron en su camino al cielo".

Mi padre me enseñó muchas cosas, entre ellas, cómo lanzar una pelota de beisbol como niño, conducir un tractor y caminar como dama. Me enseñó a enfrentar obstáculos y a aceptar cada día y dar gracias por él. Pero la mayor lección que aprendí de él se resumió esa mañana cuando, en su lecho de muerte, cantó "feliz cumpleaños a mí" por última vez.

VERNA WOOD

# 47

# Tiempo de ternura

La conocí en la peor de las circunstancias. Habría sido más fácil sentir antipatía inmediata por ella o ignorarla. Era una extraña en un lugar en el que yo detestaba estar, haciendo cosas que no quería ni ver. En cambio, en seguida la respeté por sus actos sinceros de compasión dirigidos a una de mis más queridas amigas.

La joven enfermera hablaba con ternura y le decía a Tammy todo lo que iba a hacer mientras que metódicamente revisaba los tubos y cables y evaluaba los monitores de líneas zigzagueantes rojas, verdes y amarillas que estaban por encima de la cama. Por casualidad me oyó preguntar si Tammy podía oírnos o entendernos. Con dulzura nos informó que siempre trataba a cada uno de sus pacientes como si pudieran hacerlo.

> Cuando estéis tristes, mirad de nuevo en vuestro corazón y veréis que estáis llorando, en verdad, por lo que fue vuestro deleite.
>
> KAHLIL GIBRAN

—El oído es una de las últimas cosas que se pierde —explicó, consciente de nuestro sufrimiento—. Por eso nunca dejo de hablarles.

Vi su nombre en el gafete: Bridget. Pensé que su nombre era tan lindo como ella. La bendije por ser tan amable con mi amiga y luego salí de la habitación para asimilar la realidad del estado en el que Tammy se hallaba en compañía de sus afligidos familiares y amigos.

Pasé un largo día enterándome de los hechos y los detalles, que presentaban un panorama desolador. El daño causado al cerebro por un horrible aneurisma era permanente e irreversible. Me di cuenta de que esta era mi última oportunidad de decirle adiós.

Me senté junto a su cama, y recordando el ejemplo de Bridget, hablé en voz alta a mi amiga silenciosa. Recordé los años maravillosos que pasamos juntas en nuestra niñez y juventud. Aunque la vida nos había llevado por caminos diferentes, ni el tiempo ni la distancia podrían robarnos esos recuerdos encantadores. De niñas pasábamos juntas los veranos: montábamos a caballo y hacíamos pijamadas. Nos consolábamos mutuamente cuando estábamos tristes, reíamos y nadábamos en estanques de aguas cenagosas, competíamos en exhibiciones ecuestres y rodeos y nos animábamos la una a la otra a alcanzar la victoria. Cuando cada una se casó, la otra estuvo presente en la recepción de bodas. Ella tuvo hijas, yo, hijos, y nos mantuvimos en contacto todos estos años sin imaginar que todo acabaría tan pronto y tan de repente. Tammy tenía sólo cuarenta y tres años.

Tammy no reaccionaba cuando le apretaba la mano. No sentía mis caricias suaves en el brazo, pero yo le hablaba y la acariciaba de todos modos, porque tenía que decirle una vez más cuánto la quería y que nunca la olvidaría.

Cuando estaba sentada al lado de la cama, contándole los mejores momentos que pasamos juntas, Bridget regresó a realizar su rutina de vigilancia. Mientras trabajaba, me preguntó sobre nuestra relación y con gusto compartí con ella mis recuerdos de Tammy: la bella mujer, la amante esposa, la maravillosa madre e hija y mi amiga perfecta.

Bridget presionó con un bolígrafo los dedos de Tammy, esperando que tuviera algún tipo de reacción.

—Ay, Tammy —musitó con tristeza, sin dirigirse a nadie en particular, cuando no obtuvo respuesta—. También a nosotras nos rompe el corazón verla así —continuó, dirigiéndose a mí esta vez—. Algunas de las enfermeras ni siquiera entran porque se identifican demasiado con Tammy.

Y continuó:

—¿Cómo están las niñas? ¿Cómo se sienten y cómo están tomando todo esto?

Le hice algunos comentarios sobre las hijas pequeñas de Tammy y su esposo y padres. Luego le di las gracias y bendije a esta chica de cabello castaño y cola de caballo por preguntar y ser tan compasiva.

De nuevo a solas con mi querida amiga, la dije que no se preocupara, que todo saldría bien. Le aseguré que estaba bien morir tan joven porque habíamos vivido en muy poco tiempo lo que muchos no viven en toda una vida. Luego le di un beso y me despedí.

El don de la compasión se presenta de muchas formas. A veces es una enfermera que habla con ternura mientras realiza una difícil tarea. Es una mujer agonizante que hizo arreglos para donar sus órganos. Es una amiga en el pasillo que dolorosamente recuenta una y otra vez la noticia desgarradora a cada nueva persona que llega. Compasión es un esposo con la fortaleza para decir en voz baja y con confianza: "Saldremos adelante con la ayuda de nuestra familia de la iglesia". Es un padre que recibe con agrado a los amigos y es gentil y acogedor en la peor de las circunstancias. Es una amiga que está dispuesta a desprenderse con amor y sin amargura.

Salí del hospital agradecida por tener la oportunidad de haberme despedido, y temblando ante la intensidad de la impotencia y el dolor. También salí con un último regalo callado de mi querida amiga agonizante. Tammy me enseñó, sin darse cuenta jamás, a recordar la enorme importancia de darse tiempo cada día para ser tierno y compasivo, porque no tenemos asegurado el mañana.

BRENDA BLACK

# 48

# Últimas palabras

Lo que recuerdo de manera más vívida de cuando entré en la habitación de papá en el hospital es el asalto a los sentidos. Las paredes de color verde brillante tenían la intención de ser tranquilizadoras, pero para mí, gritaban la desesperación de los internos. Nadie usa ese color en sus casas. El ruido de las máquinas que ayudaban a mi padre a respirar era como la sibilancia de la serpiente de la muerte. Y ese insidioso olor a descomposición persistía a pesar de los olores contrapuestos de antiséptico y blanqueador.

Pasé saliva para reprimir la náusea.

—Hola, papá —saludé en voz baja. Él volvió la cara hacia mí y lo que vi fue un hombre que parecía décadas más viejo que la última vez que lo había visto. Aunque sólo había estado enfermo unos meses, yo vivía al otro lado del país, y el avance del cáncer en el cuerpo de cincuenta y nueve años de mi padre había sido rápido.

> La muerte deja un dolor que nadie puede curar, el amor deja un recuerdo que nadie puede robar.
>
> TOMADO DE UNA LÁPIDA EN IRLANDA

—Hola, cariño —resolló.

En el instante en que se cruzaron nuestras miradas, comprendí que se había rendido a lo que se avecinaba. Cuando miré los ojos de mi padre, ahora empañados por el dolor, me di cuenta de que jamás abandonaría esa cama. Y como yo iba a abordar un avión en seis horas, ésa sería la última vez que vería esos ojos; nunca volvería a sentir la fuerza de su mano, nunca volvería a oír su voz alegre y cantarina.

No tenía fuerza para conversaciones triviales. Simplemente lo tomé de la mano y lloré en silencio. No sé si vio mis lágrimas o no. Al final, cuando llegó la hora de marcharme, hice acopio de todo mi valor, hice de lado mis temores y le dije con tono resuelto: "Te amo, papá".

En mi familia no se decían esas palabras. Mi padre nunca me las había dicho y, hasta entonces, yo nunca se las había dicho. De hecho, estoy segura de que nunca las oí pronunciar en nuestro estricto hogar católico irlandés. Simplemente era algo que no hacíamos. Pero la conciencia de que ésta era mi última oportunidad superó mi temor al rechazo. Por eso las dije.

Pero él no pudo responder en reciprocidad. Sus ojos, que alguna vez fueron danzarines y ahora se veían turbios y confundidos, miraron a otra parte.

—Estoy cansado —fue lo único que dijo—. Quizá sea mejor que te vayas.

Cuando nos dirigíamos al ascensor, mi esposo me apretó la mano y susurró:

—Hiciste lo correcto —las puertas del ascensor se abrieron despacio; entramos. Jeff me abrazó—. Tranquila —me dijo, mientras yo sollozaba en su camisa.

Tres días después me reuní con mis nueve hermanos a planear el funeral de mi padre. Alternábamos entre la tensión y el alivio, la risa y las lágrimas. Nunca habíamos sido una familia expresiva, pero imperaba la sensación tangible de que estábamos hartos de contenernos. La muerte de mi padre fue muy dura para mi hermana menor, que apenas estaba en el segundo año de preparatoria. Parecía confundida por cómo era posible que esto hubiera sucedido. Mientras compartíamos "historias de papá", estuvo muy callada, lo que era raro en ella, pero al final dijo, casi avergonzada: "Vi a papá justo antes de morir. Me tomó de la mano, me miró y me dijo: 'Te amo, Caroline?'".

Sus palabras me cayeron como si me hubieran dado un mazazo. La amaba. ¿Por qué no me lo dijo a mí? Enterarme de que tan sólo un día después de que me fui le hubiera dicho a mi hermana, su hija menor, que la amaba, fue un golpe muy fuerte para mí. ¿Cómo podía haber sido tan cruel? ¿Es que acaso no me quería?

Fue fácil ocultar el motivo de mis lágrimas; a fin de cuentas, acabábamos de perder a nuestro padre, ¿quién vería con malos ojos el dolor de una hija? Pero nadie conocía la verdadera causa de mi aflicción.

Siempre pensaré que ojalá pudiera revivir ese momento con mi padre. Ojalá le hubiera dicho: "No te preocupes, papá, puedes decirlo".

Pero eso no es posible. Lo que tengo es este momento con mi hermana. Ahora sé que el riesgo que corrí ayudó a mi padre a encontrar el valor de decir lo que quería decir, pero ella fue su público y no yo. Papá halló el valor y la fortaleza, en su lecho de muerte, para decir "te amo". Creo que por lo menos una parte de ese valor y fortaleza vinieron de mí. Agradezco que en el momento en que era más vulnerable, fuera yo la que le diera algo de sustancia. Algo que le ayudara a desprenderse y ayudara a mi hermana de quince años a dejarlo ir también.

Así que, papá, ojalá me lo hubieras dicho a mí, pero gracias por decírselo a Caroline, y por cierto, te amo. Y sé que tú también me amas.

Bridget McNamara-Fenesy

# 49

# Pajarito

En nuestra primera Navidad sin mamá, fui de compras con mi hija a una feria de artesanías y descubrimos el adorno perfecto para el árbol: un pajarito de vidrio rojo. Mamá se sentaba en la silla de ruedas frente a la ventana de atrás para ver a los pájaros juguetear en el jardín. La Navidad anterior le habían encantado las gracias de un bonito cardenal rojo que entraba y salía revoloteando de las ramas del viejo abeto.

> Algunos días no habrá una canción en tu corazón, pero de todos modos canta.
>
> EMORY AUSTIN

Meses antes, cuando llegó a casa del hospital, se preocupó: "¿Qué pensarán de una vieja con una sola pierna?". El rostro pequeño de mi madre dejaba traslucir su desesperación.

—Te querrán igual, mamá. Sigues siendo la misma persona que siempre fuiste, con el mismo corazón enorme —confió en que yo tuviera razón y no saliera lastimada. Se había convertido en mi hija.

Mi hermano menor y yo regresamos a vivir con ella y la cuidamos para cumplir su deseo ferviente de volver a su casa para estar ahí el mayor tiempo posible. No fue fácil, pero cada minuto valió la pena, y los dos volveríamos a hacerlo sin dudarlo un instante.

Podía ser obstinada y le gustaba pensar que era todo un reto para nosotros. Le preguntábamos: "¿Quién es un monito?". Ella sonreía y mostraba las encías sin dientes (no le gustaba usar su nueva dentadura) y piaba con alegría: "¡Yooooo!"

No siempre hacía lo que más le convenía, lo que podía haberla ayudado. Por ejemplo, necesitamos mucha paciencia para convencerla de que tomara sus medicamentos para el dolor. Tenía una gran fe en los programas de televisión que pasaban noticias sensacionalistas y una vez vio un reportaje sobre las madres que vendían a sus hijos por drogas en las calles. Con base en esa dudosa información, se negó con terquedad a beneficiarse de ningún alivio del dolor. Por fin conseguimos convencerla de que de ningún modo era lo mismo y se tomó las píldoras según las necesitaba.

El cabello se le erizaba en toda la cabeza en mechones delgados, lo que llevó a mi hermano a ponerle el sobrenombre de "Yoda". Para ella fue un cumplido, sabía que Yoda era sabio.

Una mañana, mientras le cepillaba el cabello canoso por la edad y ralo por la enfermedad, me contó:

—Hace dos veranos llamé a la Sociedad Humanitaria por un pájaro.

—¿Ah, sí? —pregunté.

—Sí, fue el último verano que papá estuvo con nosotros. Salí al porche a regar las flores. ¿Recuerdas que hizo mucho calor ese verano? Bueno, pues vi un pájaro tirado en la mesa junto a los nomeolvides. Estaba vivo, pero no se movía. Pensé que tal vez estaba enfermo y por eso fui a buscar el teléfono de la Sociedad Humanitaria en la guía telefónica y llamé.

—Ay, mamá, hiciste muy bien —repuse, mientras seguía tratando de domar su cabello rebelde—. ¿Qué te dijeron?

Se volvió y alzó la mirada hacia mí.

—Dijeron que probablemente el pobrecito estaba deshidratado porque hacía mucho calor y que tratara de darle un poco de agua. No creyeron que estuviera enfermo.

—¿Qué pasó entonces? —pregunté.

—Pues fui por un plato pequeño de agua. El pobrecito bebió un poco y después de un rato se fue volando.

—Qué maravillosa historia, mamá. ¡Salvaste la vida del pajarito!

—Eso espero. Era muy lindo.

—Ahora tú quedaste muy linda —respondí yo, dejando a un lado el cepillo.

Tenía el hábito, después de acicalarse y arreglarse un poco, de gritarle alegremente a mi hermano, o a mi esposo e hija si andaban por ahí.

—¡Allá voy! ¡Cenicienta está lista para el baile!

Todos la amábamos. Nos sorprendía su fortaleza ante todo lo que había pasado.

Le gustaba ver la televisión, con su sopa y el sándwich del almuerzo frente a ella. Con las manos curvadas hacia fuera por la artritis, que parecían alas quebradas, aplaudía y entonaba la canción tema de *The Golden Girls* ("gracias por ser mi amiga") en cuanto la oía. Nos alegraba oír las inocentes promesas de nuestro dulce pájaro cantor.

Sentada a su lado, me inclinaba y la tomaba de la mano.

—¿Qué haces? —me preguntaba.

Le respondía que sólo me aseguraba de que estuviera abrigada y cómoda, pero en realidad era porque no me cansaba de acariciarla. Una voz de advertencia dentro de mí me decía que la tocara lo más que pudiera mientras aún tenía oportunidad.

En su última Nochebuena, la observé mientras decoraba galletas con mi hija. Era una tradición de mucho tiempo: la transmisión de la receta de galletas de mantequilla de una generación a otra. La llevamos en su silla de ruedas hasta la mesa del comedor, donde las galletas horneadas se enfriaban y esperaban los glaseados de tonalidades pastel y los trocitos de colores vivos que mi hija había preparado. Me llenó de placer verlas trabajar juntas: mamá esparcía con cuidado el glaseado blanco sobre una galleta de ángel, mientras la nieta la miraba con adoración.

Ahora nos consuela saber que es ligera como una pluma que se eleva en el cielo y disfruta de cada momento.

Los pájaros y los ángeles no necesitan las dos piernas para volar.

Diane Wilson

# 50

# Luto por adelantado

¿Cuándo comenzó? En retrospectiva, no estoy segura. Pero ahora que estamos entrando en el séptimo año, parece que ha durado una eternidad. Ya saben cómo empiezan a suceder los pequeños detalles, pero no les prestamos demasiada atención. Los pequeños detalles, no los acontecimientos importantes, pero sólo los recordamos cuando miramos atrás. ¿Cuándo fue la primera vez que se le olvidó a dónde iba? ¿Cuándo fue la primera vez que llamó dos veces seguidas porque se le había olvidado que acababa de llamar? Para disimular, ella lo tomó a broma, por lo que al principio no presté mucha atención a los detalles pequeños.

> Sólo en la agonía de partir nos asomamos a las profundidades del amor.
>
> GEORGE ELIOT

¿Podemos guardar luto por alguien que no ha muerto? ¿Alguien que aún sigue con vida? Sí, creo que es posible. Yo lo he hecho. Mi madre tiene la enfermedad de Alzheimer. Es una enfermedad espantosa. Lo único positivo que tiene es que la persona que la padece no sabe en qué condiciones se encuentra. Le digo a la gente que mi madre TIENE la enfermedad de Alzheimer, pero que mi familia y yo SUFRIMOS la enfermedad de Alzheimer. Lo cambia todo.

Y estoy de luto. Ella sigue aquí, pero estoy de luto. No se parece en nada a mi madre. Es sólo un cascarón, pero sigue aquí conmigo. La trato con respeto y dignidad, igual que la trataba cuando tenía conciencia. La toco. Hablo con ella. Pero no hay respuesta. La miro a los ojos. Nada. La abrazo. Le digo que la amo. Le digo que es la mejor madre del mundo. Nada. Nada en absoluto. ¿Dónde está? ¿Qué comprende? ¿Qué sabe?

Y estoy de luto. Siento que la he llorado por años y que finalmente he llegado al final del proceso. Al principio trataba de negar las señales que tenía delante de las narices. Señales que indicaban que se iba a poco a poco. Eso duró un tiempo. Así es la negación. Tuve que asumirlo y convertirme en la madre mientras ella regresaba a ser la hija. Me dejó hacerme cargo. No se resistió. De algún modo, por algún motivo, comprendió que la cuidaría y que estaría a salvo. Es el círculo de la vida.

Luego la rabia. ¡Ay, tanta rabia y resentimiento! No contra mi madre. Nunca contra mi madre. Sino contra la enfermedad que se la lleva y la aleja de mí un día a la vez. Maestra, profesora universitaria, terapeuta, escritora y conferencista de profesión y ahora no puede recordar ni qué día es. Madre, abuela, bisabuela, hija, hermana y tía y ahora no puede recordar ninguno de los nombres de las personas de su propia familia. Antes se daba cuenta de que nos conocía, pero eso ha desaparecido. Ya no hay reconocimiento, no hay nada.

El regateo y la depresión llegaron de la mano. Pensaba: si hago "esto", entonces por favor deja que mi madre recuerde "esto otro". Sólo por hoy. Tan sólo una vez más. Y la depresión se convirtió en tristeza. De vez en cuando la depresión vuelve apoderarse de mi vida. Algo la detona. No tengo ningún control sobre cuándo o dónde ocurrirá. Permanece conmigo hasta este día. Para combatir la depresión y la tristeza, recuerdo que mi madre no tiene idea del estado en que se encuentra. Está bien cuidada, abrigada, cómoda y tranquila. No hay nada más que pueda o deba hacer. Eso es una bendición.

Y finalmente llega la aceptación. Para seguir adelante con mi vida, necesitaba llegar al punto en el que tenía que aceptar la realidad de la enfermedad y su avance. Mi vida cambió. La vida de mi esposo y mis hijos cambió. Ésa es la realidad del progreso de la enfermedad. Ese primer día de Acción de Gracias que no pudo estar con nosotros sentada a la mesa fue muy difícil. Aunque seguía con vida, ya no podía salir de su casa. Yo fui la que tuve que tomar esa difícil decisión. Fue hace tres años. Y lloré. El primer año que no me llamó para desearme feliz cumpleaños fue malo. Siempre me llamaba a la hora exacta que nací para desearme feliz cumpleaños. Entonces me contaba del día en que nací. Todos los años. La misma historia. Era una broma entre nosotras. El primer año que no llamó, que ni siquiera recordó que era mi cumpleaños, sufrí. Hubo muchas más "primeras veces" a las que tuve que hacer frente. Pero como estamos entrando en nuestro séptimo año, ya no quedan muchas más "primeras veces". La pérdida se ha vuelto más fácil de sobrellevar y he aceptado la realidad. Así es y punto.

Cuando muera en realidad, cuando su corazón deje de latir y ella deje de respirar, cuando de verdad ya no esté conmigo y no pueda tocarla, abrazarla y decirle que la amo, ¿qué voy a sentir? Por supuesto, sé que sentiré la conmoción y una tristeza aplastante. La extrañaré. Lloraré y desearé poder tocarla tan sólo una vez más. Decirle que la amo una vez más. Darle las gracias por ser la mejor madre del mundo entero y un maravilloso modelo de conducta. Todas esas cosas. Pero sé que también sentiré alivio. Un inmenso alivio. Alivio porque ya no sufre y porque finalmente está en paz. Alivio porque esta terrible prueba habrá terminado, tanto para ella como para nosotros. ¿Y qué decir de la culpa? ¿Me sentiré culpable? No. Sé que lo único que no sentiré es culpa. No hay razón para que me sienta culpable por sentir alivio por su muerte. No tengo nada de qué sentirme culpable. Hice lo mejor que pude por mi madre mientras estaba viva y ya le guardé luto. Pasé por el proceso de luto mientras estaba viva. Estoy en paz.

Barbara LoMonaco

Nota del editor: la madre de Barbara murió unos días después de que ella escribió esta historia. Nos cuenta que aunque está triste, se siente muy en paz porque su madre se liberó de esta prueba terrible que duró siete años.

CAPÍTULO

# Seguir adelante

# 51

# Amor, universidad y quimio

Era una persona feliz. David y yo nos hicimos novios en el segundo semestre del primer año de la universidad. Nuestro amor fue de ese tipo perfecto de amor joven en el que la vida nunca se interpone. Teníamos todos los años del mundo por delante para tomarnos de las manos entre clases, besarnos debajo de la torre del campanario de nuestra universidad y quedarnos en cama durante horas hablando de nuestro futuro. Luego de tres semanas supe que me casaría con él.

> Y si dejamos algún legado, éste será que nos amamos bien.
>
> INDIGO GIRLS

Todo el tiempo que estuvimos en la universidad tuvimos una relación que apenas podía creer que fuera verdad. Nunca reñíamos; David era muy tranquilo y amable. Yo habría hecho cualquier cosa por él y él había hecho cualquier cosa por mí, pero ninguno de los dos se aprovechó nunca de eso. Era mi mejor amigo, mi fortaleza y fuente de horas interminables de risa y felicidad.

Después de tres años juntos, David empezó a sentirse mal al principio del semestre. De repente le faltaba el aliento después de correr una distancia corta y siempre estaba cansado. Después de ir al centro de salud, le dijeron que tenía bronquitis y lo mandaron a casa. Después de todo, ¿qué muchacho universitario de veintiún años no está cansado y fuera de forma? Recuerdo que una vez, estando acostada con él en la cama, noté que tenía moretones pequeños en los brazos. Su frecuencia cardiaca parecía demasiado rápida, por lo que esa semana dormí con la mano sobre su corazón sólo para asegurarme de que estuviera bien. David dijo que estaba bien, pero yo tenía un hueco en el estómago y sabía que algo andaba mal. Muy mal. Al día siguiente me llamó al trabajo y me dijo: "Cariño, soy yo, no quiero que te preocupes, pero fui de nuevo al centro de salud y me van a mandar al hospital para hacerme unos estudios. Todo va a salir bien". De verdad pensé que así sería. Al final de cuentas, nos amábamos demasiado como para que las cosas terminaran de otra manera. Al día siguiente le diagnosticaron leucemia linfoblástica aguda de células T. A la manera típica de David, que siempre se preocupaba por mí más que nada, me miró y dijo: "Lo siento, tengo leucemia".

Le dieron ocho tratamientos de quimioterapia y le hicieron un trasplante de células madre. Pasamos el último semestre de la universidad en el hospital viendo películas y acurrucados en su cama. Las enfermeras entraban y nos pedían que por favor dejáramos de reírnos tan fuerte porque molestábamos a los demás pacientes. La vida era mala, pero nuestro amor era bueno. Cuando llegamos a casa después del trasplante, David entró en remisión y nos sentimos muy felices. Nos mudamos juntos y empezamos a hablar de casarnos después de que yo terminara el posgrado. La vida continuaba con tanta normalidad como podía ser para dos personas que tenían poco más de veinte años y acababan de ver la muerte a la cara. Luego de siete meses de estudios limpios y análisis de sangre con buenos resultados, el doctor notó que el timo (una glándula que tenemos en el tórax de la que yo nunca había oído hablar) estaba agrandado y nos comunicó que necesitaban extirparla. Dijo que era por la quimioterapia. No estoy segura de por qué, pero cuando David me dio esta noticia aparentemente inocua, rompí en llanto. Por más felices que fuéramos en esos meses intermedios, creo que en el fondo estaba aterrorizada y esperando a que la espada de Damocles cayera sobre nosotros. David entró a cirugía y después de ver la masa que tenía en el pecho, el doctor nos dijo que la leucemia había vuelto. Requirió cinco meses más de quimioterapia y otro trasplante de médula ósea, esta vez de un donador sin parentesco alguno con él. David salió bien del trasplante y regresó a nuestro departamento. Nos acostamos en nuestra cama y ambos lloramos de alegría porque había sobrevivido y nuestras vidas podían empezar (otra vez). Nueve días después, en Halloween, fue preciso hospitalizarlo de nuevo porque un virus en la vejiga lo había enfermado mucho y necesitaba que le administraran alimentación por vía intravenosa para recuperar las fuerzas. Después de tres días en el hospital, empeoró. Tres días más tarde, el día que yo cumplía veinticuatro años, despertó el tiempo suficiente para escribir un mensaje que me envió por correo electrónico para decirme cuánto me amaba y que yo era una mujer muy fuerte, capaz de hacer cualquier cosa. Me senté en la orilla de la cama ese día y lo tomé de la mano mientras él trataba con mucho trabajo de abrir los ojos para desearme feliz cumpleaños. El 7 noviembre, en mitad de la noche, David exhaló su último suspiro mientras yo le sostenía la mano.

Tengo un recuerdo muy vago de los días y meses que siguieron. La primera vez que regresé a nuestro departamento después de que David murió, me acosté de su lado de la cama y rompí en llanto cuando vi sus tenis en el piso, uno de ellos junto a la cama, donde se lo quitó la última vez. Quinientas personas asistieron a la celebración de su vida que organizamos en lugar de un funeral. Miré a mi alrededor asombrada por todas las vidas que había tocado. Me acostaba en la cama y me preguntaba si sería posible morir de dolor. No me importaba si eso sucedía.

Ha pasado un año y medio desde que David murió. Todavía tengo días en los que lo único que puedo hacer es llorar por él y la vida que pudimos haber tenido, pero he encontrado de nuevo alegría en mi vida. Conseguí un nuevo empleo que me encanta, me mudé a otro departamento (¿sabían que cuando una vive sola tiene que matar los bichos por su cuenta?), e incluso empecé a salir de nuevo con amigos. Hace poco, por primera vez miré al cielo mientras iba en el automóvil al trabajo y me di cuenta de lo hermoso que era el amanecer. Sé que David habría querido que yo tuviera una vida bella y feliz, por lo que hago mi mejor esfuerzo por vivir de una manera que haga honor al tipo de persona que fue. Quisiera que mi amor por él hubiera bastado para salvarlo, pero en realidad, es su amor por mí lo que me salva todos los días.

LISA TEHAN

# 52

# Los planos

—No sé si pueda hacerlo —dije con voz entrecortada y me dejé caer de rodillas.

—Claro que puedes. Juntas lo lograremos —dijo mi prima y se arrodilló junto a mí. Me puso la mano en el hombro y añadió—. Vamos, cuanto más pronto empecemos, más pronto terminaremos.

—Precisamente ése es el punto. Será definitivo. Lo último que queda de él habrá desaparecido —me tapé la cara con las manos y me esforcé por detener el río de emoción que se desbordaba dentro de mí. Al parecer, la muerte de mi padre era sólo el principio del sufrimiento y el abandono insoportable que sentía.

> Y en el presente
> siempre camina el
> mañana.
>
> SAMUEL TAYLOR COLERIDGE

Mi prima se puso de pie y miró el clóset abierto que contenía los artículos de la vida de mi padre: zapatos viejos, seis camisas de manga larga, algunos pantalones vaqueros, unos pantalones de vestir, un par de suéteres viejos y una chaqueta de ante descolorida. El olor del ante viejo, la vista del bolsillo desgastado del lado derecho donde enganchaba el pulgar, el leve olor de la colonia que se ponía, asaltaron mi espíritu. Fijé la mirada en sus pertenencias y quise gritar.

Sin embargo, mi prima no iba a permitir que eso ocurriera. Me alentó a seguir, a aceptar el dolor y luego a ir más lejos y cerrar el círculo.

Los colgadores de abrigos se deslizaron por la varilla de metal. Entonces los vi: tres juegos de planos viejos enrollados, que estaban apoyados en la esquina del fondo del clóset. Mi padre los había guardado por alguna razón, tal vez como recordatorio del hombre importante que alguna vez fue. Comprendí que debían tener por lo menos diez años. El papel amarillento, las orillas maltratadas y las manchas de huellas dactilares así lo indicaban.

En su corta vida, mi padre había logrado grandes hazañas en la industria de la construcción, sólo para tirar todo a la basura cuando la bebida se volvió lo más importante para él. Su empresa quebró y el alcohol se convirtió en su principal prioridad. Siempre lo encontraba tirado en el sillón, con la barbilla pegada al pecho y los hombros encorvados por la desesperación. Una botella de vino barato estaba en el suelo a su lado.

No comprendía su enfermedad ni el abandono en el que nos había dejado a mis hermanas y a mí. Posteriormente llegaría a comprender que no había sido culpa mía. Que nada que hubiera podido hacer lo habría cambiado. Dios sabe que lo intentamos, con reuniones de alcohólicos anónimos, varias estancias en centros de recuperación y un periodo de dos semanas en un lugar en el campo.

No pude resistir el extraño atractivo que los planos ejercían sobre mí. Había dos juegos de planos grandes y uno más pequeño. Supuse que el pequeño era para una resistencia unifamiliar.

Saqué los planos pequeños del clóset. Las manos de mi padre habían pasado por el papel y escrito los detalles en el interior muchas veces. Con cuidado, desenrollé el papel delgado. Apareció una hermosa casa de dos pisos estilo Tudor inglés. Todos los detalles estaban ahí: el techo a dos aguas, alto y muy inclinado, la fachada de ladrillo y los arcos y alerones definidos. Busqué un nombre en los planos y no pude encontrarlo. De hecho, tampoco aparecían el nombre del arquitecto ni el del dueño de la casa y faltaban las especificaciones. Esto, dicho en palabras sencillas, era un primer esbozo de la visión de alguien. Pero ¿de quién?

—Mira esto.

—¡Vaya, es preciosa! —exclamó mi prima—. Me pregunto a quién pertenecerían esos planos.

—No tengo ni idea. Mira la distribución de la casa, es tan espaciosa y abierta.

Se sentó a mi lado y extendí los planos sobre las piernas. Mi prima movió la cabeza como si acabara de recibir una revelación.

—Parece que te dejó algo después de todo.

Los ojos se me llenaron de lágrimas que hasta entonces no había podido derramar.

—Quizá tengas razón —miré de nuevo el plano de la casa, y con cuidado lo enrollé y volví a ponerle la banda elástica. Dejamos pasar unos conmovedores momentos en memoria del hombre que había sido mi padre antes de que el alcohol consumiera su vida.

Después de pocos minutos, volvimos a empacar sus pertenencias personales. Llenamos dos bolsas grandes de basura con su ropa vieja, billetera, pañuelos y calzado, excepto por un par de zapatos de vestir. Me quedé con el zapato izquierdo en la mano. Caminaba con ese zapato, iba a reuniones y luego a los bares. Se lo ponía en la casa y lo usó para ir a la boda de mi hermana. Apreté el cuero viejo contra el pecho, lo guardé en la caja y susurré: "Adiós".

Varios meses después, una amiga tuvo que vender un terreno. Por casualidad, estaba en una de mis zonas favoritas: Wildwood Canyon, intacto y recién urbanizado, en un lugar donde los robles crecían por doquier y el césped color azafrán ondulaba en las praderas. No dejé pasar la oportunidad.

En la repisa superior de mi clóset había guardado los planos de mi padre desde que los encontré. Todos los días, cuando sacaba mi ropa, los miraba y sonreía. Contenían un sueño y mi deber me quedó muy claro una mañana nublada en el aniversario de su muerte. En lugar de la ropa, saqué los planos y llamé a un arquitecto de la zona. En menos de un mes, esos planos sencillos se convirtieron en un juego completo de planos con especificaciones y seis meses después, el terreno se niveló y empezaron a colar los cimientos.

La primera vez que fui a inspeccionar el armazón del segundo piso, el sol se estaba poniendo, el cielo estaba teñido de tonos pastel y el viento soplaba con suavidad por las paredes abiertas. El contrapiso de madera chapada estaba cubierto de virutas y polvo muy fino; el aroma embriagador de la madera me era muy familiar. Pensé en mi padre y sus sueños. En su vida construyó complejos de departamentos y casas, así como una fábrica de arcilla y pintura. Logró mucho y luego dejó que todo se le escurriera entre los dedos. La tristeza me invadió, pero solo por un momento. Su vida dio un giro siniestro y él no pudo hallar el camino de regreso. En un momento fugaz, comprendí que me había dejado un legado.

Quise llorar, pero algo me contuvo. Los ojos se me llenaron de lágrimas, pero no derramé una sola. Sentí la presencia de mi padre tan cerca y, sin embargo, tan lejos.

Hace mucho que me mudé de la casa Tudor que alguna vez fue la visión de mi padre. Con orgullo la vendí dos años después de terminarla. Ahora, cuando pienso en la casa, pienso en él y viceversa. Los planos originales tienen un lugar en mi ático y de vez en cuando los saco y recuerdo que fue sólo un hombre, y que también fue mi padre, a quien amo hasta este día con todo mi corazón.

CINDY GOLCHUK

# 53

# Seis palabras

Teníamos seis palabras en común, pero de algún modo construimos una amistad sobre ellas. En ese entonces era una artista de veintitantos años que pasaba apuros económicos y apenas podía pagar la renta. David y su esposa, Sonia, tenían más de setenta años; eran inmigrantes que sus hijos habían traído a este país una década antes. En un subsector de West Hollywood casi totalmente habitado por rusos, los tres compartíamos un edificio de departamentos de color marrón rojizo con un actor sin trabajo, un baterista a quien le encantaba el surf y un muchacho de ojos tristes que había crecido en la secta de los Hijos de Dios y ahora trabajaba en El Whisky en Sunset Boulevard.

> Los muros que construimos a nuestro alrededor no dejan entrar la tristeza, pero tampoco la alegría.
>
> JIM ROHN

David pasaba casi todo el tiempo en la losa de concreto ligeramente elevada que hacía las veces de patio, contemplando el acaecer cotidiano del barrio. Me saludaba desde el mismo lugar casi todas las mañanas, y a menudo señalaba varias cosas en la cuadra, al tiempo que me daba largas explicaciones que yo no tenía ni la más remota esperanza de entender. Su esposa, enferma de diabetes, pasaba los días en una cama de hospital que habían colocado junto a la ventana de la sala. Algunas noches llegaba a casa y encontraba a David apestando a vodka. Sonreía con tristeza y farfullaba: "Sonia, no bien". Ninguno de los dos creíamos que le quedara mucho tiempo, pero resistió tres años más.

Cuando Sonia falleció al fin, yo había ido al este a pasar las vacaciones de Navidad. Mi compañera de cuarto llamó tarde una noche y me contó que habían tratado de reanimarla en el piso de la sala mientras David observaba en silencio a un lado. Algunos días después, una amiga muy joven (y muy cercana) de mi familia murió en un extraño accidente. Mientras avanzaba como autómata con el cortejo fúnebre, pensé en David y lo curioso que era que nuestros destinos hubiesen tomado de pronto caminos paralelos.

Regresé a Los Ángeles varios días después del Año Nuevo y encontré a David en su lugar de siempre, vestido de negro, fumando un cigarrillo. Me abrazó tan pronto me acerqué lo suficiente para quedar a su alcance. Lloré y le dije en voz baja lo que se acostumbra en estos casos, que no necesitaba traducción. Él asintió, pero no dijo nada. Tenía muchas ganas de contarle de mi amiga para que supiera que entendía que algo faltaba ahora, que la muerte me había tocado también a mí. Sin embargo, no pude, porque ninguno de los dos conocíamos las palabras para comunicarnos.

David siguió vistiendo de negro durante varias semanas y recibía a sus visitantes en su percha. Las mujeres mayores iban a cocinar y a limpiar, los hombres, a beber vodka y a fumar. Yo observaba todo desde mi balcón, sintiéndome perdida y sola, triste por la muerte de mi amiga, al igual que David hacía desde el suyo. Cada vez me era más difícil sobrellevar la pena y empecé a preguntarme si algo se me habría roto por dentro que me incapacitaba para continuar aquí.

Entonces una tarde, seis o siete meses después, estaba barriendo mi balcón cuando alcancé a ver a David que cruzaba de prisa la calle; se había puesto un traje recién planchado y llevaba un ramillete de flores a la espalda. Subió las escaleras del edificio de junto, donde una de las mujeres rusas que lo habían visitado con regularidad vivía con su hijo y dos nietos. Tocó el timbre, y luego de un minuto apareció ella con un vestido floreado y el cabello cuidadosamente recogido detrás de las orejas. Aceptó las flores (con una risita) y los dos bajaron a la calle.

Con la escoba a medio barrer, me quedé perpleja mirando al frente, tratando de asimilar lo que acababa de ver. Ese hombre, después de ver a su esposa languidecer por la enfermedad, la mujer con la que llevaba cuarenta años de casado, y expirar frente a sus propios ojos, después de que él mismo cojeaba y era incapaz de hacer mucho más que ver pasar el mundo, se las había arreglado para encontrar de nuevo la vida. ¿Qué había hecho yo a los veintiocho años, sana, vibrante y con el mundo a mis pies?

Algunas semanas después volví a ver a un hombre que me había invitado a salir varias veces el año anterior. Me había molestado su persistencia optimista y preferí quedarme sola con mi desdicha a tener su compañía, pero ahora había descubierto una nueva fe en tales actos de valor. Resultó ser una buena decisión, porque en menos de seis meses me mudé de mi cuchitril de West Hollywood e inicié una vida totalmente nueva con él.

Después de limpiar y vaciar el departamento, volví con la esperanza de ver a David una última vez. Lo encontré, como siempre, inclinado sobre la reja, asomado a la acera. Él se dio cuenta de por qué había ido yo ahí y abrió los brazos para darme la bienvenida. Me dejé abrazar de buen grado. Amaba a ese hombre y sabía que no volvería a verlo. Iba a morirse ahí, como su esposa, y yo aún tenía muchas cosas que hacer. Me aparté, tratando de contener la emoción; él me dio palmaditas cariñosas en el hombro, señaló y dijo: "hija", y luego se tocó el pecho.

"Hija", asentí. Una de las seis palabras entre nosotros, y fue, como siempre lo ha sido, suficiente.

Brigitte Hales

# 54

# Vidrio roto

Cuando mi madre murió, me quedé a cargo de sus asuntos. Abatida, unos días después del funeral fui a su casa a evaluar el aspecto de limpieza de mi trabajo, así como para atisbar lo que mi madre había sido.

A mi madre le encantaba tener cosas. Como se crió en la pobreza, juró que nunca más volvería a carecer de nada. Paseé la mirada por la casa, que estaba llena de colecciones caras y objetos diversos, y pensé que había exagerado para compensar a la niña necesitada que llevaba dentro.

Nuestra relación nunca fue fácil. Las limitaciones emocionales afectaban su comportamiento como madre, y yo tenía un temperamento fuerte que siempre me hacía pensar que mi madre estaba equivocada. La situación empeoró cuando llegué a la adolescencia. En ese entonces murió mi padre y mi madre se quedó a la deriva en medio de un mar de soledad que, con el paso del tiempo, se convirtió en amargura irracional. Nuestra frágil relación sufrió todavía más.

> Los recuerdos son una forma de aferrarse a las cosas que uno ama, las cosas que uno es y las que no quiere perder.
>
> DEL PROGRAMA DE TELEVISIÓN
> LOS AÑOS MARAVILLOSOS

Cuando le diagnosticaron a mi madre la enfermedad terminal que la llevó a la tumba, alcanzamos, por fin y por fortuna, un acuerdo. En los últimos días de su vida la cuidé, y al final sólo hubo amor entre nosotras. Alcanzamos un verdadero nivel de perdón kármico y me sentiré eternamente agradecida por eso.

Por lo mismo, mientras hurgaba entre los cajones de su tocador y los clósets, tuve la impresión de que sus cosas me consolaban, aunque me entristecía pensar que sus preciadas posesiones no volverían a ser suyas.

Durante meses organicé, clasifiqué, guardé en cajas e hice los arreglos para la venta final de todas sus cosas. El hombre que dirigía la venta fue a pegar etiquetas de precio a todos los objetos. Preferí no estar ahí ese día, ni el día de la venta. Pensé que no podría soportar ver a alguien regateando para conseguir un precio más bajo y llevarse alguna de las "invaluables" posesiones de mi madre.

Algunos días antes de la venta fui a la casa de mi madre a dejar algo. Entré y subí por las escaleras, pero no estaba preparada para la escena que me esperaba.

Había cientos de etiquetas de color fosforescente anaranjado y amarillo por todas partes. Todas las cosas de mi madre se habían reducido a dólares y centavos anotados a lápiz. Los sofás blancos que tanto le fascinaban y preocupaban a mi madre cada vez que sus nietos la visitaban, la preciada colección de Lladró, el viejo costurero que tenía desde que era una niña de catorce años, los platos en los que comió apenas unos meses atrás. Ahora eran simples objetos en remate, ya no eran suyos en realidad. Pronto pertenecerían a personas sin nombre, sin rostro, que jamás la conocerían, pero que usarían sus cosas y las considerarían propias. Me sentí como traidora por haber participado en el acto de maldad de abaratar esos recuerdos con etiquetas de precio carentes de significado.

Sin aliento y aturdida, necesitaba encontrar un espacio que no tuviera una etiqueta que me gritara y horrorizara. No había dónde ir; las etiquetas se burlaban de mí en todas las habitaciones. Entré dando traspiés en el baño que, por fortuna, estaba vacío. Miré mi imagen en el espejo y vi riachuelos oscuros de lágrimas teñidas de negro por el rímel. Me dejé caer en el suelo, miré hacia la puerta abierta que daba al dormitorio de mi madre y vi el taburete antiguo que perteneció a mi abuelo. Tenía una etiqueta de veinte dólares colgada de una de sus asas grabadas. Recuerdo que hace años mi madre me contó que el taburete le recordaba a su padre porque siempre había estado al pie de la cama del abuelo. El taburete le recordaba a su padre y ahora me recordaba a mi madre.

Mi dolor aumentó y abarcó la pérdida de mi padre, la pérdida de la abuela y el abuelo y, al final, me llevó de nuevo a la pérdida reciente de mi madre. Cada una de esas personas queridas me atormentó mientras estaba sentada en el piso del baño.

A tientas busqué mi teléfono móvil y llamé a una amiga. Hablé con voz tan entrecortada por los sollozos que apenas pudo entenderme. Después de que me consoló unos quince minutos, pude colgar, lavarme la cara y salir de la casa de mi madre para no volver a ver esos objetos nunca más. Llegué a mi automóvil, pero la mano me temblaba tanto que no pude abrir la puerta. Necesitaba a mi madre para que me tranquilizara, para que me consolara. Pero estaba sola en la entrada de su casa, con el corazón acongojado y sumido en la desesperación.

Sin pensarlo, entré corriendo en la casa, subí por las escaleras y me dirigí al dormitorio de mi madre. Tomé el taburete del abuelo, salí corriendo y lo metí al auto.

Lloré durante todo el camino al almacén que había alquilado para guardar todo lo que iba a conservar. Estaba emocional y físicamente exhausta cuando llegué y abrí la puerta. Cajas y cajas de retratos sin clasificar, cristal y porcelana, el adorado juego de té de mi madre, todo me acogió y me dio consuelo agridulce.

Agregué el taburete del abuelo y mientras lo introducía entre dos pilas de cajas, oí un crujido sordo y luego vidrio que rompía. Horrorizada, saqué el marco que tenía el retrato de bodas de mis padres entre un montón de vidrios rotos. Pasé los dedos por el vidrio roto y con cuidado quité la parte astillada que quedaba sobre los rostros de mis padres. Los vi que me sonreían y ya no me sentí sola en ese almacén frío.

Comprendí que las cosas de mi madre, etiquetadas y listas para venderse, eran como un vidrio en un marco: palpable, rompible, reemplazable. Algo fino y bonito que sólo sirve para cubrir la imagen verdadera, significativa  hermosa que está debajo.

Sonreí por primera vez ese día. Admirada de lo sencillo que era, sentí que el corazón se desprendía de las cosas y me sentí bien de dejarlas ir para que pudieran hacer feliz a otra persona. El vidrio metafórico que había rodeado a mi madre se había hecho un millón de añicos y se había ido. Ya no necesitaba esos objetos tangibles para conectarme con mi madre. Ella ocupaba un lugar firme, irrompible e irreemplazable en mi corazón, para siempre.

AMY SCHOENFELD HUNT

# 55

# El incidente del pollo chino

Los recuerdos más vívidos de mi niñez están relacionados con las excursiones que hacía con mi familia para ir a ver a mi abuela en Brooklyn. No eran viajes muy largos, pero para mí, que era muy niño, bien podrían haber sido viajes de toda una semana a través del país. Iba apretujado entre mis dos hermanas mayores en el asiento posterior del auto y mi padre iba al volante, dirigiéndonos en un interminable desfile de juegos y canciones; su voz retumbaba por encima de los bocinazos y el tránsito ruidoso que nos rodeaban. Mi madre, aunque a veces se sumaba a nuestros cantos con una nota discordante, iba sentada en el asiento del delantero y de vez en cuando nos miraba, pero casi siempre iba absorta en su propio mundo en medio de la algarabía del ruido dentro y fuera del vehículo en movimiento.

Cuando era niño, siempre fue mi padre la fuerza impulsora de nuestra evolución hacia la adultez. Suyos eran los gritos de amonestación cuando hacíamos algo malo y las palabras de aliento cuando hacíamos algo bien. Muchas noches me senté con mi papá en el dormitorio de mis padres al pie de su sillón reclinable mientras él me explicaba las lecciones que llevaba a casa de la escuela, me dictaba mis composiciones, me enseñaba de mitología griega o resolvía acertijos lógicos conmigo. Mientras tanto, mi madre estaba acostada, medio adormilada con el *New York Times* del día anterior en la mano.

> Adquirimos fuerza de aquello que hemos superado.
>
> RALPH WALDO EMERSON

Él era el impulso creativo que hacía que nuestra casa funcionara. Me motivaba a escribir, a mi hermana mayor, a tomar fotografías, y a mi otra hermana, a salvar el mundo. Era cirujano, pero se hallaba tan seguido en la cocina como en la sala de operaciones. Mientras muchos padres pasaban las tardes dominicales en el sofá viendo el futbol, el mío se sentaba en su sillón a ver programas de cocina y tomaba notas. En cambio, mi madre pasaba los domingos en su oficina improvisada en la despensa de la cocina pagando las cuentas de la familia y programando las actividades de la semana siguiente.

Recuerdo el olor de la cocina cuando mi padre decidía hacer la cena. Tenía el aroma de un *bistro* francés una noche y de un restaurante chino a la siguiente. Las ollas, platos y comida estaban dispersos por todas partes, y lo observaba con admiración transformar esa cocina en un restaurante de cinco estrellas y convertirse en el chef que le hubiera gustado ser. Las noches que estaba muy cansado por las operaciones que había hecho durante el día, mi madre asumía el control de la cocina. Su cocina era más como una fonda donde se servía lo esencial: pastel de carne, espagueti, hamburguesas. La comida sabía bien; era práctica, pero aburrida.

Cuando tenía quince años, mi papá se enfermó. Los viajes en auto se hicieron menos frecuentes y a menudo eran al médico; mi madre conducía y se concentraba en el camino. Las canciones no eran tan ruidosas ni los juegos tan divertidos. Las lecciones eran ahora al pie de la cama y no duraban mucho tiempo. Mi mamá seguía fingiendo que leía el *New York Times*, pero la veía muy despierta, lanzando miradas vigilantes desde atrás del periódico. El cáncer agotó muy pronto la mayor parte de la energía de papá. Por consiguiente, su restaurante gourmet tuvo que cerrar para siempre y la fonda ocupó su lugar, donde todas las noches nos servían los platos especiales de la clase trabajadora.

Cuando tenía dieciséis años, el cáncer finalmente acabó con él. No dejó de sonreír hasta el final, probablemente por nosotros, pero lo más seguro es porque así quería que lo recordáramos. Era un luchador, pero incluso él no tuvo la fuerza suficiente para eso. Y mientras se hacía el valiente y el resto de nosotros llorábamos, fue mi madre la que nos dijo que todo estaría bien.

Como mis hermanas estaban fuera en la universidad, enfrentaron su pérdida con el apoyo de sus amigos, y yo me quedé solo en casa con mi madre. Nos teníamos sólo el uno al otro. Era adolescente y no podía evitar sentir lástima por mí mismo. No sé cuánto apoyo le ofrecí. Era un niño que había perdido a su padre. Nunca pensé en mi madre como una mujer que había perdido a su esposo. Y ella nunca me dio una razón para ello.

Mi madre me recogía a la salida de la escuela todos los días. Las excursiones familiares se redujeron al corto trayecto que hacíamos los dos a nuestra casa vacía. En el camino, hacía su mejor imitación de Barbra Streisand y cantaba al rimo de las melodías que tocaban en la radio. No le importaba lo desentonada y discordante que sonaba. A mí tampoco.

Intentó ayudarme con mi trabajo escolar, pero yo había llegado a la edad en que podía hacerlo por mi cuenta. Ya no necesitaba a nadie que escribiera mis informes. La única vez que la dejé ayudarme casi me reprueban, pero agradecí el esfuerzo.

Mi madre trataba de ser madre y padre para mí; sin embargo, por más que se esforzara, no podía llenar el vacío que dejó en mí la pérdida de papá.

El día que cumplí diecisiete años, decidió prepararme pollo chino. Era la especialidad de mi padre y mi plato favorito. Ponía a marinar el pollo en una mezcla de salsa *hoisin* y salsa de ciruela, lo salteaba en un *wok* con pimientos rojos, castañas de agua, brotes de bambú, brócoli y nueces de la India hasta que la mezcla llenaba la cocina del aroma más suculento; se me hacía agua la boca con la expectación. Esa noche estaba sentado en el estudio esperando a que la cena estuviera lista cuando el olor de la cocina me empezó a llegar. Me golpeó en la cara como el puño de un boxeador de peso completo. Al principio, olía a algo agrio, luego a rancio y por último, a quemado. El olor penetrante estaba acompañado del ruido de ollas que se caían y golpes en la mesa. No aguanté más y desobedecí la orden que mi madre me había dado de no acercarme a la cocina por nada del mundo.

Cuando entré en la cocina, vi a una mujer que apenas reconocí. Estaba paralizada junto al *wok* humeante, las verduras y el pollo estaban desperdigados por toda la cocina, tenía pedacitos de nueces de la India en el cabello y la cara polveada de harina como si fuera una artista del teatro kabuki. Y ahí logré distinguir, por más débil que fuera, un surco vertical que salía del rabillo del ojo y se extendía por toda la mejilla, rompiendo la pureza de su máscara blanca.

Fue en ese momento que por fin me di cuenta de que yo no era el único que trataba de llenar el enorme hueco que la partida de mi padre había dejado en nuestra vida. Yo había perdido a mi padre, pero ella había perdido mucho más. Nunca estaría sólo mientras tuviera a mi madre, pero ella tenía que ser todo para mí y yo no podía ser todo para ella.

¿Cómo era posible que no me hubiera dado cuenta de que ella necesitaba mi apoyo tal vez más de lo que yo necesitaba el suyo?

Desde que mi padre murió, esa única lágrima fue lo más que mi madre se permitió manifestar delante de mí. Es la mujer más fuerte que conozco. Es una luchadora y fue la columna vertebral de nuestra familia todo el tiempo. Por eso, le debo todo.

Corrí a buscar una toalla debajo del lavabo y ayudé a mi madre a limpiarse la harina de la cara. "No te preocupes, mamá, también tenía ganas de comer espagueti."

DAVID CHALFIN

# 56

# Funeral de segunda mano

Mi última discusión con papá fue sobre su funeral. No quería que lo hiciéramos. "¿De qué sirve un funeral?", quiso saber. "Es un enorme despilfarro de dinero. Cuando llegue el momento, esto es lo que tienes que hacer."

Sacó una hoja de papel blanco con instrucciones mecanografiadas con esmero, como era de esperar: "Cremación, recipiente mínimo, sin ritos fúnebres". Él mismo lo había escrito.

Bronceado y en apariencia sano, su aspecto indicaba que su lugar estaba en un campo de golf y no en la mesa del desayunador dándonos instrucciones funerarias a mamá y a mí. Sin embargo, empezó ese día muy callado, más reservado que de costumbre. En vista de que se sometería a una operación del corazón en un mes, y siendo como era, un hombre detallista, no quería dejar nada al azar.

> No recordamos los días, sino los momentos.
>
> CESARE PAVESE, *Il mestiere di vivere*

—La vida —explicó— es como un portafolio de valores. Es necesario planearla bien.

Así era su estilo. Ante su posible fin, se obsesionó con los detalles. Mamá estaba acostumbrada a sus obsesiones, pero yo era impaciente.

Lancé una mirada al papel y empecé a protestar de inmediato.

—En primer lugar, no te vas a morir. Y aunque así fuera, ¡ésta es una idea terrible! —espeté—. La gente necesita una manera de despedirse.

—Pero no tiene que costarle miles de dólares —replicó él.

—Pero la gente necesita cerrar el ciclo —intenté explicar—. El funeral no sería para ti. Sería para los que nos quedamos.

No lo convencí. De hecho, el debate pareció animarlo.

—Sabes qué otra cosa —dijo, levantando la voz—, toda esa ropa que tengo ahí, tienes que deshacerte de ella cuando me vaya. Regálala a la beneficencia o a quien la quiera. No guarden cosas cuando ya no esté.

Como no protesté por la ropa, se apresuró a decir la última palabra, como siempre.

—Un funeral debe reflejar cómo viviste. Recuérdalo. No voy a pagar una fortuna por el mío.

Cuando retomamos la conversación un mes después en el hospital el día anterior a la cirugía, sacó de nuevo el papel. Agradecí que esa vez no hubiera tiempo de discutir.

Llegó la vendedora de televisión del hospital y papá dedicó toda su atención a explicarle que no estaba interesado en pagar seis dólares al día. Cuando la vendedora se perdió de vista, me asomé a la cama vacía de al lado para ver si se les había olvidado apagar el televisor.

Si hubieran pasado el noticiario nocturno, habría sido su última ganga. Pero el único beneficio gratis que pudimos aprovechar fue un video aburrido sobre dietas con bajo contenido de sodio.

Tristemente, no tuvo mejor suerte con la cirugía. Desde la primera noche se presentaron complicaciones, y el papel que había sido tema del acalorado debate teórico de pronto pasó a ocupar el centro del escenario en un drama de la vida real. Junto con mamá, lo leí una y otra vez mientras planeábamos su funeral, o falta de funeral, y nos esforzábamos por encontrar la manera de decir adiós, sin gastar demasiado dinero.

Un velorio, nada de honras fúnebres ni flores, fue el compromiso final al que llegamos. No hubo discursos, aparte de las historias privadas sobre aquella vez que embocó la pelota con un golpe menos del par del hoyo o aquel pez que se le escapó, y las flores que llegaron a pesar de las objeciones del difunto se distribuyeron en seguida entre la lista de "amigos enfermos" de mi madre.

Pero la conmemoración inesperada tuvo lugar a las dos semanas subsiguientes cuando mamá, tratando de respetar los deseos de mi padre, empezó a invitar a sus amigos del golf a que fueran a probarse algunas de las camisas de papá.

—Tú sabes que a él no le habría gustado que estas camisas se desperdiciaran —explicaba—. Ven cuando quieras a ver si te gusta algo antes de que mande todo a la iglesia.

Mamá era una mujer discreta y sensible. No bien terminaba de decirlo, empezó a preocuparse de si no habría olvidado a alguien. Por lo mismo, se apresuró a pensar en quién más podría interesarse en su limpieza del clóset y a invitar al resto según el orden de su relación familiar y cercanía con mi padre. Primero habló con mis hijos.

"Nunca lo aceptarán", pensé. "Dirán que es morboso usarlas." Me equivoqué.

Una mañana, levanté la mirada del desayuno al pasar a mi lado el puño del pijama de papá. Miré de pies a cabeza al grandulón de uno ochenta de estatura que acababa de entrar.

—Hola! —me saludó mi hijo mayor. Le quedaba a la perfección. De espaldas, se veía idéntico a papá el año que se puso aquel producto para teñirse las canas.

Luego apareció el menor con su uniforme de futbol y llevaba puestos los enormes tenis blancos de papá.

—Creo que me darán suerte —comentó, en un despliegue sorprendente de sentimentalismo.

El desfile continuó; mamá llamó a primos y amigos para que fueran a la casa a ver qué les quedaba. Después de tomar el avión de regreso a casa, la llamaba por teléfono para ver si se encontraba bien y oía el informe nocturno sobre el inventario que cada vez se hacía más reducido.

Camisas de golf, chaquetas, zapatos de vestir; había algo para todos. Con cada prenda que salía por la puerta, había un "gracias" y una anécdota sobre papá. Los amigos del golf contaron lo contentísimo que estaba cuando hizo su último *birdie*, y que siempre contaban con que él llevara las galletas en caso de a alguien le diera hambre antes de terminar el partido.

Invariablemente decían: "Pensaré en él siempre que me ponga esto". Otro añadió: "Cuando me pongo su suéter, me parece oír su risa".

Tenía razón sobre la risa. Era real. Era la nueva forma de papá de decir la última palabra.

PAT SNYDER

# 57

# El don de la compasión

El corazón se me paraliza cuando me despierta el timbre del teléfono. Mi esposo despierta sobresaltado para contestar y oigo el quejido gutural que sale de sus labios; me incorporo de inmediato totalmente alerta. Me pasa el teléfono:

—Kevin no llegó a casa después de clases —dice con voz ronca, y el miedo y la incredulidad pintados en la cara.

Hablé con Kevin esta mañana, como lo hago todos los días desde que dejó su primera nota de suicidio hace más de un año. Estaba muy optimista y emocionado por el evento que había organizado en la comunidad este fin de semana.

—¿Qué sucedió? —pregunté en el auricular, temiendo la respuesta.

—Hablé con él esta tarde y parecía estar bien —suelta mi nuera sin poder ocultar el pánico en la voz—. Dijo que el dolor de cabeza era soportable. Se encontraba en la universidad, pero no fue a clases. Y la policía se niega a hacer nada hasta que tenga veinticuatro horas de desaparecido.

> En pleno invierno aprendí al fin que dentro de mí había un verano invencible.
>
> ALBERT CAMUS

Hago reservaciones de boletos de avión, desesperada porque estoy en Kansas City y él desapareció en California. Me obsesiono con cómo vamos a encontrarlo mientras llamo a parientes y amigos para preguntar si han hablado con él. Espero que sólo se haya visto envuelto en un accidente o que haya ayudado al indigente equivocado y esté herido en un callejón en alguna parte. Me deja totalmente pasmada oírme rezar que si está muerto, ojalá no haya sido por suicidio.

Me siento como atontada durante el vuelo de tres horas y trato de no pensar, de no imaginar lo peor.

Al día siguiente asisto a su evento comunitario. Sé que si va a aparecer, será durante este programa, producto de su pasión vehemente por la justicia social y ambiental. Me sitúo donde puedo ver las tres calles que desembocan en el parque. Deseo con todas mis fuerzas ver a lo lejos su automóvil e imagino el suspiro estremecedor de alivio cuando lo vea. Pero no se presenta.

Esa tarde, en la carrera a Kinko's para sacar fotocopias del volante de persona desaparecida, estoy lúcida y concentrada, no obstante, me siento empujada por la multitud de personas que pasan a toda prisa con sus cafés en la mano. Vislumbro cochecitos de bebé y oigo fragmentos de rechinidos de neumáticos en el fondo de mi apremio. Me sumerjo en mi mundo de *Pollyanna* y me tranquilizo pensando que todo va a estar bien.

Paso otra noche inquieta con un vívido sueño de Kevin que camina por un pasillo de paneles de madera. En el sueño, mira a su alrededor admirado y en eso se da cuenta de que lo observo. Me dice adiós con la mano y me deslumbra con su encantadora sonrisa y los ojos radiantes de alegría; luego se da media vuelta y continúa por el corredor. Despierto del sueño agitado sollozando, con la esperanza de que encontremos a Kevin y que esté tan sereno como se me apareció en el sueño, con las arrugas de la frente suavizadas ahora que ya no siente los dolores de cabeza y entiende que no es su responsabilidad el tratar de aliviar el sufrimiento del mundo.

Es ya la tercera mañana y llamo de nuevo a los hospitales, mientras otros recorren la ciudad en su búsqueda. El corazón grita "¡NO!" cuando suena el teléfono, pero descuelgo el auricular rezando para que alguien lo haya encontrado. Así es. El pecho se me encoge cuando el guardabosques empieza a explicarme cómo encontraron su automóvil, luego su nota y después su cuerpo.

Comienzo mi nueva vida como si estuviera envuelta en velos de plomo que me cubrirán por mucho tiempo y restringirán el acceso a todos los sentidos: tacto, gusto, olfato, oído y vista. Sólo el sexto sentido está activo, que intensifica la percepción y las conexiones espirituales. Me acribillan las "señales" confusas que siento como vínculos vitales con el otro mundo, coincidencias descabelladas que me dirigen a la presencia de un poder omnisciente sobre el cual acababa de leer poco antes de la muerte de Kevin.

Me preocupa que mi cordura haga implosión, porque las líneas de la realidad se desdibujan mientras trato de hallar un asidero en esta nueva definición de mi vida. Pero no hay asidero alguno. No hay un solo lugar de consuelo, ni resolución al estilo *Pollyanna*, sino un brusco despojo de la vida que siempre imaginé: que guiados por mi amor y protección, mis hijos crecerían y se convertirían en almas compasivas y consideradas que vivirían en paz.

Con el transcurso de los años, los velos de plomo se van levantando poco a poco y, de vez en cuando, se los lleva el viento por completo. En ocasiones, en los días en que los velos son más ligeros, me pregunto si verdaderamente deseo quitármelos de forma permanente. Si renuncio al desconsuelo, ¿qué quedará en mi alma? ¿Qué tipo de madre sería si dejara de llorar la profundidad de la desesperación de Kevin cada minuto del día?

Su lucha de diez años con esos dolores de cabeza constantes, que tanto lo debilitaban, hizo imposible que alcanzara sus objetivos humanitarios. Yo siempre lo andaba rondando para medir sus reacciones a cada cambio de medicamento y cada nuevo tratamiento y terapeuta. Con cada revés veía que su confianza disminuía y su entusiasmo por la vida se marchitaba bajo la carga de su sensación de fracaso.

¿Qué le diría si pudiéramos revivir el año pasado? ¿Qué comprendo ahora que ni siquiera sospechaba antes de que él muriera?

Diría que su propia curación tenía que llegar antes de que pudiera sanar a otros; que las responsabilidades con la sociedad y la familia son absolutamente irrelevantes cuando se comparan con el don glorioso de la vida. Lo alentaría a dejar la escuela y su vida profesional y a emprender su propia búsqueda espiritual para que hallara la paz que he aprendido que es posible encontrar. Mi inmersión en el yoga y la meditación me ha dado la convicción y el conocimiento profundo de que hay un lugar dentro de cada uno de nosotros que está en paz incluso en medio de todo nuestro sufrimiento. Le abriría el corazón a esas "señales", las coincidencias absurdas que me hacen doblarme de la risa y mover la cabeza asombrada cuando un destello de esa conexión me abruma y confronta.

Han pasado siete años. Las personas que se enteran de mi pérdida me confían sus temores más oscuros por sus propios hijos. Porque sé que sus historias pueden ser más desgarradoras y espantosas que la mía, a veces me preocupa que mi empatía por su angustia pueda volver a cubrirme con los velos.

Pero cuando su dolor empieza a envolverme, siento la urgencia de seguir adelante, guiada por la paz interior que me ayuda a hacer acopio de valor, mantiene a flote mi espíritu y me ofrece el don de la compasión incesante y perdurable.

SAMI AARON

# 58

# El visitante sin invitación

**M**e siento en la banca del parque a comer palomitas con aderezo de queso y a ver a los niños jugar. Disfruto del día, de recibir el sol en la cara y de percibir el olor del pasto fresco.

Sin proponérmelo pienso en Samantha y cómo me gustaría que pudiera correr y jugar con los demás niños.

Y de pronto ahí está, la mano fría en mis palomitas con queso, la presencia que ocupa demasiado espacio en mi banca del parque y me tapa el sol. Mi Dolor.

> Disfruta cuando puedas, y
> resiste cuando debas.
>
> JOHANN WOLFGANG VON GOETHE

—¿En serio? —pregunto—. No te invité. Saca la mano de mis palomitas —en vez de ello, termino por hacerme a un lado para darle más espacio a Mi Dolor. Dolor viene y va cuando menos lo espero. Puedo ir en el automóvil oyendo música y de pronto lo veo por el rabillo del ojo, dando puntapiés en el respaldo de mi asiento.

—Hola, Heather.

—Maldición, ¿qué estás haciendo aquí?

—Hace tiempo que no nos vemos. Pensé en pasar a verte un momento.

—Pues asegúrate de abrocharte el cinturón y cerrar la boca. Mi hija duerme y no quiero que la despiertes.

—¿Puedo cambiar de estación?

—No.

—¿Puedo jugar con la ventana?

—No, sólo puedes acompañarme y ya.

Así, viajamos juntos; oigo las uñas tamborileando en el tablero como recordatorio de quién decidió presentarse hoy. Sí, estoy plenamente consciente de tu presencia, no necesitas recordarme que ahí éstas.

La aparición de Mi Dolor me sobresaltaba, me hacía correr al baño a llorar como histérica. Me volvía inútil el resto del día. A veces aún sucede así, pero como Mi Dolor se ha establecido como un visitante asiduo en nuestra casa, hemos celebrado un contrato. Tenemos un acuerdo.

Como madre de dos hijos, uno que murió al nacer y otra que tiene una enfermedad progresiva, sufro. Me afligen los innumerables sueños que nunca se convertirán en realidad. Lloro por la vida que pensé que sería distinta.

Sufriré algunas veces y otras no. Reiré en ocasiones y en otras no.

Mi Dolor puede visitar nuestra casa, pero no tiene permitido quedarse. Si se quedara, devoraría los rincones de la casa. Succionaría el oxígeno del cuarto. Me consumiría.

Y eso no es aceptable.

Mi Dolor tiende a presentarse en la comunidad de necesidades especiales de la que soy socia. Me topo con él a menudo, incluso lo veo cuando visito a otras familias.

—¿Cómo estás?

—Mi hija tiene pulmonía. Está en el hospital conectada a un ventilador.

Miro a mi alrededor y ahí está Mi Dolor, sentado en el sofá, limpiándose las uñas sucias.

Y conozco a algunos que, tristemente, se hacen acompañar muy, pero muy seguido de este visitante que llega sin invitación. Mi Dolor se cierne sobre ellos como una mortaja. Es difícil reír. Es difícil amar, porque en cantidades copiosas, Mi Dolor tiende a rezumar, como una repulsiva herida séptica, que nos chupa la vida.

Pero aun así tenemos que reír, tenemos que jugar y vivir la vida continúa.

No puedo decir al final que mi vida fue… bueno, larga, difícil y triste.

Por sorprendente que parezca, nuestra relación no se basa por completo en el conflicto. Mis interacciones con Mi Dolor me han permitido verme al desnudo, sin protección y expuesta. A veces siento que he perdido la piel… sí, aquí estoy. Tengan cuidado, eso que ven ahí es mi corazón palpitante. No lo toquen.

Ya no tengo miedo de hablar con los demás de sus tragedias. Provoco las conversaciones difíciles. ¿Cómo está tu madre? Mi más sincero pésame. Lamento mucho que tu hija esté en el hospital. Abrazo, lloro, escucho. No porque sea una persona hipersensible, sino porque sé que Mi Dolor a veces viaja solo, excepto cuando viaja con sus favoritos: Aislamiento y Soledad.

A veces Mi Dolor se presenta en una fiesta, bebe mi vino, come el último bocado de postre. Es un verdadero fastidio, pero como Mi Dolor no es un huésped vitalicio, he aprendido a tolerar el tiempo que pasamos juntos. En ocasiones, incluso disfrutamos de uno o dos momentos introspectivos.

Hemos establecido las reglas y a veces las sigue. No podemos tener un huésped permanente, un pequeño demonio que no invitamos; no tenemos espacio, no en nuestras vidas, no en mi corazón. La vida es demasiado corta y a pesar de todo lo malo que sucede, la vida es muy bella.

HEATHER SCHICHTEL

# 59

# La voz del más allá

Tenemos a un hombre muerto en nuestra contestadora. No quiero decir que oigo a los muertos. Por lo menos, no a todos los muertos. Sólo a uno y su mensaje es bastante inocuo. El invierno pasado, un amigo enfermo de la familia, Skip, tuvo que ser internado de repente en un centro de cuidados a largo plazo. Llamó para avisarnos lo que sucedía, pero nuestra contestadora tomó la llamada. Oímos el mensaje de Skip y lo visitamos al día siguiente. Murió esa noche.

Nadie borró el mensaje de Skip, ni antes ni después de su muerte; mi suegro no tenía corazón para hacer eso. El mensaje en nuestra contestadora debió ser el último momento grabado de la vida de Skip, pensaba mi suegro, y borrarlo sería, de algún modo, como borrar a Skip de la faz de la Tierra.

> Un recuerdo es lo que queda cuando algo sucede y no se borra por completo.
>
> EDWARD DE BONO

Por consiguiente, Skip se ha quedado en nuestra contestadora desde hace muchos meses. Es un poco extraño oír nuestros mensajes en la contestadora, porque siempre tengo que oprimir el botón para omitir el primer mensaje. En otras palabras, tengo que omitir a Skip.

Gracias a la tecnología moderna, ahora podemos tener grabados momentos memorables de nuestros seres queridos y revivirlos mucho tiempo después de su muerte. Sin embargo, es difícil marcar una distinción entre lo sagrado y lo absurdo cuando se trata de los muertos. Es una especie de versión del siglo XXI de la limpieza de la casa de los padres después de su funeral. A menos que uno quiera heredar una casa llena de cosas que no necesita, hay que tomar algunas decisiones.

Lo mismo aplica a una imagen grabada o a una grabación de audio: una fiesta de cumpleaños enternecedora, o unas últimas palabras conmovedoras pueden ser irremplazables.

Pero este mensaje de Skip no tiene nada de especial. Lo único que dice es que no se siente bien y que le llamemos. En todo caso, es un poco deprimente. Me gustaría que tuviéramos en cambio un mensaje anterior de él, quizá para contarnos que se ganó la lotería, o que se sentía muy bien después de haber hecho una excursión.

En el fondo, también me preocupa que estemos reteniendo a Skip en este mundo si nos aferramos a él. Recuerdo haber oído una teoría según la cual los espíritus de los muertos no pueden descansar si no los dejamos ir. En mi pueblo le hicieron una maravillosa ceremonia conmemorativa a Skip en el teatro donde trabajaba, que de seguro debe de haberle dejado en claro que era una despedida definitiva. ¿No sería horrible si fuera a ascender al siguiente plano de existencia y que cada vez que oímos nuestra contestadora lo detuviéramos?

Imaginaba que el destino se habría ocupado del mensaje para estas fechas; la primera interrupción del suministro de corriente sería la forma en la que Dios liberaría a Skip de nuestra máquina, pero hemos tenido dos tormentas este invierno que derribaron los cables de alta tensión y cada vez que vuelve la luz el mensaje de Skip sigue ahí.

Ahora tenemos que esperar el accidente inevitable. Algún día, alguien se va a equivocar, presionará el botón por accidente y borrará el mensaje. Quienquiera que lo haga se sentirá terrible, pero quizá sea lo mejor.

Por supuesto, he pensado en borrar "accidentalmente" yo mismo el mensaje, pero si sigo el razonamiento de mi suegro eso me convertiría en esencia en asesino.

Por lo tanto, mi única esperanza radica en mi hija de ocho meses. Le encanta el teléfono y ya ha demostrado una sana inclinación a destruir la casa. Parece que sólo es cuestión de tiempo para que eche mano de la contestadora.

Hasta entonces seguiré omitiendo el mensaje de Skip y rezaré para que descanse en paz.

CRAIG IDLEBROOK

# 60

# La jerarquía del duelo

Mary fue la primera en decirme que nuestros hijos habían sufrido un accidente. Tenían menos de un año de ser novios cuando un conductor ebrio los atropelló cuando Neil acompañaba a Trista a su casa después de haber estudiado en la nuestra. Trista sufrió una grave lesión en la cabeza y fue trasladada a Boston en helicóptero. Sus padres decidieron desconectar las máquinas que la mantenían con vida al día siguiente. El daño cerebral que sufrió Neil fue más sutil, nada notorio al principio.

Abrió los ojos cuando llegué a su lado en el servicio de urgencias.

—Hola, mamá —me saludó y suspiré con alivio. ¡Me había reconocido!

> Debemos aceptar el dolor y quemarlo como combustible para nuestro viaje.
>
> KENJI MIYAZAWA

Las cosas cambiaron con rapidez. Estaba agitado. Creía que estaba en un gimnasio. Quería quitarse el collarín que le habían puesto. Sentía dolor. La tibia fracturada se proyectaba en un ángulo poco natural; era su única herida, según nos dijeron al principio. Después nos enteramos de que tenía una hemorragia cerebral. Él también necesitó ser trasladado a Boston a un centro de terapia intensiva.

Incluso en esas primeras horas de pánico, sentí el peso de la otra madre en aquella habitación, la presencia de Mary. Quise cubrir el cuerpo frío y tembloroso de Neil con el mío para darle calor. Pensé en Mary.

¿No preferiría sentir a Trista fría y temblorosa que simplemente fría? No era propio de Neil gritar o exigir. Me resultaba difícil escucharlo. Quería quitarle el collarín para que se sintiera más cómodo. No podía dejar de pensar en Mary y en que daría cualquier cosa por volver a ver a Trista, aunque se quejara. Sentí que mi dolor no era nada en comparación con el de Mary. ¡Cómo me atrevía a sentir dolor! ¡Qué fraudulenta me sentía!, como si estuviera secuestrando esa palabra de alguien que sabía lo que era una verdadera pérdida.

Pero yo también sufrí una pérdida. Neil se recuperó. Salió del hospital después de dos cirugías. Recibió fisioterapia. Caminó con bastón durante meses. Sin embargo, ha cambiado. No le gustan las multitudes. Tiene pérdida de la memoria a corto plazo. No se ríe como antes. Sus amigos en la preparatoria lo percibieron de inmediato. Ya no sabían cómo relacionarse con él. Sus compañeros del grupo de teatro, que antes se reunían alrededor de su cama improvisada en la sala de nuestra casa para entretenerlo con bailes y canciones, empezaron a ir cada vez menos. Finalmente, dejaron de ir por completo.

Seis años después del accidente, Neil seguía sufriendo. Tomaba antidepresivos y veía a un terapeuta. Fumaba. Aún veía a Mary de vez en cuando. Me pregunto si cuando ella lo miraba veía al chico que fue al baile de graduación, al graduado de preparatoria, al estudiante universitario, todo lo que Trista no sería nunca. Y ha tenido sus éxitos. Se graduó de la Universidad Skidmore con un título en matemáticas y otro en estudios clásicos. Dio clases de matemáticas en una preparatoria particular en Vermont, pero le pidieron que se marchara antes de que terminara el año. "Está muy deprimido", dijo el director. Ahora trabaja en la tienda de su padre que vende suministros para restaurantes y presentó una solicitud de admisión para estudiar un posgrado. Quiere volver a dar clases.

Debido a que el accidente de nuestros hijos fue provocado por un conductor ebrio, hubo un juicio; se celebraron audiencias para la sentencia y la libertad condicional. Para cada una de ellas, nos pidieron a Mary y a mí que escribiéramos declaraciones sobre las secuelas que habíamos sufrido como víctimas para leerlas ante el tribunal. Comparecimos ante varios jueces a través de los años para contar nuestras respectivas historias. Nuestras tragedias paralelas, aunque desiguales, quedaron en exhibición una y otra vez.

A veces Mary hablaba antes que yo. De vez en cuando yo hablaba primero. En ocasiones ella leía declaraciones preparadas, pero a menudo hablaba con el corazón en la mano. Habló de sus recuerdos: las salidas de compras y los campamentos de las niñas exploradoras; las obras de teatro y las caminatas en las que se tomaban de la mano. Todo lo que extrañaba de su hija.

—¿Qué vara uso para medir eso? —preguntó ella.

Pero yo también necesito una vara. Tal vez sea diferente de la de Mary. Quizá con marcas más pequeñas, o por lo menos más espaciadas. Pero yo también tengo cosas que medir. El dolor que le causaron a Neil los huesos fracturados y las cirugías para ponerle y quitarle los clavos. Su progreso lento en la fisioterapia. Sus dificultades con la pérdida de memoria. El dolor de haber perdido a su novia y que todo su mundo estuviera de cabeza.

Por eso yo también les conté mi historia a los jueces. Sin adornos. Sin dramas. Sólo los hechos y desde el corazón. Estaba consciente de que Mary me escuchaba. Sabía que su pérdida era mayor que la mía. Sin embargo, estábamos juntas en esto y el juez necesitaba oírnos a las dos rendir declaración sobre la tragedia de nuestros hijos para poder hacer justicia, a sabiendas que era imposible.

He llegado a creer que el dolor tiene muchas caras. No hay una forma correcta de comportarse ante él. No hay una aproximación correcta. No hay un conjunto de circunstancias que lo justifiquen como reacción y ningún comportamiento específico que califique como respuesta apropiada. Sólo existe. He comprendido que toda la gama de emociones humanas es legítima cuando se trata de sobrellevar el dolor. Aun la manera en que definimos nuestra pérdida es personal y válida, por más diferente que sea para cada uno de nosotros. No estoy segura de la posición que ocupe en esta jerarquía del dolor. Tal vez no esté en el nivel más alto, pero tampoco estoy en el fondo. Lo único que sé es que tengo un lugar en ella.

CAROLYN ROY-BORNSTEIN

# 61

# Mipadre@cielo.com

Cuando mi padre tomaba el teléfono, se cerraba. En todos los años que han pasado desde que me mudé de la casa, puedo contar las veces que me llamó con los dedos de una mano. Cada vez que lo hacía, era porque mi madre lo obligaba a tomar el teléfono y a marcar. Lo sé porque él me lo decía, por lo general cuando ella estaba junto a él.

Se volvió una broma familiar.

Cuando mi padre compró una computadora personal después de que se jubiló, pensé que la usaría para llevar el control de sus finanzas en hojas de cálculo. No había contado con el correo electrónico.

> Cuando se pierde el amor, no agaches la cabeza entristecido; en cambio, mantenla erguida y mira al cielo, pues ahí es donde se ha enviado a sanar tu corazón roto.
>
> ANÓNIMO

Desde el momento en que abrió su primera cuenta de correo electrónico, se volvió adicto. Sus amigos no se sentían muy atraídos por las computadoras, por lo que empezó a acribillar a su corredor de bolsa a preguntas y artículos adjuntos hasta que el hombre amenazó con renunciar si mi padre le enviaba un mensaje más por correo electrónico.

Siempre que iba a visitarlo, me insistía en que consiguiera una cuenta de correo electrónico para que tuviera a alguien a quien escribirle. Luego de un año, me sobrepuse a mi tecnofobia y cedí, para el enorme alivio del agente de bolsa.

En el instante en que le di mi nueva dirección de correo electrónico, me mandó un aluvión de chistes, información financiera, artículos noticiosos y cualquier otra cosa que le pareciera interesante. Revisaba mi correo todos los días sólo para ver lo que se le había ocurrido mandar. Nunca me decepcionó.

A cambio, yo le enviaba notas breves, copias de artículos que estaba escribiendo y direcciones de las páginas electrónicas que podrían parecerle útiles.

En los siguientes dos años, aparte de las visitas, el correo electrónico fue nuestra principal forma de contacto.

Aunque mi padre y yo siempre tuvimos una buena relación, tener intereses en común nos permitió acercarnos aún más. Me arrepentí de haber esperado tanto para conectarme a internet.

Mi padre pasaba tanto tiempo frente a la computadora que mamá juró que lo ahorcaría con los cables si no se levantaba a tomar aire cada dos horas.

Incluso Puss Puss, la gata, aprendió que si quería que mi padre le hiciera caso, más le valía ir a la computadora. A menudo, mi padre bajaba, listo para trabajar, y encontraba a la gata acurrucada en su sillón. En vez de molestarla, llevaba otra silla y ambos se sentaban haciéndose mutua compañía en silencio, mientras él navegaba en internet y me enviaba lo que encontraba por correo electrónico.

Cuando la salud de mi padre empezó a deteriorarse, navegar en internet lo cansaba mucho. Poco a poco, asumí el papel de gurú del correo electrónico. Me suscribí a boletines informativos de temas médicos para poder enviarle artículos con la información más reciente sobre sus problemas de salud. Consultaba las noticias del mercado de valores varias veces al día para dar seguimiento a sus inversiones y le pasaba notas de interés.

También me inscribí en varios grupos de chistes para tener una fuente constante de material para enviarle todas las semanas. Los imprimía y llevaba a sus sesiones de hemodiálisis, donde mi madre leía los chistes en voz alta a todos los pacientes después de que los conectaban a las máquinas; eso es tener un público cautivo y no otra cosa.

A la larga, el esfuerzo de leer e imprimir los mensajes de correo electrónico fue demasiado para él. La computadora se quedó abandonada mientras mi padre se ocupaba de las tareas más prosaicas de la vida. Las actividades que damos por sentadas (levantarse, vestirse y comer) consumían toda su fuerza. Conservó su cuenta de correo electrónico y yo la revisaba siempre que iba a casa, lo que cada vez se volvía más frecuente, pero ahora el buzón estaba lleno de correo basura.

Después de la muerte de mi padre, mamá le regaló su computadora a mi prima. Sin mi padre para compartir mis "descubrimientos", navegar en internet perdió para mí todo atractivo. Cancelé mis suscripciones a los grupos de chistes, leía las noticias financieras con menor frecuencia y dejé de buscar nuevos sitios.

El otro día revisé mi libreta de direcciones de correo electrónico para actualizarla, como hago cada semestre. En la C, encontré la vieja dirección de mi padre. Aunque han transcurrido cinco años desde su muerte, no había tenido corazón para borrarla. Tal vez había llegado el momento.

Mientras tenía la mano suspendida sobre la tecla Suprimir, afloraron los recuerdos de toda la información y el amor que intercambiamos en nuestros mensajes. Moví la mano e hice clic en "editar". En lugar de borrar su dirección de correo electrónico, la cambié a samcooper@cielo.com.

Entiendo que la World Wide Web está todavía atada a la tierra y que el correo electrónico no ha llegado aún a esas alturas excelsas. Pero ¿quién sabe? Tal vez algún día lo logre. Me gustaría estar lista cuando eso suceda.

Sé que mi padre estará esperando.

HARRIET COOPER

# 62

# La abeja del duelo

Después de una semana completa de dar clases a los niños del coro de primaria, estaba impaciente por que llegara el sábado. Acababa de retreparme en mi sillón reclinable luego de pasar un día delicioso bajo el sol, paseando en mi carro de movilidad. Soy una mujer vigorosa de cuarenta y seis años que vive con una forma de la enfermedad de Parkinson que me entumece el cuerpo, por lo que andar en bicicleta quedó en el pasado.

Había pasado al supermercado a comprar leche de soya (soy saludable en ese sentido) y una caja de mi cereal dulce favorito, Froot Loops (me gusta darle trabajo a mi dentista). Después de ponerme los pantalones más cómodos que tengo y una camiseta manchada de ragú, estaba lista para pasar la noche holgazaneando frente al televisor.

No sé por qué dicen que sólo el corazón se rompe. Yo siento que tengo roto todo el cuerpo.

MISSY ALTIJD

Ahí me tenían, comiendo ruidosamente mis aros de sabores artificiales, y absorta en un programa especial de National Geographic sobre serpientes. En el preciso instante en que veía a una cobra devorar un conejo entero, caí en la cuenta: los recuerdos de mi padre, que había muerto apenas unas semanas antes, consumían mis pensamientos.

El proceso del duelo es algo extraño y milagroso y puede apoderarse de nosotros en cualquier momento, hasta cuando comemos un tazón de cereal de colores y vemos a una serpiente tragarse a un animal muy lindo. Las esclusas se abrieron de par en par como las fauces de la cobra y empecé a llorar.

Deseaba con vehemencia que el dolor cesara, que algo, cualquier cosa, me distrajera. De pronto, una abeja gigante revoloteó frente a mi nariz. El zumbido era ensordecedor, y me maldije por dejar abierta la puerta para airear la casa durante el día.

Grité y sin querer me arrojé violentamente el tazón de cereal sobre la cabeza. Mientras la lluvia de leche de soya me caía encima, me afané para levantarme del sillón. Esto no es fácil cuando uno tiene una enfermedad que afecta la movilidad, pero el zumbido que resonaba en el oído era un gran motivador.

¡Cataplum! Fui a dar al suelo. Gateando sobre manos y rodillas, me dirigí a la cocina mientras la bestia mutante rondaba sólo a unos centímetros por encima de mí. Tomé una toalla para secar platos, y ahí donde una persona sin problemas de movilidad hubiera podido dar un latigazo veloz y certero para derribar al enemigo zumbador, levanté la toalla y ¡zas! fallé miserablemente. Podría haber jurado que oí a la abeja reírse de mí.

Traté de darle por la izquierda, luego por la derecha, creo que tuvo tiempo de dormir la siesta mientras yo trataba de alcanzarla por la izquierda. Arremetió contra mí y me persiguió por todo el departamento; corrí agitando los brazos como si se me estuviera quemando el cabello.

Llegué al baño y cerré la puerta de golpe. Me armé con una lata de desinfectante Lysol con aroma a flor de lino y me sentí lista para entrar en batalla con el velloso zumbador que acechaba del otro lado de la puerta. No tenía la intención de matar a la abeja, sino de persuadirla de que se alejara de mí y, de paso, convertirla en la única abeja en este planeta que estuviera 99% libre de gérmenes.

Después de respirar hondo, me armé de valor y abrí la puerta, que de inmediato se atascó con el tapete del baño. Eso me hizo perder el equilibrio, caí de lado y el antebrazo izquierdo acabó hundido en el inodoro.

El alado Kong se metió zumbando al baño, grité y lo rocié con arrojo. Lo único que se oyó en los siguientes segundos fueron zumbidos, gritos y siseos y, para colmo de males, tomen en cuenta que mi brazo seguía en el inodoro.

Logré escapar, volví a la sala y vi al King Kong de las abejas revolotear por toda la casa. El corazón me latía con violencia, las ideas se me agolpaban en la cabeza y el brazo izquierdo chorreaba agua. Desesperada, busqué un remedio.

En el instante en que iba a tomar una botella de limpiador 409, me percaté de algo: corrí a la puerta de entrada, la abrí y la abeja salió volando.

Me dejé caer en mi sillón reclinable ahora empapado de leche de soya y sonreí, pues mi problema con la abeja me recordó de pronto todas las veces que mi papá se reía de mí porque en cuanto veía una abeja o araña, empezaba a correr agitando los brazos. Entonces lloré de felicidad cuando la risa de papá resonó en mi memoria.

Me sentí contenta algunos momentos hasta que tuve que enfrentarme a los doce mosquitos y las seis palomillas que se metieron a la casa cuando la abeja salió volando.

La moraleja es la siguiente: acepta el dolor… y ten cuidado con lo que deseas.

CLAIRE MIX

CAPÍTULO

# De una generación a otra

# 63

# El funeral que hizo una familia

Él fue el amor de su vida, pero la mayoría de su familia nunca se enteró de que ella existía. Se amaron más de cincuenta años, pero nunca se casaron, nunca compartieron un hogar, nunca tuvieron un hijo.

Cuando se conocieron, mi abuela era una joven viuda, bonita y solitaria, con una hija pequeña (mi madre) y él era un joven soltero que salía con muchas mujeres pero que nunca había encontrado a su "media naranja". Desde el principio supieron que habían encontrado algo especial. Se dieron cuenta de que habían descubierto el amor para toda la vida.

Pero había un problema, y muy grande. Ella venía de una estricta familia bautista, y él era de una familia de inmigrantes judíos del Viejo Mundo. Sus padres les advirtieron que si se casaban, los desconocerían como hijos.

> Nunca es demasiado tarde para olvidarnos de nuestros prejuicios.
>
> HENRY DAVID THOREAU

Fue atroz: amaban a sus familias y se amaban uno a otro. Les dijeron que tenían que elegir. Pero ¿cómo partir el corazón en dos? ¿Cómo decirle al corazón a quién debe amar?

Y así vivieron más de cinco décadas en un acto de equilibrio delicado: se amaron intensamente, sin embargo, nunca se casaron y nunca vivieron juntos. Nosotros, la familia de ella, lo conocíamos bien. Pero casi toda la familia de él jamás se enteró de la existencia de ella. Creían que había sido un solterón solitario toda su vida. Los que sabían, nunca hablaron de ella.

Gozaron de gran felicidad. Él era cocinero gourmet e iba cada martes y jueves a preparar una comida suculenta. Les gustaba mucho la pesca y pasaban un día cada fin de semana en un bote en el lago. Realizaban viajes maravillosos cada verano, visitaban todos los restaurantes de moda y celebraban cumpleaños, "aniversarios" y días festivos. Compartieron sus vidas y fueron felices más de cincuenta años.

No obstante, también tenían la tristeza de no haberse afirmado nunca como pareja, de no compartir un hogar ni los acontecimientos especiales con la familia de él, de nunca haber tenido un hijo. Era una herida abierta incluso después de décadas.

Luego de cincuenta años de la misma felicidad y la misma tristeza, mi abuela murió. Al poco tiempo su compañero de toda la vida falleció también.

No sé cómo, pero en los últimos días de él, su familia se enteró del gran amor de su vida. Las dos familias nos reunimos en el funeral. Nos pidieron que nos sentáramos con ellos en el velorio y en el sepelio. (El rabino estaba confundido, pero se mostró solidario.) Después comimos juntos. En la mesa, las historias abundaron. Como nunca conocieron a mi abuela, tampoco a él lo conocían en realidad.

¿No sabían que le encantaba ir de pesca? Pues iban juntos a pescar todas las semanas. Déjenme contarles de la vez que ella atrapó el pez más grande. ¿No sabían que era un magnífico cocinero? Bueno, déjenme contarles de su espléndido espagueti.

¿Nunca oyeron hablar de sus viajes? Pues tenemos unas fotografías excelentes de ellos en Florida.

A la hora del almuerzo, mi pequeña hija Kate conoció a Abigail, su sobrina nieta igualmente pequeña. Se miraron con curiosidad; eran dos niñas pequeñas en medio de un cuarto lleno de adultos.

Al principio se mostraron tímidas. No sabían cómo empezar a ser familia de alguien que nunca habían visto.

Entonces, Abigail tuvo una idea.

—¿Quieres ver la muñeca que me regalaron en Hanukkah? —preguntó. Kate asintió. Fueron por la muñeca.

Se pusieron a jugar, en silencio al principio, pero no pasó mucho tiempo antes de empezaran a corretearse por toda la habitación, gritando y riendo. Luego se tomaron de las manos y cantaron "Ring Around the Rosie". Dieron vueltas y más vueltas, sonriendo y riendo, tomadas de las manos.

De pronto todo quedó en silencio cuando todos los adultos que estábamos ahí reunidos reparamos en ellas. Todas las tías y tíos, los primos y los abuelos, los que siempre habían sabido y los que acababan de enterarse. Todos dejamos de hacer lo que estábamos haciendo y observamos. En seguida sonreímos. Luego reímos. Después de todos esos largos años de estar separadas, dos familias se reunieron al fin, todo gracias a dos pequeñas y una muñeca.

El amor de muchas décadas finalmente estaba completo.

Kate y Abigail son amigas.

Kate y Abigail son familia.

Y ahora todos sabemos.

LeDayne McLeese Polaski

# 64

# Llamadas telefónicas

—Mamá, mamá, despierta, la tía Gloria te llama por teléfono —oí decir a mi hija Jen, que intentaba despertarme.

—Dile que luego le llamo. No quiero hablar en este momento, es tarde —farfullé. Me había quedado dormida viendo mi programa favorito de televisión y no quería sostener ninguna conversación larga. Lo que quería era volver a acurrucarme y sumirme en mis sueños.

—No —insistió Jen—. Dice que es urgente —a regañadientes accedí a hablar con ella.

—Sallie, mamá se fue. No puedo creerlo. Hace apenas unas horas hablé con ella —anunció mi hermana.

—¿Se fue? ¿A dónde? ¿De qué estás hablando? —respondí, bostezando.

Mi cuñado Ray tomó el teléfono y me dijo en voz baja:

—Sallie, tu mamá murió hace una hora y tu papá no sabe qué hacer en el hospital. Tenemos que ir en seguida.

No podía estar hablando de MI madre. Mi mamá no se iba a morir NUNCA. ¿Quién me consolaría y me protegería? Desde luego, tenía a mi esposo, pero mi mamá era especial. Esto no debía suceder sino hasta que yo fuera muy viejita, y apenas tenía cuarenta y cuatro años.

Mi esposo entró en el cuarto y, con delicadeza, me quitó el teléfono.

> El arte de vivir radica menos en eliminar nuestros problemas que en crecer con ellos.
>
> BERNARD M. BARUCH

—Llegaremos cuanto antes —respondió y colgó.

—¿A dónde vas? —pregunté, siguiéndolo como si yo fuera un cachorrito extraviado.

—Al hospital.

—Pero no puedes hacer eso; ¡me voy a quedar sola!

—Entonces ven conmigo, si quieres —repuso con ternura, al tiempo que se ponía su chaqueta. Es muy sensato, y entendió que no debía presionarme.

Con reticencia decidí que era mejor enfrentar lo sucedido en el hospital que quedarme sola en casa.

Cuando llegamos, busqué a mi hermana y a su esposo. Gloria corrió hacia mí y me abrazó. Me quedé inmóvil, sin comprender aún cómo había empezado toda esa pesadilla.

—Como te decía por teléfono, hablé con mamá como a las ocho de la noche. No puedo creer que se haya ido —dijo Gloria—. Necesito verla. Ven, Sallie, vamos a buscarla —me tomó del brazo y me llevó por el pasillo.

—¡Espera! No quiero verla —aseguré.

—Pero claro que sí —insistió mi hermana—. Tienes que despedirte.

—No, no puedo, no puedo —me negué y retiré el brazo de un tirón.

—Vaya, nunca he sabido de nadie que no quiera despedirse de su madre —repuso ella, enojada.

—Gloria, todos lloramos la muerte de un ser querido a nuestra manera —intervino mi cuñado—. Deja en paz a Sallie.

Gloria se alejó muy enojada por el pasillo para ir a buscar a mi madre. Me apoyé en la pared y empecé a sollozar. En ese momento lo comprendí. Mi mamá había muerto.

—Sallie —susurró mi esposo al tiempo que me pasaba un brazo por los hombros, después de presenciar el diálogo entre mi hermana y yo—. Tu papá te necesita. Esto es muy difícil para él también. Vamos a buscarlo.

Me acerqué a la central de enfermeras, anuncié quién era y pregunté dónde podía encontrar a mi padre.

—Ha estado dando vueltas por aquí desde hace por lo menos una hora —informó la jefa de enfermeras—. Parecía perdido y no podía recordar ningún teléfono. Encontramos el número de su hermana en su billetera.

—¿Dónde está?

—Ahí —señaló las puertas de caoba al final del corredor—. Pensamos que la capilla era un buen lugar para que esperara.

Temía verlo. Era tan emotivo que se le hacía un nudo en la garganta cuando oía el himno nacional en los partidos de beisbol. No quería enfrentarlo ni a su dolor, nuestro dolor.

Cuando me dirigía a la capilla, oí las palabras de mi madre: "Eres hija de tu padre, nadie puede negarlo. Tienes sus ojos castaños, su cabello oscuro y la misma fuerte determinación. El día que me enteré de que estaba embarazada de ti, se puso tan contento que me llevó de compras y terminó comprando todo el departamento de bebés".

Al acercarme a la puerta, titubeé. En esa última hora mi mundo había cambiado, pero yo tenía que sacar fuerzas de mi interior. Tal vez no podía soportar ver a mi madre inerte en una camilla, pero podía apoyar a mi padre.

Me detuve cuando empuñé la manija de la puerta de la capilla. Respiré profundamente y susurré: "Vamos, mamá. Tú eres ahora nuestro ángel de la guarda. Lo cuidaremos juntas".

El siguiente año me propuse como meta aliviar el dolor de mi padre. Me daba cuenta de que sufría muchísimo. Había acunado al amor de su vida en los brazos mientras ella sufría un infarto agudo de miocardio antes de que la ambulancia se la llevara al hospital.

Nos veíamos con frecuencia después del funeral y nos sentíamos muy raros sin mamá. Lo único que papá quería hacer era hablar de los viejos tiempos. Por lo mismo, yo me sentaba a escucharlo. Aprendí mucho sobre mis padres y su vida en conjunto. Después de nuestras charlas, me iba a casa, me daba un baño caliente y me sentaba en la tina a llorar. Estábamos resolviendo juntos nuestro dolor.

El primer año fue el peor: la primera Navidad sin mamá, mi cumpleaños sin el pastel de chocolate hecho en casa, y el día de las madres. No pude compartir la alegría de recibir a mi primer nieto y la boda de mi hijo.

El viejo dicho "el tiempo cura todas las heridas" no estaba funcionando, por lo menos no me lo parecía. Entonces, a los pocos meses, un día sonó el teléfono.

—Hola, cariño. Ejem… mmm… quería pedirte tu opinión sobre algo —dijo mi padre con nerviosismo.

—¿Qué pasó, papá?

—Bueno, eh, es que conocí a alguien. Se llama Theresa y me gustaría invitarla a cenar, pero claro, nada del otro mundo. No sé qué pensarás al respecto. Sabes bien que ella jamás ocupará el lugar de tu madre —y siguió parloteando y parloteando.

—Caray —repuse, desconcertada. Ni siquiera había considerado la posibilidad de que esto ocurriera. Medité un momento—. Mira, papá, nadie debe estar solo y sé que ella nunca sustituirá a mamá, así que ve y diviértete.

—Gracias, cariño —respondió aliviado.

En ese momento me di cuenta de que ambos habíamos empezado a sanar. Sigo pensando en mamá cuando oigo una canción especial que le gustaba o hay algo que quisiera decirle. Siempre estará en mi corazón, pero tenemos que seguir viviendo hasta el día en que volvamos a reunirnos.

SALLIE A. RODMAN

# 65

# La abuela de la cuadra

—¡Señora Wooolff! —oigo el grito en cuanto pongo un pie fuera de la puerta. Proviene de las tres pequeñas hermanas que viven unas casas más adelante. Corren por la calle y se paran frente a mí, se deshacen en sonrisas y noticias.

—¡Ya sé andar en bicicleta sin caerme!

—¡Me compraron una nueva mochila!

—¡Mi color favorito es el morado!

Respondo como cualquier abuela:

—¡Qué maravilla! ¡Enséñamela! ¡El morado también es mi color favorito!"

Y es apropiado que lo haga. Me he convertido en la abuela oficial de la cuadra para varios niños. Pero para estas niñas, soy más que eso. Soy su abuela sustituta. Su abuela murió el año pasado tras una larga lucha contra el cáncer, y yo la mejor amiga de la mamá de su mamá. Ella y yo nos conocíamos desde hace treinta años. Escribíamos libros, tomábamos clases, meditábamos juntas. Celebrábamos las alegrías y las penas familiares de cada una. Conocí a las niñas desde que nacieron y seguí su progreso gracias a mi amiga que me contaba que habían dado sus primeros pasos, que habían dicho sus primeras palabras, que habían aprendido a hacer esto o aquello.

> Quien diga que no se puede ver un pensamiento, simplemente no conoce el arte.
>
> WYNETKA ANN REYNOLDS

Cuando mi amiga murió, su nieta mayor empezó a ir a mi casa. Tocaba la puerta y me entregaba un dibujo que había hecho y se marchaba. El primero fue un dibujo de dos figuras hechas de rayas que estaban lado a lado. Eran mujeres, una un poco más alta que la otra, viendo al frente. Sin embargo, no sonreían, y aparte de algunos trazos que pasaban por cabello y una línea entintada donde debía de haber estado una falda, no había ningún otro detalle.

Mi amiga, la adorada abuela de esta pequeña de cinco años, era artista y siempre decía que su nieta había heredado sus genes. El dibujo que vi era sencillo, como el que cualquier niña pequeña haría cuando está aprendiendo a dibujar. Era en blanco y negro y, dadas las circunstancias, triste. Le di las gracias y lo puse en la puerta de mi refrigerador.

—Ven a verlo cuando quieras —invité.

Ella asintió, se dio media vuelta y regresó por donde había venido.

A la semana siguiente, volvió a tocar la puerta y me dio otro dibujo. De nuevo, eran dos figuras, pero esta vez tenían peinados y un dejo de una sonrisa. Lo puse al lado del primero en el refrigerador. Creo que eso le gustó.

Sus hermanas vinieron con ella la tercera vez. Eran muy pequeñas para comprender el verdadero efecto de la muerte de su abuela; sólo querían ver si todavía tenía los dibujos. Y entonces me dieron otro. Esta vez las figuras estaban completamente vestidas y parecían estar tomadas de la mano. Vi el potencial artístico que mi amiga había observado.

Los intervalos entre dibujos se fueron haciendo más largos, pero los llamados a la puerta, más frecuentes. Las niñas iban a visitar a mi mascota, Eloise, una cacatúa pequeña. A veces, una u otra pasaban a saludar y a echar un vistazo a la puerta del refrigerador.

En el transcurso del año hubo más dibujos. Si yo salía, al volver encontraba uno debajo del tapete de bienvenida, con la esquina asomando por la orilla verde. A finales de año, tenía un puñado de dibujos en la puerta del refrigerador. Era palpable cómo se iba resolviendo el dolor con cada dibujo. Nunca hablamos de su abuela, pero los dibujos mostraban las emociones de la niña.

En el último dibujo que me dio, había dos figuras vestidas y sonrientes. Había flores a todo su alrededor y el sol brillaba en la parte superior de la hoja; sus rayos se extendían en todas direcciones. Creo que esos dibujos me permitieron sobrellevar el dolor que yo también sentía. Ver a la nieta de mi amiga lidiar con su tristeza me hacía sentir empatía y enfrentar mi propio dolor. Ser la abuela de la cuadra nos ayudó a las dos.

Hoy vino en su bicicleta rosa para contarme de su viaje a Disneylandia. Parece que se divirtió. Me alegró.

FERIDA WOLFF

# 66

# Los ángeles de Gracie

Tres semanas después de enterarse de que su siguiente bisnieta venía en camino, mi abuelo se fue al cielo. Lloré, como es natural, pero por alguna razón no derramé "grandes lágrimas". Raro en mí, porque estaba embarazada ¡y sumamente hormonal! Razoné que como era enfermera, entendía el sufrimiento de papá Billy; por lo tanto, sabía que estaba en un lugar mucho mejor. Concentré toda mi atención primero que nada en los planes del funeral, y después de que éste terminó, me concentré en asegurar que mi abuela estuviera bien atendida.

> Traje hijos a este mundo oscuro porque necesitaba la luz que sólo un niño puede irradiar.
>
> LIZ ARMBRUSTER, en robertbrault.com

Casi cinco meses después del funeral, mi hija y yo estábamos nadando en la piscina cuando mi esposo me pidió que entrara a la casa. Nuestra amada perra maltés, Gracie, había saltado del sofá y no podía caminar. No lloraba ni se quejaba; sólo se negaba a caminar. Le pedí a mi esposo que la llevara al veterinario. Besé la pequeña nariz de la perrita y le dije: "Chica, más vale que estés bien, porque no creo que pueda soportarlo si algo te pasa". Me miró con los ojos castaños tristísimos, como si me estuviera diciendo que lo lamentaba.

Recibí la llamada de mi esposo, que estaba llorando. Me informó que Gracie se había roto la columna vertebral y era necesario ponerla a dormir. Le dije que adelante, porque no soportaba la idea de que sufriera.

Colgué el teléfono y me pregunté cómo le daría la noticia a mi hija Shelby, de cinco años, que adoraba a Gracie. La llevé a mi habitación y le conté que Gracie se había ido al cielo a jugar con papá Billy. Shelby tomó bien la noticia; sus pequeños labios temblaron y lloró un poco. Sin embargo, nada parecido a mí. Yo estaba prácticamente histérica. En ese momento tenía seis meses de embarazo y sabía que alterarme de esa manera no era bueno para mí, pero estaba inconsolable. Cuando finalmente pude hablar, le pregunté a Shelby si le gustaría ver a la pequeña Gracie antes de que papá la enterrara. Para mi sorpresa, me respondió que sí.

Mi esposo llevó a Gracie a casa envuelta en una toalla azul marino. La colocamos en el piso y la desenvolvimos. Se veía en paz, como si estuviera dormida. Shelby la observó un minuto, y luego decidió que le haríamos un funeral a Gracie. Mi esposo fue al jardín a cavar la tumba. Yo me quedé sentada en el piso abrazando a Gracie y llorando.

Cuando llegó el momento, salimos al jardín. Mi abuela, que vive en la casa de junto salió y se unió a nuestra solemne procesión. Le entregué a Gracie a mi esposo y él le dio sepultura al lado de Gus, nuestro yorkie, que murió el año anterior. Shelby inclinó la cabeza y rezó: "Dios, por favor dile a papá Billy que cuide a Gracie. Es la mejor perrita del mundo. Amén". Tomé la mano de Shelby y empecé a alejarme, pero ella titubeó y me dio un tirón. Yo no quería ver a mi esposo echar tierra sobre mi bella perra blanca y, desde luego, tampoco quería que Shelby lo viera. Le insistí a Shelby: "Vamos adentro. Deja a papá terminar". Shelby levantó la mirada al cielo y dijo: "¡Ahí vienen! ¡Ahí vienen los ángeles por Shelby!". En ese preciso momento sopló una suave brisa. Nos quedamos en silencio viendo a Shelby. Ella continúo mirando al cielo y al final dijo: "Bueno, ya podemos irnos. Gracie está con los ángeles y va a jugar con papá Billy". Mi abuela empezó a llorar en silencio y asintió con la cabeza como manifestándole su acuerdo.

No mucho tiempo después de ese pequeño funeral en nuestro jardín, llevé a Shelby a la biblioteca. Tomó un libro llamado *El cielo de los perros*. Cuando llegamos a casa nos sentamos a leerlo y en la primera página vimos una fotografía de un pequeño perro blanco rodeado de ángeles. De inmediato se me llenaron los ojos de lágrimas, pero Shelby me miró de la manera en que sólo una chiquilla muy lista de cinco años puede hacerlo y me dijo: "¡Mira, mamá! ¡Te dije que los ángeles habían venido por Gracie!." Continuamos leyendo el libro y vimos una fotografía de un anciano sentado en una nube jugando con un perro blanco. Shelby esbozó una sonrisa, como diciendo "ya lo sabía" y dijo: "Y mira, mamá, aquí esta papá Billy jugando con Gracie".

Nuestra familia aún llora la pérdida de nuestro amado papá Billy y nuestra pequeña peluda Gracie. Desde entonces varios miembros se han sumado a nuestra familia, entre ellos, una nueva bebé y un nuevo perro, al que Shelby, con toda razón, le puso el nombre de Ángel. Todavía visitamos las dos pequeñas tumbas marcadas por dos cruces talladas a mano, y cuando sentimos la suave brisa que nos agita el cabello, guardamos silencio y le doy gracias a Dios por la fe de una niña pequeña y sus palabras de consuelo en el momento en que más las necesitaba.

MANDI COOPER CUMPTON

# 67

# La hija de Lillian

lgunos meses después de que mi madre murió, me hallaba en la pescadería del supermercado, el lugar donde ella siempre compraba cantidades ínfimas de pescado con la mayor concentración e intensidad. El encargado del mostrador se había vuelto una especie de amigo.

—¿Y cómo está la mami? No la he visto por aquí desde hace un tiempo —preguntó cuando me entregó el salmón y la tilapia.

Me quedé paralizada, con la mano extendida para recibir el paquete, sin atinar a decir palabra. A pesar de lo tranquila y compuesta que me sentía esa tarde, me deshice en llanto.

—Murió en diciembre —respondí con voz entrecortada.

> El pasado nunca muere, ni siquiera es pasado.
>
> WILLIAM FAULKER

Era otra de esas emboscadas posteriores a la pérdida que parecen llegar en una acometida continua y demoledora contra los que son nuevos en el duelo. Podría, o mejor dicho, debería haber ampliado mi respuesta, explicarla con menos brusquedad, pero las explicaciones me resultaban demasiado intimidantes esa tarde común y corriente de martes que había bajado la guardia.

He tenido muchos de esos momentos; al igual, estoy segura, que cualquiera que haya sufrido la muerte de un ser querido.

Para mí, los peores momentos eran después del anochecer, la hora en que invariablemente me hallaba en la cocina hablando por teléfono con mamá. Nuestras conversaciones eran insignificantes, nada transcendentales. Trataban de qué iba a hacer de cenar cada una de nosotras, del tiempo, los hijos, los nietos y, en su caso, los bisnietos.

Nadie podría haberme preparado para el dolor atroz que sentí esos primeros días en que tomaba el teléfono recordaba y volvía a dejarlo en su lugar.

Habría dado cualquier cosa por oír la voz de mi madre, su risa, incluso sus refunfuños por esto o aquello. Era el "nunca más" lo que me parecía más insoportable.

Pasé días, semanas y tal vez meses arrepintiéndome de mis pecados de omisión y comisión en mi relación con mamá. Lamenté las veces que no la visité, la llevé a comprar víveres, pasé un domingo por la tarde acompañándola en su departamento cuando el tiempo, o sus achaques, hacían imposible que una mujer de casi cien años saliera.

Lo más sobrecogedor de una pérdida así es la irrevocabilidad. No hay vuelta atrás. Es lo que es.

Por lo tanto, cuando el dolor era todavía crudo y reciente, tenía ese sentimiento hueco de culpa, en especial por la mañana temprano o en la oscuridad de la noche, y cuando hablaba del tema con mi esposo o con mis hijas, me aseguraban que había sido una buena hija, que había hecho lo que me correspondía. Ojalá pudiera haberles creído.

Pero la culpa es la compañera de la muerte. Sólo hay que preguntar a cualquiera que haya pasado por esa inevitable letanía de "deberías".

Adoraba a mi madre, pero como la mayoría de las madres e hijas, tuvimos nuestras diferencias y, de vez en cuando, nuestras batallas épicas, muchas más cuando ambas éramos más jóvenes y más volátiles. Éramos muy parecidas, y por lo mismo, nuestra conexión era más profunda y más frágil.

Han pasado los meses, y hace ya tres años de su muerte. Ya no me siento tan perdida y triste como me sentía después del funeral y sepultura, y durante toda la primera semana de la costumbre judía de estar como "Shiva sentado" recibiendo a amigos y familiares para recordar y llorar juntos.

Los primeros días del luto me dejaron aturdida, exhausta y sí, aliviada porque la lucha de mamá había llegado a su fin. Sus últimas semanas fueron difíciles, y en sueños tétricos, vuelven a mí. Mis hijas me dicen que ellas también han tenido esos sueños. Las vigilias al lado de su lecho de enferma se quedan en lo profundo de la mente, tal vez para siempre.

Una de las cosas más difíciles que tuve que hacer fue cerrar el departamento de mamá en un edificio alto de Filadelfia, el departamento que aún tenía impregnado el dulce aroma de mamá en las paredes. No tengo palabras para describir el terrible dolor de ir ahí para la inevitable limpieza. Sólo abrí la puerta a ese mundo y los conocidos muebles en su lugar, las fotografías familiares en las paredes, los libros, el apiñamiento amable, se convirtieron en una parodia grotesca sin tener a mi madre rubia ahí para recibirnos.

Todavía me estremezco cuando alguien con quien no he tenido mucho contacto en estos últimos años me pregunta cómo está mamá.

Todavía lloro cuando oigo cierta música que me la recuerda, o cuando encuentro por casualidad una nota escrita de su puño y letra. Ésos son los momentos que toman por sorpresa.

El duelo, según he aprendido, no es proceso ordenado, y en ocasiones no hay palabras para los sentimientos.

Sin embargo, me parece una bendición haber logrado asimilar esta pérdida y que la transición haya llegado por fin cuando me di cuenta de que sigo siendo la hija de Lillian, aunque ella ya no esté aquí. Sigo siendo parte de ella, así como ella es y siempre será parte de mí.

La pena es un sentimiento instintivo y primigenio, y no hay calendarios definidos que indiquen cuándo dejará de dominarte.

Es un camino largo y difícil que cada uno de nosotros debe recorrer solo.

Pero con él llega la madurez, la sabiduría, el aprendizaje, la cura y sí, esa fase que los expertos llaman "aceptación".

Sí, todavía soy la hija de Lillian

Y siento un orgullo enorme de serlo.

SALLY SCHWARTZ FRIEDMAN

# 68

# Nueva Inglaterra en el corazón

Fue una noche de marzo de 2002 cuando mi padre llamó para decirnos que mi abuelo, de ochenta años, tenía problemas. Unos meses antes, Abue, como lo llamábamos, se vio envuelto en un accidente automovilístico. Por fortuna, nadie resultó herido. Sin embargo, Abue perdió su licencia para conducir. Mi abuela murió hace muchos años, pero Abue aún vivía en la vieja alquería a las afueras de Merrimack, New Hampshire, donde nació en 1922. Era evidente que no podía seguir viviendo solo en una zona rural tan alejada, por lo que mi padre decidió que Abue vendiera su propiedad y se mudara a alguna parte donde la falta de transporte no representara problema para él.

> El mañana espera que hayamos aprendido algo del ayer.
>
> JOHN WAYNE

Mis padres se divorciaron en 1981 y mi padre se volvió a casar y se mudó a Florida. Mi hermana menor era estudiante de posgrado en Dartmouth. Mi hermana mayor estaba casada, y vivía en Boston con su esposo y sus dos pequeños hijos gemelos.

Se decidió, y no por votación unánime, que Abue viviera conmigo, sólo un tiempo.

Cuando era joven fui muy unido a Abue. Me dejaba quedarme en su granja dos semanas todos los veranos cuando era niño. Recuerdo que me paseaba en su tractor y luego recogíamos manzanas en su huerto. A veces íbamos de campamento al lago Winnipesaukee.

Cuando me hice mayor, tenía mucho que hacer en la universidad y luego acepté un empleo como maestro en una universidad del estado de Nueva York y sólo hablaba con Abue por teléfono. Yo vivía en Buffalo, Nueva York, y siempre que le llamaba, Abue me preguntaba cómo estaban las cosas "allá en el sur", aunque yo vivía mucho más al norte que él, casi en la frontera con Canadá.

Para sorpresa de ambos, en julio de 2002, Abue se mudó a mi departamento de dos habitaciones.

No estaba contento.

Quería quedarse en Merrimack donde había vivido toda su vida. Decía que Merrimack estaba a una hora de Boston por si necesitaba cualquier cosa de la ciudad, a una hora de White Mountains por si necesitaba algo de la naturaleza, y a una hora de la costa por si necesitaba embarcarse para salir del país.

Casi peor que su nostalgia fue su inmediato aburrimiento.

—Soy de Nueva Inglaterra —me decía—. ¡No puedo quedarme sentado todo el día viendo la televisión y jugando solitario!

Por eso le conseguí un trabajo de medio tiempo como encargado de dar la bienvenida a los clientes en Walmart, donde se colocaba en la entrada de la tienda, sonreía y saludaba: "¡Hola! ¿Cómo está el tiempo? ¿Necesita un carrito de compras?".

Era un trabajo para el cual nació.

Trabajara o no, Abue se levantaba a las cinco de la mañana, todos los días para preparar unos huevos con tocino; un verdadero "desayuno de Nueva Inglaterra", como él le decía, como si nadie más en Estados Unidos desayunara huevos con tocino.

Cuando era niño, era divertido levantarse con Abue cuando apenas estaba saliendo el sol. De adulto, estaba acostumbrado a dormir hasta tarde y correr para llegar a clases a tiempo.

Pero con Abue despertaba a las cinco de la mañana aun en las vacaciones del semestre y nunca necesité el despertador. En realidad, podía hacer mucho más trabajo y prepararme mejor para las clases todos los días.

Y luego estaban los gatos. Noté que había un grupo de gatos callejeros que merodeaban por el complejo de departamentos. Los había visto trepar al contenedor de la basura o los había oído pelear por las noches, pero nunca les había prestado demasiada atención.

Abue los adoptó.

El enorme gato gris con la oreja torcida es Zeus. Atlas es el negro que cojea al caminar. Y la gata manchada se llama Atenea.

Zeus, Atlas y Atenea. Por cierto, ¿ya les conté que Abue era gran admirador de la mitología griega?

A los gatos no les gustaba la comida enlatada. Probamos una variedad de sabores, como pescado blanco y pavo con menudillo, pero ni siquiera tocaban el plato. Por eso, todas las mañanas Abue compartía sus huevos con tocino con ellos y luego cenaban hígados de pollo cortados en trocitos muy pequeños. En consecuencia, además de llevarlo a trabajar, Abue necesitaba que lo llevara a la carnicería una vez por semana a comprar hígados de pollo frescos.

A menudo, por las tardes Abue veía películas de John Wayne. Abue decía que John Wayne era el mejor actor que había existido y estaba seguro de que el hombre era de Nueva Inglaterra. No tuve corazón para decirle que John Wayne nació en California.

Entonces el acuerdo era que mientras mi padre investigaba algunas otras opciones a largo plazo, Abue se quedaría conmigo un tiempo. Para mí, "un tiempo" son diez días, cinco semanas, tal vez hasta seis meses. Estoy seguro de que seis meses es el límite máximo de "un tiempo". No obstante, cuatro años después, Abue seguía viviendo conmigo.

Una noche lluviosa de domingo, a principios de septiembre de 2006, Abue apagó la película *Río Lobo* y se sentó frente a mí a la mesa de la cocina donde estaba calificando exámenes. Se aclaró la garganta ruidosamente.

—¿Qué necesitas, Abue? —pregunté sin levantar la mirada.

—Creo que hay algo que nunca te he dicho —respondió—. Y necesito decírtelo.

Me retrepé en la silla y me quité los anteojos.

—Te escucho.

—He sido bendecido —repuso y asintió con la cabeza—. Verdaderamente bendecido. ¿Sabes por qué?

—¿Porque tienes la colección completa de películas de John Wayne en DVD? —inquirí.

—No —rio Abue—. He sido bendecido por tenerte. Eres un buen nieto. Creo que nunca te lo había dicho.

Sonreí.

—Gracias, yo he sido bendecido con un buen abuelo.

—Mira, estaba preocupado al principio, cuando me mude aquí, porque pensé que extrañaría demasiado New Hampshire para ser feliz. Pero descubrí algo importante.

—¿Qué? —pregunté.

—Ser de Nueva Inglaterra no quiere decir sólo el lugar donde vives —Abue señaló hacia su pecho—. Es por lo que uno lleva dentro. Aunque no esté en Merrimack, en el fondo de mi corazón sigo siendo de Nueva Inglaterra.

—Me alegra saberlo, Abue.

—Le doy gracias a Dios por realmente haberme bendecido con dos cosas —continuó—: por haber nacido en Nueva Inglaterra y por tenerte a ti. Soy muy afortunado.

Entonces se levantó y se fue acostar.

Y así fue, casi como si Abue lo hubiera planeado.

A la mañana siguiente me desperté poco después de las seis. Tuve que ver el reloj dos veces para poder creer la hora que era. No había dormido hasta tan tarde en cuatro años.

Me quedé en cama y agucé el oído: no se oía el ruido metálico de los sartenes ni el chisporroteo del tocino.

Caminé arrastrando los pies a la cocina. Había tres gatos sentados junto al refrigerador esperando su desayuno. Zeus maulló con fuerza.

La iglesia estaba repleta en el funeral de Abue.

Mi papá y su esposa asistieron junto con mis hermanas. El gerente de Walmart, el veterinario de los gatos y el carnicero fueron también.

Aun así me sentí muy solo.

Ahora vivo solo de nuevo.

Solo, con tres gatos que siguen durmiendo en la cama de Abue, aunque si me quedo dormido hasta tarde me despiertan. Siempre que pienso que el departamento está muy callado pongo una película de John Wayne para sentirme acompañado.

En el funeral, mi padre me llamó aparte y me dijo:

—Agradezco mucho todo lo que hiciste por tu abuelo. Espero que no se haya sentido muy desdichado viviendo lejos de Merrimack y todo eso.

—No te preocupes —lo tranquilicé—. Pasar juntos un tiempo nos ayudó a Abue y a mí a darnos cuenta de algo importante: que fue una bendición tenernos uno al otro.

DAVID HULL

# 69

# Irse bailando al cielo

La mayoría de nosotros no le teme a la muerte; simplemente tenemos miedo de morir. ¿Será una prueba muy dura para nosotros y para quienes nos aman? El trabajo con enfermos desahuciados y acompañar a las familias en los últimos días de su ser querido me han enseñado que morimos como vivimos. Los que viven con valor enfrentan la muerte con la misma energía positiva. Compartir su agonía es un privilegio único.

> Aunque la felicidad se olvide un poco de ti, nunca te olvides por completo de ella.
>
> JACQUES PRÉVERT

Una experiencia de este tipo afectó mi vida profundamente cuando tuve el honor de acompañar a mi tío de noventa y cuatro años hasta que exhaló en paz su último aliento. Mi tío era partidario de la filosofía del doctor Norman Vincent Peale y la practicó hasta el final de su larga y exitosa vida.

El tío Ray sobrevivió a la tía Maude diez años. Luego de cincuenta y cinco años de matrimonio, a la familia le preocupaba que vivera solo. No había necesidad de preocuparse. Vivió con plenitud los siguientes diez años, sin autocompasión ni quejas. Aunque su hijo adoptado murió a los dos años de edad, tuvo una familia amorosa y cercana de sobrinos y sobrinas.

Su calidad de vida fue excepcional. Dos meses antes de su muerte, seguía jugando golf (sólo nueve hoyos y ya no contaban los golpes), pero disfrutaba mucho del bello campo de golf y el cielo azul de Florida. Tenía la mente lúcida y clara, y conservaba su curiosidad por la vida. Un año antes me llamó y me dijo: "Estoy pensando en comprarme una computadora. Quiero que me digas la verdad. ¿Soy demasiado viejo? ¿Soy suficientemente listo?". Le aseguré que no estaba demasiado viejo y que definitivamente era muy listo. Intercambiamos mensajes por correo electrónico a partir de entonces.

Su maravillosa cuidadora iba todos los días de cinco a siete a cocinar. Los jueves pasaba todo el día con él, hacía mandados y si el tiempo lo permitía, jugaba al golf con él. Fue una bendición en su vida.

En el verano de 2004 el tío Ray tuvo algunos problemas menores de salud y pasó un tiempo en el hospital. Como necesitaba recuperar sus fuerzas, entró en un centro de rehabilitación. Cuando estuvo listo para volver a casa, viajé a Florida para ayudarlo. Sin embargo, dos días después de mi llegada le dio una infección y tuvo que volver al hospital. Para consternación de la familia, inició una espiral descendente que terminó en su muerte tres semanas después. Esas semanas quedarán grabadas en mi mente y corazón el resto de mi vida.

Creo que fue un tiempo triste, pero también extraordinario. Triste porque estaba muriendo y hubo horas muy difíciles; especial por quien era él y cómo se condujo en los últimos días de su vida.

Hubo momentos conmovedores que nunca olvidaré. Cantaba en voz baja para él mismo. Se animaba diciendo: "Vamos, chico, tú puedes". Una tarde, mientras los dos descansábamos, lo oí decir: "Parece que las cosas siempre se arreglan al final".

Hubo momentos difíciles, algunas horas de dolor cuando me pedía que lo tomara de la mano y rezábamos juntos hasta que el medicamento surtía efecto. Le aseguré que estaría a su lado en todo momento y que no debía tener miedo. Sonrió y me respondió: "No tengo miedo". Cuando se trataba de pensamiento positivo, predicaba con el ejemplo.

Aproximadamente una semana antes de morir, aunque seguía perfectamente lúcido y coherente, estábamos sentados en la penumbra del cuarto del hospital hablando de esto y lo otro. De repente oí que decía: "Maude".

—¿Qué dijiste? —pregunté.

—Vi a Maude —respondió él.

—¿Quieres decir que la viste en un sueño? —inquirí tentativamente.

—Bueno —titubeó y respondió despacio—, creo que podría decirse que sí —hizo una pausa—. No, fue real. Estiré la mano y la toqué. Pude sentirla. Fue algo muy real —esperé—. Llevaba un vestido largo de color rosa —continuó por fin—. Se veía alta y delgada y muy hermosa. Quería bailar —añadió.

Recordé cuánto les gustaba bailar a él y a la tía Maude.

—Tío Ray —dije—, cuando la tía Maude vuelva a venir, creo que deberías bailar con ella.

Me fui a casa esa noche llena de la alegría y la luz de su amor.

Los últimos cuatro días los pasó en un centro de cuidados para enfermos terminales. La atención amorosa del personal me consoló tanto a mí como a él. El sillón que tenía junto a la cama era reclinable. Se oía música tranquilizadora. La familia llamó todos los días para decirle que lo amaba. Sin embargo, poco a poco se retrajo de nosotros, tenía los ojos fijos en el techo y parecía escuchar y hablar con otros que eran invisibles para nosotros. Cuando le hablaba, sonreía con cortesía y me oía, pero después de un rato desviaba la mirada como si hubiera visto a alguien detrás de mí. Sentí que había interrumpido una conversación importante.

El último día durmió profundamente. Le leí pasajes de mi libro para enfermos desahuciados y de la Biblia que lo invitaban a buscar la luz y relajarse en ella. Esperó hasta que su querida cuidadora llegó esa tarde. Diez minutos después, cuando estábamos cada una a un lado de la cama, aspiró brevemente y ya no volvió a respirar. Fue tan apacible que ninguna de las dos podíamos creer que había muerto.

Siempre estaré agradecida por el privilegio de haber compartido esas últimas semanas con mi tío. Como le conté a una amiga, el tío Ray me enseñó a vivir y después me enseñó a morir, y se fue bailando con la tía Maude al cielo.

LIBBY GRANDY

# 70

# Nancy

Cuando tenía diez años, mi madre necesitó contratar a una niñera para que me cuidara. Cuando volvía a casa de la escuela ella aún tenía que trabajar varias horas más. La única persona disponible en el vecindario era una señora mayor llamada Nancy, y en esa época me inspiraba terror. Era gruñona y odiaba a todo el mundo. Ninguno de los niños de la cuadra se acercaba demasiado a su jardín porque Nancy salía furiosa. Ni siquiera podíamos jugar a la pelota cerca de su casa, porque si llegaba a caer en su jardín por casualidad, sabíamos que no la recuperaríamos jamás. Trataba de evitar a esa mujer a toda costa.

Cuando mi madre me dio la noticia de que Nancy sería mi nueva niñera, lloré. Pensé que había hecho algo malo.

> Un abrazo es un gran regalo, les viene bien a todos por igual y es fácil de intercambiar.
>
> ANÓNIMO

Cuando llegó ese primer día con Nancy, no quería salir de la escuela. El autobús me dejó al final de la calle y caminé tan despacio como pude hasta su casa. Antes de llegar, ella ya me estaba esperando en la entrada. Abrió la puerta de malla, me dejó pasar y me ordenó:

—Quítate los zapatos y déjalos ahí. Dame tu abrigo. Lo voy a colgar en el respaldo del sofá —y eso fue todo. Dio media vuelta, se fue a sentar a la mesa de la cocina, se puso su mascarilla de oxígeno y prendió un cigarrillo.

Siempre que pasaba junto a la casa de Nancy, la veía sentada a la mesa de la cocina con un cigarrillo en la mano y el tanque de oxígeno a su lado. La mesa estaba centrada frente a las puertas de vidrio corredizas para poder ver a la calle. El televisor de su sala también estaba colocado de manera que le permitiera verlo claramente desde la cocina. Imaginé que era su forma de ver las telenovelas de la tarde y, al mismo tiempo, vigilar su jardín para que ningún chiquillo entrometido se acercara.

Ese primer día en la casa de Nancy fue atemorizante. Me ordenó que me sentara a la mesa de la cocina con ella y que hiciera mi tarea en seguida. Estableció las reglas que tenía que seguir y me advirtió que tenía que obedecerlas. Mi tarea era lo primero que tenía que hacer todos los días, no podía decir malas palabras, no podía interrumpir mientras pasaban las telenovelas y no podía quejarme del olor de sus guisos.

Este mismo proceso se repitió todos los días. Llegaba a casa de la escuela y percibía de inmediato el olor de la cena que se estaba calentando a fuego lento en la estufa, Nancy tomaba mi abrigo mientras yo me quitaba los zapatos y me ponía a hacer la tarea en cuanto me sentaba. Acaté todas y cada una de sus reglas y era muy cortés cuando me dirigía a ella.

Un día llegué de la escuela llorando. Un niño de mi clase se iba a mudar muy lejos y yo estaba desconsolada porque creía estar locamente enamorada de él. Nancy ya estaba en la puerta como de costumbre, esperando a quitarme el abrigo. Cuando entré, ella lo tomó y lo colocó en el sofá. Me preguntó qué me pasaba y me llevó a la cocina a nuestros lugares habituales.

Estaba llorando demasiado para hablar, por lo que no pude decirle por qué estaba triste. Nancy me abrazó y me apretó con fuerza. Me acarició la espalda y me aseguró que todas las cosas sucedían por una buena razón y que cuando el dolor pasara sería una persona más fuerte.

Después de eso, Nancy y yo empezamos a charlar cada vez más cada día, después de que terminaba mi tarea. Le contaba todo y ella me decía cómo eran las cosas en realidad. Decía lo que pensaba con la mayor franqueza posible y a veces maldecía como marinero mientras lo hacía. Pero yo la respetaba por eso. Nancy me enseñó el significado de la sinceridad. También empezó a dejarme probar la comida que preparaba.

Empecé a quedarme en casa de Nancy incluso después de que mi madre llegaba del trabajo. Me agradaba. Era divertido charlar con ella y su casa siempre olía bien, por lo que prefería quedarme ahí en lugar de ir a casa la mayor parte de los días.

Entonces un día, vi algo en la mesa de la cocina que normalmente no estaba ahí. Estaba su libro de crucigramas, un bolígrafo y su cenicero de siempre, pero también había una pequeña pila de papeles. Cuando le pregunté qué era, me respondió que era su "testamento". Me explicó que un testamento era, en esencia, un montón de papeles que decían a quien había que entregarle sus cosas cuando ella muriera.

Me preocupé y le pregunté si se estaba muriendo. Rio y me dijo:

—No, todavía no, pero estoy impaciente por que llegue el día. Si llega alguna vez, no trates de salvarme. Entonces decidí preguntarle por el tanque de oxígeno. Sabía qué era porque el tanque tenía un letrero que decía precisamente "oxígeno", pero no sabía para qué servía. Nancy me dijo que tenía una enfermedad llamada enfisema, una enfermedad pulmonar que le hacía difícil respirar.

Al oírla me quedé desconcertada y molesta. Le pregunté por qué fumaba. Nancy respondió:

—Querida, cuando me muera, quiero morir feliz. Los cigarrillos y las telenovelas me hacen feliz. Me gustaría morirme aquí mismo con todo lo que amo: mi sillón, mis telenovelas y un cigarrillo prendido en la mano.

Fue una conversación que tuvimos entre muchas en los meses que siguieron. Nancy llegó a ser mi mejor amiga. Me enseñó a hacer lo que me hacía feliz y a no aguantar las estupideces de nadie. Me dijo que confiaba plenamente en mí. Siempre le dijo a mi madre:

—Puedo dejar mil dólares frente a ella y marcharme. Sé que no tocará ni un centavo de ese dinero. Confío en ella ciegamente. Tenía razón. No habría tocado un solo centavo y me sentía muy contenta de que alguien apreciara eso en mí.

Un día, cuando llegué de la escuela, observé un pequeño cambio en la casa de Nancy. Salió y me recibió como de costumbre, tomó mi abrigo y me ayudó a sacar las cosas de mi tarea. Pero no olía a nada. Siempre comía los alimentos más extraños y me entusiasmaba pensar a qué olería la casa ese día. Sin embargo, ese día en particular no había nada cocinándose en la estufa y no percibí ningún olor. No le pregunté nada; simplemente pensé que tal vez para variar había pedido que le llevaran algo de comer.

Cuando terminé de sacar todo que necesitaba para hacer la tarea, ambas nos sentamos a la mesa. Nancy prendió un cigarrillo y el televisor para ver las telenovelas mientras yo empezaba a hacer la tarea.

Cuando pasaron los comerciales, Nancy dejó el cigarrillo en el cenicero y apoyó la cabeza en la mesa. Por lo general, cuando hacía eso me pedía que le diera un masaje rápido en los hombros; me preparé y la llamé:

—¿Nance? —No respondió y cuando volví a llamarla, cayó al piso a mis pies. Tenía el rostro pálido y los ojos abiertos.

Me puse de pie de un salto y empecé a llorar y a gritar. Corrí a la casa de junto y golpeé con fuerza la puerta. Una niña que era mi amiga, Alysha, abrió. Yo estaba aterrorizada y mi amiga no me entendió cuando le pedí el teléfono. Traté de decir "Nancy" y cuando lo logré, comprendió. Llamamos a una ambulancia y luego a nuestros padres.

Todo el vecindario se reunió fuera de la casa para ver qué ocurría. Cuando todos se dieron cuenta de mis gritos histéricos y vieron llegar a la ambulancia y a los paramédicos que entraron en casa de Nancy, pusieron cara de horror. Mi madre no sabía exactamente por qué le había llamado, porque era difícil entender lo que decía, pero lo comprendió cuando me encontró en la calle abrazada de Alysha.

Nancy murió ese día. A veces deseaba haber llamado a la ambulancia desde su casa en vez de ir a la casa de Alysha, para que me dieran instrucciones para reanimarla. Pero entonces recordaba lo que me había dicho acerca de que no quería que la salvaran de la muerte, que quería morir rodeada de todo lo que amaba. Estaba viendo las telenovelas y fumando un cigarrillo, sentada en su sillón favorito. Pero yo también estaba ahí. Y ahora me doy cuenta de que yo era parte de ese grupo, el grupo de todo lo que amaba. Nancy amaba su sillón, sus telenovelas, sus cigarrillos y a mí.

SHAYLENE MCPHEE

# 71

# Regalo de tiempo

Durante la segunda semana de enero de 2001, mi madre se puso muy enferma y la llevamos de urgencia al hospital de Red Deer; posteriormente la trasladaron a un hospital en Edmonton, Alberta. Después de una batalla de seis años con el cáncer, el especialista de mi madre la tomó de la mano y le comunicó que no había nada más que pudiera hacer para prolongarle la vida. Este doctor afectuoso le dijo a mi madre que podía decidir si quería que la conectaran a una máquina de diálisis los últimos meses de su vida o, como alternativa, marcharse simplemente a casa. Le advirtió a mi madre que sin atención médica, lo más probable era que sólo sobreviviera otro mes.

El espíritu humano es más fuerte que cualquier cosa que pueda sucederle.

C. C. SCOTT

Antes de tomar la decisión de dejar el hospital, mi madre preguntó a Karen, mi hermana mayor, si sería posible que alguien la cuidara si decidía volver a casa. Karen consultó con todos nosotros y mis hermanos, hermanas y yo tomamos la decisión de trabajar en equipo: todos seríamos los cuidadores de nuestra madre en sus últimos días. Mi hermana menor Kim y yo ya habíamos pedido una licencia en el trabajo; mi hermana mayor, enfermera de profesión, consiguió un permiso para ausentarse un mes de su trabajo y mis tres hermanos adaptaron sus horarios de trabajo para que todos pudiéramos atender a nuestra madre en su casa.

Antes de que mi madre volviera a casa, mi hermano Kevin hizo los arreglos para que llevaran una cama de hospital; reorganizó los muebles en el estudio y en pocas horas la casa de mi madre se transformó en un lugar que nos permitía brindarle los cuidados que necesitaba. El día que trasladaron a mi madre del hospital de Edmonton al de Red Deer, dos de mis hermanos y yo nos hallábamos en la puerta de entrada de la casa cuando llegó la ambulancia, esperando a recibirla.

¿Qué se dice cuando alguien se está muriendo? ¿Cómo saludarla cada mañana y cómo darle las buenas noches? ¿De qué se habla durante las horas de lucidez? No creo que ninguno de nosotros hubiera pensado en eso hasta que la ambulancia llegó y los camilleros entraron con mamá y la acomodaron en su nueva cama de hospital. Todavía puedo ver a mi madre recostada en la cama, mirando a todos sus hijos adultos sentados a su alrededor. Nuestra madre habló primero. Simplemente dijo: "Bueno, ¿qué hacemos ahora?" Luego rio. En nuestro nerviosismo todos reímos también y a partir de ese momento aprendimos a sobrellevar la situación un día a la vez.

Durante la primera semana de regreso del hospital, el doctor local de nuestra madre la ayudó a redactar su testamento vital, que incluía una orden de no reanimar que tuvimos que colocar en la pared. Nuestra madre decidió hacer los arreglos para su funeral y pensó con cuidado dónde quería que la sepultaran, ordenó la urna y seleccionó los himnos que quería que tocaran en su funeral. Nuestra madre también nos pidió que nos organizáramos para que todos sus nietos fueran a visitarla antes de que su salud se deteriorara hasta el punto que las visitas fueran demasiado estresantes. Todavía puedo ver a mi madre abrazando a mi sobrino Bobby, que sollozaba en su pecho mientras ella le daba palmaditas en la espalda y le susurraba cuánto lo amaba.

Mi esposo y nuestros hijos, Michelle y Andrew, visitaron a mi madre una noche y fue doloroso verlos llorar cuando se despidieron. Recuerdo con toda claridad cómo se estremecía el pequeño cuerpo de Andrew que sollozaba en mis brazos. Michelle regresó otro día para pasar una tarde con la abuela y yo me quedé en la puerta del estudio de mi madre observándolas completamente absortas en su conversación. No pensábamos en lo que podría pasar en los días siguientes; simplemente disfrutábamos cada día de nuestra mutua compañía. Era muy conmovedor.

Las semanas transcurrieron con rapidez y con la ayuda de la agencia de servicios médicos a domicilio de la provincia de Alberta, las visitas del doctor de nuestra madre, su ministro, amigos y vecinos, logramos pasar los días buenos y los días malos. Cada uno de mis hermanos asumió una función específica en el último mes de vida de nuestra madre. Mi hermana mayor, Karen, era la enfermera de nuestra madre; mi hermano mayor, Keith, cocinaba y nos llevaba la cena todos los días; Kevin y Kelly hacían todos los mandados relativos a los asuntos pendientes del funeral y el servicio de nuestra madre; mi hermana menor, Kim, se hizo cargo de la lavandería, y mi papel consistía en realizar "actividades diversas" que incluían darle masaje en los pies a mi madre todas las tardes.

Cuando éramos niños, mamá nos "enseñó" a todos sus hijos a darle masajes en los pies. Aunque todos mis hermanos trataron de evitar la tarea hasta donde era posible a lo largo de su juventud, a mí siempre me pareció la mejor manera de pasar un buen rato a solas con mi madre. En consecuencia, ésta se volvió una de mis responsabilidades en el último mes de la vida de mi madre.

Una tarde soleada, varios días antes de que mi madre muriera, le estaba dando masaje en los pies y empezamos a hablar de muchas cosas de las que no habíamos mencionado en años; hablamos, y hablamos, y hablamos. En un momento durante nuestra conversación, recuerdo que acaricié los pies de mi madre y pensé que eran muy bellos: pequeños, perfectamente formados y sin manchas. Le di masaje en los pies a mi madre durante horas hasta que se quedó dormida.

Cuando despertó de la siesta, nuestra madre nos comunicó cómo deseaba que preparáramos el cuerpo para la funeraria después de que muriera. Sobrecogida y en silencio, escuché a mi madre explicar que después de que preparáramos su cuerpo para el traslado a la funeraria, había hecho arreglos para una cremación inmediata una vez que el cuerpo quedara en manos del personal de la funeraria. Sin que nosotros lo supiéramos en ese momento, nuestra madre había realizado sus últimos preparativos. Tres días después se deterioró muy rápido y un domingo por la tarde, con todos sus hijos reunidos a su alrededor, nuestra madre cayó en estado de coma que sólo duró unas horas. Nuestra madre abandonó este mundo como planeaba: con todos sus hijos a su alrededor mientras ella exhalaba el último suspiro en paz.

Mi hermano Kevin llamó al doctor y al ministro, que se apresuraron a llegar a casa. Después de que el doctor examinó el cuerpo de mamá y firmó el certificado de defunción, el ministro dijo una oración y nos dejó a solas con ella.

Mis hermanos salieron de la habitación para que mis hermanas y yo pudiéramos preparar el cuerpo de nuestra madre para la funeraria, tal como ella nos lo había pedido. Lavamos el cuerpo, cada una de nosotros alternándonos para limpiar con cuidado su rostro, cuello y pecho. Recuerdo que le lavé las manos y pensé que mi madre se había convertido en una mujer muy menuda. Apenas era una sombra de la mujer que había sido un mes antes. Le di masaje en sus hermosos pies por última vez, antes de ayudar a mis hermanas a vestirla con uno de sus trajes favoritos. Entonces peinamos el cabello de mamá y pedimos a nuestros hermanos que volvieran a la habitación para darle el último adiós.

Mi hermano mayor Keith ya había llamado a la funeraria para que fueran por el cuerpo de nuestra madre y la carroza fúnebre llegó aproximadamente media hora después de que terminamos de limpiarla y vestirla. Cuando el personal de la funeraria entró en el estudio, le sorprendió ver a la anciana impecablemente vestida que estaba recostada en la cama; parecía como si hubiera cerrado los ojos sólo un momento. De inmediato explicamos la situación y el personal de la funeraria hizo todo lo que estaba a su alcance por ser respetuoso y delicado cuando el cuerpo de nuestra madre fue trasladado a la carroza.

Del mismo modo que mis hermanos y yo saludamos a nuestra madre el día que llegó a casa del hospital, nos quedamos en la puerta principal viéndola salir de la casa por última vez.

A pesar de que el cuidado de nuestra madre en casa fue traumático para todos nosotros, estoy consciente de que al igual que yo, cada uno de mis hermanos tuvo recuerdos personales y especiales de distintos momentos durante el último mes de la vida de nuestra madre. Estoy segura de que todos atesoraremos esos recuerdos individuales por el resto de nuestras vidas. Ahora que lo pienso, tuvimos todo un mes para decirle adiós a nuestra madre, cada uno a su manera. Fue en verdad un regalo de tiempo.

KATHY DICKIE

# 72

# El milagro de las tartas de Pascua

Hace doce años, mi suegra, que entonces tenía setenta y ocho años, se sometió a una cirugía a corazón abierto. Sufrió complicaciones, y un día de finales de junio, que hacía un calor abrasador, murió.

Mi esposa y yo fuimos en automóvil del cementerio al departamento de una habitación donde ella vivía en Brooklyn y empezamos a revisar sus pertenencias. Sacamos todo lo que había en los cajones, muebles y repisas; examinamos toda su ropa, fotografías y recuerdos para decidir qué queríamos conservar o desechar, y casi habíamos terminado. Antoinette, o Nettie, como todos le decíamos, había vivido con poco toda su vida, por lo que no esperábamos descubrir fortunas ocultas. Pero qué equivocados estábamos. Abrimos el congelador y miramos, y ahí estaban sus tartas.

> Das muy poco cuando das tus posesiones. Cuando realmente das es cuando te das a ti mismo.
>
> KAHLIL GIBRAN

Fue un gran descubrimiento. A principios de la primavera de cada año, Nettie hacía un anuncio: "Voy a hacer tartas de Pascua", advertía. "Voy a estar muy ocupada, no quiero que nadie me moleste."

La tarta era una especialidad italiana llamada pizza rústica. Su madre había hecho alguna vez las mismas tartas de una receta que su familia llevó de Nápoles a Estados Unidos. La pequeña Antoinette veía a su madre preparar las tartas para el Sábado Santo: rebanaba el jamón ahumado y cortaba en trocitos la salchicha caliente, y luego añadía dos quesos, ricota fresco y romano; también batía huevo para barnizar la corteza y darle un aspecto brilloso.

Nettie hizo entre quince y veinte tartas cada abril durante más de cuarenta años. Su madre le había heredado la receta, pero Nettie no miraba siquiera la hoja de papel y cada primavera recreaba una vez más las proporciones que se sabía de memoria. Puedo imaginarla en la cocina, extendiendo la masa con el rodillo, las mejillas manchadas de harina y su delgado cabello desarreglado.

Las tartas se veían como *omelettes* de cinco centímetros de espesor, rellenas de queso, moteadas de carne, cubiertas por una corteza dorada gruesa, hojaldrada con hoyuelos aquí y allá. Nettie envolvía las tartas en papel aluminio y les ponía una etiqueta con el nombre del destinatario (el tamaño de la tarta que uno recibía era una medida del afecto que Nettie le tenía). El timbre empezaba a sonar al mediodía conforme los parientes de toda la ciudad de Nueva York y Long Island llegaban a recoger este dividendo familiar.

Ahora habíamos descubierto que Nettie guardaba algunas tartas, incluida una para ella, rotulada "Nettie" (como si en su propia casa necesitara marcar el fruto de sus labores manuales). Mi esposa y yo nos miramos sorprendidos, pero no comentamos nada. Luego sacamos las tartas, una por una, de entre la niebla helada y las guardamos en una bolsa de plástico.

En unos momentos salimos del departamento por última vez en aquella tarde quieta y calurosa para dirigirnos a casa, sosteniendo las tartas con tanta ternura como si fueran una urna.

Ese domingo por la noche, cuando nos reunimos a la mesa del comedor con nuestro hijo de quince años y nuestra hija de diez, en nuestro hogar de Forest Hills, mi esposa nos sirvió una de las tartas calientes y humeantes que despedían un aroma delicioso. Cortó una rebanada para cada uno de nosotros y comimos en silencio hasta que dejamos los platos completamente limpios.

Había comido las tartas de mi suegra cada primavera, desde hacía más de veinte años, y siempre tenían muy buen sabor. Pero ese día, la tarta sabía mejor que nunca, como si las lágrimas de nuestro dolor le hubieran dado sabor. Con cada bocado recordé con diáfana claridad todo lo que Nettie había significado para nosotros a través de los años; cómo había criado a su hija sin tener el apoyo de un esposo, todo su esfuerzo y trabajo duro como costurera en una fábrica y, en especial, cómo había bañado de amor y atención a sus adorados nietos.

Nunca me había sentido más agradecido con nadie. Comer la tarta esa noche fue un acto casi sacramental, como si en realidad pudiera probar su espíritu bondadoso y magnánimo.

Cuando terminamos, mi esposa nos llamó a la cocina. Abrió la puerta del congelador y señaló el fondo. Ahí estaba la última rebanada de la tarta, la que estaba rotulada "Nettie". "Quiero guardar esta", advirtió ella.

Y la ha guardado. Ahí está la tarta de Nettie intacta, sin ser vista, pero nunca olvidada. Otras familias dejan pólizas de seguros, muebles o joyas, pero Nettie nos dejó sus tartas. Esa rebanada es su herencia, y eso basta para alimentar nuestros corazones todo el año y darnos todas las Pascuas que necesitaremos en la vida.

BOB BRODY

CAPÍTULO

# Nuevos comienzos

# 73

# El primer día

Hace poco mi hija Elisa me mandó por correo electrónico unas fotografías de su hija Gillian, sonriente y lista para su primer día de clases. Estoy seguro de que mi nieta abrazó a su mamá con temor y emoción y se encaminó hacia un mundo completamente nuevo de la misma manera que Elisa me abrazó hace veinticinco años. Pero me pregunto qué habrá hecho Elisa cuando Gillian desapareció entre la multitud de niños que iban por primera vez a la escuela. De seguro reprimió las lágrimas y se admiró de lo rápido que pasa el tiempo: todos esos sentimientos naturales y tiernos de la maternidad.

> El primer día
> tal vez todavía no haya
> llegado, pero estoy más
> cerca de ayer.
>
> ANÓNIMO

El día que dejé a Elisa por primera vez en la escuela, yo también, por primera vez en mi vida, volví a una casa callada y desierta. Me crié en una casa llena de gente ruidosa y alegre de inmigrantes irlandeses. Un hermano, primos o vecinos, o un sacerdote, tías y tíos siempre estaban comiendo y bebiendo sentados a la mesa de nuestra cocina. Me casé joven y tuve cinco hijos de la mejor manera: en rápida sucesión, para poder lidiar con ellos cuando uno es joven, vigoroso e insensato. Pero entonces mi esposa murió (de un cáncer raro, agresivo y fulminante) y me quedé viudo, joven, triste e insensato. Mi hija mayor tenía diez años cuando Luanne murió y Elisa tenía tres, y yo estaba más ocupado que un hombre con una sola pierna en un concurso de patear traseros sirviendo mesas, limpiando narices, ayudando a los niños a hacer su tarea, llevándolos a los partidos de futbol, cocinando y tratando de terminar mi primera novela.

Le doy gracias a Dios por ese torbellino de confusión. Si hubiera tenido tiempo para enfrentar el miedo y la perplejidad de encarar la vida solo y con cinco hijos, de seguro me habría dado por vencido. Pero si uno tiene hijos, no puede darse el lujo de rendirse.

Recuerdo que cuando Elisa tenía aproximadamente la edad de Gillian una vez me despertó a las dos de la mañana. Se paró frente a mí a la media luz de la recámara. Tenía el cabello alborotado y llevaba puesto un pijama de los Picapiedra todo arrugado. Había estado llorando. Con una vocecilla ligeramente temblorosa, me dijo:

—No me acuerdo cómo era mi mamá.

No dije una palabra. En ese momento su dolor era inconsolable. El mundo le había arrebatado algo más: el rostro de Luanne ya no existía como un recuerdo inmediato y confiable. Para Elisa, el momento de llorar y decir adiós a su madre no fue en el funeral oficial, sino veinticinco meses después, una noche tibia de agosto cuando estaba en pijama. Esa noche, con Elisa a mi lado, hice lo único que un padre puede hacer en esa situación.

Preparé chocolate caliente.

Elisa estaba sentada en mi regazo, bebiendo su chocolate, cuando le pregunté si quería ver algunas fotografías de su madre. Asintió con la cabeza sin decir palabra. Mientras buscaba los álbumes de fotografías en el clóset me pregunté si estaría haciendo lo correcto. En ocasiones me había consolado ver fotografías viejas y releer los poemas que le había escrito a Luanne. Otras veces era como reabrir a una herida.

Pero Elisa y yo nos sentamos en el piso de la cocina y pronto (habría sido más pronto, pero derramé mi chocolate caliente) esparcimos las fotografías a nuestro alrededor. Elisa tomó una fotografía de Luanne en la que tenía en brazos a nuestra hija mayor, Rachel.

—¿Soy yo, papá?

—No, Ellie, no eres tú —no pude mentir.

—¿Me regalas esta fotografía? —preguntó Elisa.

Le dije que sí y ella fue al refrigerador, tomó un imán y colocó la fotografía a la mitad de la puerta. Volvió, me besó y se fue a acostar. No le importó a Elisa que ella no fuera el bebé que su madre tenía en brazos. Había algo en esa imagen: los ojos de Luanne, su cabello, la forma en que sostenía a la criatura, que resucitó el espíritu y la memoria de su madre muerta. Todos los niños pasaron por momentos así mientras trataban de superar la muerte de su madre.

Mi momento fue el primer día de clases de Elisa.

La dejé y volví a una casa en la que no sólo imperaba el desorden de cinco niños, sino también el hecho abrumador de que estaba solo. No de pronto, sino finalmente, el dolor hizo presa de mí. ¡Vaya que me dolió! Mi sufrimiento fue más allá del dolor y las lágrimas; mi desconsuelo llegó al punto de rendirme.

Uno puede retrasar el dolor con actividades o fármacos, pero no puede negarlo para siempre, a menos que decida no sanar. El primer día de clases de Elisa fue también el primer día que enfrenté la emoción feroz y verdadera que suscitó la muerte de la mujer que amé, y ése fue el momento preciso en que empecé a sanar.

ROB LOUGHRAN

# 74

# En mis manos

Son las cinco de la mañana aquí en Alberta y todos duermen en casa. Yo no. Visito a mi hermana y a mi cuñado, y estar con ellos es como estar envuelta en un abrazo maravilloso de aceptación y amor. Son muy buenos conmigo y me siento muy a gusto con ellos. ¿Será posible que apenas hayan pasado dos semanas desde la muerte de mi amado? Siento como si hubiera pasado toda una eternidad y, al mismo tiempo, como si hubiera ocurrido hace un instante; el tiempo parece irrelevante.

> No sé qué nos deparará el futuro, pero sé quién tiene el futuro en sus manos.
>
> ANÓNIMO

Me encuentro en un lugar extraño en mi vida. Después de treinta y un años de matrimonio, estoy sola por primera vez. Salí de la casa de mis padres cuando era adolescente para casarme por primera vez; el matrimonio no duró. Cuando terminó tuve que hacerme cargo de mis hijas. Luego me casé con mi difunto esposo. ¿Y ahora? Soy sólo yo. Nunca había sido "sólo yo". Siempre fui parte de algo mayor. Nunca he estado "sin hombre". No tengo idea de quién soy o qué quiero en la vida. No puedo imaginar ser soltera, o peor aún, estar en posición de tratar de encontrar a un buen hombre una vez más, si acaso llegara a suceder.

Me siento a la deriva en una pequeña balsa perdida en el mar, y las olas se están encrespando. No tengo idea de qué hacer con esto. ¿Parece extraño? No sé lo que me gusta, no sé qué quiero, ni siquiera sé qué quiero hacer para ganarme la vida. No sé cómo me siento. Estoy realmente en el limbo. Supongo que es en estos tiempos en los que más se necesita la fe. Qué bueno, porque estoy familiarizada con esto que se llama fe.

Cuando mi hija llegó el día que mi esposo murió, me llevó un hermoso diario empastado a mano. He estado escribiendo en él todos los días. Por más descabellado que parezca, le escribo a mi difunto esposo todos los días. Es una forma de aclarar mis ideas, de soltarlo, de asegurarme de que está bien, es feliz y ya no sufre.

La mañana después de que mi esposo murió, me levanté y llevé mis cuentas a la mesa del comedor. Después de bañarme, encontré a mis dos hijas y a mi nieta sentadas a la mesa, haciendo collares. Nos dedicamos a ensartar cuentas todo el día y parte del siguiente. Hicimos muchas joyas y recordamos a mi adorado esposo, el único padre que ellas conocieron.

Hablamos con franqueza de lo que había sanado en nuestro fuero interno y de las heridas que se habían abierto. Nos reímos de algunos hechos chistosos del pasado y nos acongojó pensar en el dolor que soportó durante su larga enfermedad. Pusimos en palabras los sentimientos que no habíamos mencionado siquiera en muchos años. Sanamos muchas heridas ahí mismo, en la mesa del comedor, con el poder de ser mujeres que amábamos a otras mujeres, y cada una aportó su fortaleza y amor. Compartimos nuestros temores, nuestras vulnerabilidades y nuestro enfermizo sentido del humor familiar. Éramos mujeres que hacíamos lo que las mujeres sabemos hacer por instinto: llevar la casa, sanar a la familia, curar las heridas y ser fuertes como sólo las mujeres pueden serlo. Y yo me sentí dichosa de ser la vieja regañona, la anciana, la madre tierra, la matriarca.

Ante la muerte de mi esposo me sorprende descubrir lo fuerte que soy. No tenía idea. Creía que me vendría abajo, incluso que moriría. Pensé que estaría inconsolable, que sería incapaz de acercarme a otros. Pensé que me quedaría inerte, paralizada, tan fría como mi amado después de que su espíritu abandonó el cuerpo. Qué rápido se enfría la carne y se pone como piedra. Pensé que estaría deshecha (ni todos los caballos ni todos los hombres del rey podrían recomponerme), pero no necesito ni a los hombres ni a los caballos del rey. Sólo necesito abrirme al espíritu, al amor de aquellos en los que confío y a las oraciones y el poder callado del amor vivo y activo en mi vida.

Necesito guardar luto, no con la petulancia que no permite sanar, sino con la ferocidad que deja salir el dolor y permite entrar la Luz. Necesito dejar que el animal dentro de mí se retuerza de dolor, que suelte sus gritos guturales, darle tiempo, alimentarlo de Luz. Necesito aceptar que el duelo no es un paquete ordenado que uno abre cierto número de días y semanas y luego vuelve a envolverlo y lo coloca en la repisa. Es un ñu impredecible e independiente. Lo montamos como montaríamos las olas, sólo que en lugar de agua, surcamos oleadas de dolor, que suben y bajan, nos zarandean de un lado a otro, un momento estamos sumergidos dando boqueadas, y al siguiente, ascendemos de las profundidades.

Una parte deliciosa y torcida de mí se regodea en la libertad recién descubierta para ser lo que desee ser. Puedo ser impredecible. Puedo hacer cosas descabelladas. Puedo tener pensamientos alocados. Puedo tener una dicotomía en mente, cuerpo y espíritu, y no me preocupa. Puedo hacer cualquier cosa que quiera en este momento. Puedo avanzar a tientas para descubrir quién soy.

¿Quién es esta mujer, esta mujer increíblemente compleja, impredecible y nada práctica? ¿Qué hacer con ella? Se siente indomable. ¿Debería confiársele su propia vida? ¡Pero bueno! ¿Han visto dentro de su cabeza? ¿La dejarían a cargo de algo tan importante como una vida? No obstante, he aquí que la tiene: toda una nueva vida por vivir, y ni idea de cómo vivirla.

Así, continúo adelante, como siempre, poniendo un pie delante del otro, dando un paso a la vez, sin asomarme a ver toda la montaña porque es demasiado vasta, demasiado temible. En cambio, miro dónde tengo puestos los pies. Miro al frente, tal vez a un metro de mí, pero no más lejos. Y empiezo a dar pasos, uno, dos, tres, cuatro respiro hondo cinco, seis Tal vez un día será diferente, pero por hoy me basta. Es suficiente.

RUTH KNOX

# 75

# Perder y encontrar

Visto de negro. Bueno, bueno, a veces de blanco y negro. Mi selección de color, o falta del mismo, fue tema de conversación entre mamá y mis hermanas. Una vez, chocaron las manos en alto entre ellas cuando llegué de visita a la ciudad. Habían apostado a que iría vestida de negro, y así fue.

—Es fácil de empacar —respingué—. ¿Qué podría ser más sencillo que el negro y el blanco?

—¿Qué podría ser más fácil? ¿Qué me dices de un color alegre? Siempre parece que vas a ir a un funeral —mamá imitó a una mujer triste y llorosa que se limpiaba los ojos.

> Si tuviera una sola flor por cada vez que pienso en ti, podría caminar hasta siempre en mi jardín.
>
> CLAUDIA GANDHI

—¡No es cierto! Mi aspecto es profesional.

—Ah, sí, se me olvidaba. Eres Suzie, la seria. De verdad creo que el lechero te dejó en la puerta —mamá puso en blanco sus siempre alegres ojos azules.

Yo también los puse en blanco y luego le dirigí una mirada de desdén.

—¡Aay, esa mirada! Conozco esa mirada —dijo, riendo—. Eres mía. Tu padre me lanza esa mirada. Cuando eras adolescente, me dirigías esa mirada todo el tiempo. ¡No te tomes la vida tan en serio, Suzie Q!

Para mi quincuagésimo cumpleaños, mi esposo Bill ofreció una fiesta. Era una de esas últimas noches apacibles de verano en septiembre, cuando las plantas están en su mejor momento. El jardín estaba exuberante de flores; unas lucecillas brillaban junto con la llama parpadeante de las lámparas de velas dispuestas en cada mesa. Mi familia y amigos se reunieron a la luz de la luna para brindar por el aniversario de mi nacimiento.

Tomé la decisión consciente de darles a mamá y a mis hermanas una lección. Para la fiesta, me puse un traje de pantalones color turquesa y un pañuelo del mismo tono con rosas de color rosa vivo. Encontré unas sandalias de seda azul turquesa en el estante de liquidaciones.

—Ya verán lo que les espera, estas sandalias son lo máximo —dije entre dientes y las levanté con los dedos meñiques.

Mamá se volvió loca.

—¡Miren, se puso algo de color!

Al final de la noche, mamá me abrazó.

—¿Cómo es posible que mi pequeña Suzie tenga ya cincuenta años? ¡No pareces viejita cuando te pones ropa de color!

Abrazó a mi esposo también y dijo lo que siempre le decía:

—Eres un excelente hombre, Bill.

Fue el último cumpleaños que celebraría con ella.

Murió de repente. Nunca nos despedimos.

Poco después del funeral de mi madre, amanecí con ese sentimiento deprimente que provoca la realidad de la muerte. Una amiga me invitó a ir a un festival artístico. Me alegré de haber aceptado la invitación mientras paseaba bajo el radiante sol amarillo, bebía una limonada recién preparada y trataba de olvidar el dolor.

Las tiendas estaban celebrando una venta de banqueta en coincidencia con el festival. Me llamó la atención una percha de chaquetas fuera de una boutique. Me gustó una de ellas. Era de mezclilla, pero tenía cuadros de color cosidos como si fuera un edredón. El caleidoscopio incluía muchos retazos de color turquesa. Me recordó mi cumpleaños.

Me quedaba a la perfección, pero era muy cara. No era negra y no necesitaba una chaqueta. De todos modos me la compré.

La primera vez que me la puse, moví la cabeza y me pregunté si una fuerza que no podía comprender me había hecho comprarla. Solté una risita pensando en lo que mamá habría dicho si pudiera verme.

Casi todas las veces que me ponía la chaqueta, alguien hacía un comentario favorable. Llegó al punto en que inventé un juego personal para ver si alguien me decía: "¡Vaya, qué chaqueta tan colorida!", o "¡Me encanta tu saco!" Me pregunté si mamá estaría bailando de gusto en el cielo al ver el juego.

Me compré unos aretes de turquesas y diamantes de imitación. ¿Se estaría apoderando de mí el espíritu de mamá? A nadie le gustaban más los diamantes de imitación y los objetos brillantes que a mamá.

Entonces, todo llegó a un abrupto fin.

En un viaje a Washington, D. C., la plataforma de la estación del metro estaba repleta de pasajeros que se abrían paso a empellones para llegar a su trabajo; era la hora pico. Yo iba con una maleta y mi portafolio. Hacía calor. Me quité la chaqueta de muchos colores y la puse encima de mi maleta. Apreté mi bolso y las asas de mi equipaje mientras estudiaba el mapa de la plataforma. Cuando me volví para dirigirme hacia el tren que iba en la dirección correcta, la chaqueta había desaparecido. Volví sobre mis pasos para buscarla. Busqué por todas partes. Fui a las oficinas del metro con la esperanza de que alguien la hubiera entregado en el mostrador de objetos perdidos. Llamé varias veces después de que regresé a casa. Mi chaqueta tenía un broche pequeño de un ángel en la solapa, por lo que sería fácil de identificar. No tuve suerte.

Me sentí triste. De hecho, me deprimí por lo que había ocurrido y me sentí avergonzada. Me dije que sólo era una chaqueta. Incluso traté de convencerme de que alguien necesitaba la chaqueta más que yo.

Mi esposo fue a las tiendas a buscarme otra, pero no encontró nada parecido. En la tienda le sugirieron que buscara en la sección de liquidación de su página web. No hubo suerte. Lo reprendí por intentarlo, porque la chaqueta era cara cuando la compré. No merecía otra ya que era tan descuidada.

Traté de entender por qué me molestaba tanto haberla perdido. Si alguien la había robado, me sentía violada, desde luego, y tonta por no haber estado al pendiente. Sin embargo, también me di cuenta de que, en la mente, había establecido una relación entre la chaqueta y la pérdida de mi madre. Me sentía envuelta en el amor de mi madre cuando me la ponía, aunque ella ni siquiera la hubiera visto. Tenía que olvidarme de la chaqueta y dejar ir a mi madre.

Sin que yo lo supiera, Bill no se dio por vencido.

Lo curioso fue que cuando me tomaron la fotografía de mi pasaporte llevaba puesta la chaqueta. También había algunas otras fotografías mías en las que vestía la chaqueta. Bill descargó las fotografías y armó una imagen exacta de mi "chaqueta de muchos colores". La puso en su motor de búsqueda. Todos los días veía si había una coincidencia. Un día, poco antes de Navidad, recibió un aviso de que había una chaqueta disponible en eBay. La compró.

Cuando me lo dijo, me sentí rodeada de amor. Fue como si el sol hubiera traspasado la oscuridad y el color volviera a mi vida.

La chaqueta llegó por correo poco después de Año Nuevo. Nos reímos cuando se nos ocurrió que tal vez fuera mi propia chaqueta, la que había perdido, pero no. Revisé las solapas para ver si estaba el broche de ángel o las marcas del broche. No, no había ningún broche ni marcas de broches en la tela. La chaqueta era nueva y Bill la había comprado a precio de ganga. Era exactamente igual a la otra. Me la probé y me quedó a la perfección. Me sentí feliz.

No era por la chaqueta, aunque verla fue como saludar a un viejo amigo. Mi alegría se debía a la sensación de saber lo maravilloso que es sentirse amada. Me acerqué a mi esposo y le di un abrazo muy fuerte. El espíritu y el amor de mamá viven dentro de mí. Casi puedo oírla susurrar al unísono conmigo: "Eres un excelente hombre, Bill".

SUZANNE F. RUFF

# 76

# La luz matutina

Hace treinta y dos años mi hija entró de puntillas en mi vida, casi sin hacer ruido, y en seguida se marchó tan pronto como había venido después de ver la luz de una sola mañana. Llegó una noche tibia de agosto y partió antes de que el rocío matutino tuviera oportunidad de asentarse en las rosas de color rosa que veía desde la ventana del hospital. Ángela vivió nueve horas y un minuto, pero en mi corazón, vivió toda una vida.

—Es un ángel —dijo mi madre, tratando de consolarme.

—Ya está con Dios —declaró mi mejor amiga.

> Busca una necesidad
> y satisfácela.
>
> RUTH STAFFORD PEALE

—Se encuentra en un mejor lugar —me aseguraron todos.

Sé que todos hicieron su mejor esfuerzo por hacerme sentir mejor, pero ninguna de esas palabras bienintencionadas me consolaba. La madre dentro de mí no las aceptaba. No quería un ángel, y tampoco la quería en un mejor lugar. La quería aquí en mis brazos, el lugar que le correspondía.

Poco a poco emprendí el viaje desconocido por el largo y doloroso camino hacia la curación. Todas las mañanas me levantaba de la cama y avanzaba despacio y con tiento, a veces me tropezaba con mi propio pie, a veces retrocedía.

En ocasiones recorría los centros comerciales en busca de un indicio de lo que había ocurrido. ¿Dónde pensaba que encontraría una respuesta? ¿En una librería? ¿En una tienda de velas? ¿En la sección de niños de una tienda departamental? ¿Acaso pensaba que alguien saldría de las sombras y me daría una hoja de papel con una explicación del porqué había ocurrido esto? Nadie nunca se me acercó para darme una explicación; nunca recibí esa hoja de papel. De todos modos, caminar me ayudaba, lo mismo que perderme entre la multitud.

Los parques también eran un buen lugar. Necesitaba serenidad y fui a buscarla. Me quedaba horas sentada en el césped suave y verde y pasaba los dedos por las franjas de tréboles, buscando los de cuatro hojas, que son de la buena suerte. Cualquier momento de paz era bienvenido por breve que fuera. Entonces trataba de embotellar ese sentimiento de tranquilidad y llevármelo a casa, pensando que lo tendría listo en una repisa para cuando lo necesitara.

Mi primogénita, María, apenas tenía siete años en esa época y mi hijo Christopher, cuatro. Cuando empezó el nuevo ciclo escolar, María entró a tercer grado y Christopher empezó a ir al jardín de niños. Me estremecía la idea de estar sola en la casa sin ellos. Por eso, el primer día de clases tomé a mi hijo de la mano y entré en el salón de clases con él.

—¿Puedo ayudarle? —pregunté a la maestra en cuanto noté que trataba de hacer diez cosas a la vez.

—Sí —respondió ella sin dudar un instante. De inmediato me di a la tarea de escribir nombres en los gafetes.

No tardé en volverme visitante asidua del salón: sacaba punta a los lápices, ataba los cordones de los zapatos y ponía los tableros de avisos. Leía historias a los alumnos a la hora del cuento y descubrí que los libros me absorbían tanto como a los niños. Me encantaba estar ahí. Había encontrado un hogar.

No pasó mucho tiempo antes de que la directora hablara conmigo para ofrecerme un nuevo puesto.

—Me gustaría que diera clases en quinto año —ofreció; espero que el velo de monja no le haya permitido ver con claridad la expresión de horror que puse.

—¿Dar clases en quinto año? —repetí como eco—. Eh, no, no lo creo —tartamudeé—. No estoy lista —sería un trabajo de tiempo completo y no estaba segura de poder asumir esa tremenda responsabilidad en esa época de mi vida. Me quedé petrificada. Necesitaba tiempo para pensar.

En los meses siguientes hice un examen introspectivo profundo. Veía a la directora venir hacia mí desde el otro lado del patio de recreo y me apresuraba a alejarme en dirección contraria. Aún no tenía respuesta para ella.

Por último, después de mucha deliberación y oraciones, acepté el puesto de maestra de quinto año. Me pasaba el día preparando las lecciones y ejercicios para la clase y mis deberes como supervisora a la hora de recreo. Casi de inmediato me di cuenta de que había tomado la decisión correcta. Me encantaba dar clases y me encantaba aprender. Todos los días aprendía algo nuevo de mis alumnos. Rezaba todos los días para cambiar su vida como ellos habían cambiado la mía.

De vez en cuando veo a una pequeña saltando en el patio de recreo y de pronto recuerdo a la niñita que tocó las fibras más sensibles de mi ser aquella noche tibia de verano. El corazón me da un vuelco. Luego me doy cuenta de cuántos niños he tenido el privilegio de ver crecer y convertirse en adultos bellos y maravillosos desde entonces. Y eso me reconforta.

Mi hija, que en aquel entonces tenía siete años, hoy es maestra y mi hijo de jardín de niños ahora es psicólogo. Siento un orgullo enorme cuando veo las cosas buenas que han hecho y están haciendo en sus vidas.

Mis días de maestra han quedado atrás y ahora visito el salón de mi hija como autora infantil y les leo alguno de mis cuentos a sus alumnos de kínder. De camino al salón 23, paso junto a unos macizos de tréboles que crecen silvestres en zonas de césped verde y suave y pienso en que han transcurrido treinta y dos años desde que entré en el salón de jardín de niños de mi hijo y le leí historias a su clase a la hora del cuento. Siento que he completado el ciclo.

Los días que quiero comer con mi hijo, tengo que pasar por varios viaductos para llegar a la gran ciudad. Cuando llego al elegante restaurante exterior donde quedamos de vernos, me siento impaciente por verlo. Al compartir una pizza vegetariana, me doy cuenta de que es feliz, y eso me hace feliz a mí también.

De regreso a casa, pienso en la bebé que entró de puntillas en mi vida y se marchó tan pronto como vino. "Es un ángel que vive con Dios en un mejor lugar", me decían. Esas palabras han llegado a resonar en alguna parte de mi alma y el eco repite su verdad.

Todavía derramo algunas lágrimas cuando pienso en lo que pudo haber sido, pero también siento mucha alegría de saber que Ángela es y será siempre parte de mi vida. Le agradezco que haya llegado a mi vida y me haya guiado por caminos que no podrían haber surgido sin ella.

Como maestra y como escritora, he hallado solaz y belleza en los numerosos estudiantes que me han honrado con su presencia a lo largo de los años. Estos niños han sido mis grandes maestros. Ha sido un verdadero honor para mí ser parte de sus vidas.

Y como madre, he encontrado solaz y belleza en la maravilla y regocijo que son mis hijos. Son, en verdad, mis más grandes regalos. Ha sido un privilegio compartir mi vida con ellos.

Todos los días recibo bendiciones que llegan con la luz de cada nuevo amanecer. Despierto para ver el milagro de un nuevo día y acojo con alegría las sorpresas y las posibilidades que la vida me ofrece. Y me siento en paz.

LOLA DI GIULIO DE MACI

# 77

# Miedo

—Mamá, tengo cáncer —estas tres palabras catapultaron a mi hijo y a mí a una travesía que duró dos años. Ese día sentí que se apoderaba de mí una ola de miedo que me paralizó.

Scott era el mayor de mis cuatro hijos. Tenía treinta y tres años y era un exitoso subdirector de la escuela preparatoria Sam Rayburn en Pasadena, California. Él y su esposa Carolyn estaban muy ocupados criando a cuatro niños activos. Scott medía casi 1.90 metros, pesaba noventa kilos y no había estado enfermo un solo día de su vida.

Unos meses antes, un lunar que tenía en el cuello cambió de color.

—El doctor Warner llamó —me informó Scott esa mañana de primavera—. Dice que es melanoma.

> En vez de contar tus días, haz que tus días cuenten.
>
> ANÓNIMO

Traté de tranquilizarlo y empecé a mencionar a todas las personas que conocía que habían sobrevivido al cáncer de piel. No obstante, sentí que los tentáculos del miedo empezaban a oprimirme el pecho.

Nuestra siguiente escala fue MD Anderson, el famoso hospital oncológico de Houston. Operaron a Scott a finales de mayo y lo programaron para recibir tratamientos de radioterapia durante las vacaciones de verano. "Hay ochenta por ciento de probabilidades de que el cáncer no reaparezca", comentaron los doctores. A finales del verano, todas las pruebas salieron negativas y Scott regresó a la escuela en el otoño.

Sin embargo, en diciembre, Scott descubrió una bola en el cuello. Le hicieron una biopsia y el resultado fue "maligno". Nos dimos cuenta de que Scott pertenecía a la categoría del otro veinte por ciento. Sentí que los tentáculos me oprimían el pecho cada vez con mayor fuerza. Ingresó al hospital para recibir un tratamiento intensivo, una combinación de interferón e interleucina.

Al cabo de cinco meses de tratamiento, le hicieron una operación radical en el cuello. Los resultados de las pruebas fueron alentadores: sólo tres de los treinta y tres ganglios linfáticos que le extirparon eran malignos. Teníamos muchas esperanzas.

En los siguientes seis meses, las consultas de seguimiento de Scott salieron bien. Entonces, en octubre, una radiografía reveló una mancha en el pulmón. Lo operaron para extirpar esa mancha y los doctores trataron de ser optimistas. Era una batalla diaria para controlar el miedo y el pánico que cada revés nos provocaba.

En enero le diagnosticaron que tenía una "explosión de la enfermedad". El cáncer se había propagado a los pulmones, columna vertebral e hígado y le dieron tres meses de vida. Hubo momentos durante este periodo en los que sentí que me iba a dar un ataque al corazón. Las bandas que me estrujaban el pecho me hacían difícil respirar.

Cuando uno ve a un hijo luchar contra el cáncer, experimenta una montaña rusa de emociones. Hay momentos de esperanza y optimismo, pero un mal resultado de un estudio, o incluso un dolor fuera de lo común pueden provocar terror y pánico.

Volvieron a hospitalizar a Scott para hacer un último intento con quimioterapia. Murió, de manera inesperada, sólo seis semanas después de su último diagnóstico. Estaba desolada. Contaba con esos últimos meses.

A la mañana siguiente me ocupé en avisar a la gente y hacer los arreglos funerarios. Recuerdo que tenía una sensación fastidiosa de que algo andaba mal conmigo físicamente. Tardé un momento en darme cuenta de que la sensación aplastante que me comprimía el pecho había desaparecido. Lo que todos y cada uno de los padres temen más había ocurrido. Mi hijo había muerto y, por supuesto, el miedo había sido reemplazado por un dolor intolerable.

Después de perder a un hijo es difícil continuar. Lo más mínimo, como peinarse o darse una ducha, se vuelve una tarea formidable. Durante meses, simplemente me quedaba sentada y miraba con expresión vacía al espacio. Esa primavera, los árboles empezaron a reverdecer; las flores empezaron a salir en mi jardín. Friendswood volvía a la vida, pero yo estaba muerta por dentro.

En esas últimas semanas, Scott y yo hablamos a menudo sobre la vida y la muerte. No podía dejar de recrear una y otra vez fragmentos de esas conversaciones en mi mente.

"No dejes que esto te arruine la vida, mamá."

"Asegúrate de que papá remodele su taller."

"Por favor, velen por mi familia."

Cómo me habría gustado poder tener una sola conversación más con él. Sabía lo que yo diría, pero, ¿qué diría Scott? "Sé cuánto me amas, mamá. Quédate sentada llorando en el sofá." No, lo conocía mucho mejor. Scott amaba la vida y sabía lo preciosa que era. Casi podía oír su voz diciéndome: "Levántate, mamá. Sigue adelante con tu vida. Es demasiado valiosa para desperdiciarla".

Ese día empecé a tratar de continuar viviendo. Me inscribí en una clase de decoración de pasteles y pronto empecé a preparar algunos para los días de fiesta y los cumpleaños. Mi nuera me contó de una clase literaria en Houston. No había escrito nada en años, pero como estaba jubilada, decidí que era hora de empezar de nuevo. En una universidad cercana anunciaron un taller para escribir biografías al que me inscribí. Ahí conocí a una mujer que también había perdido a sus hijos. El poeta laureado de Texas tenía programado hablar en la librería de Barnes & Noble de nuestra localidad. Asistí y me uní a la sociedad de poesía. Nunca imaginé que escribir ensayos y poemas sobre Scott fuera tan terapéutico. Varios de esos poemas incluso han sido publicados. Además, cada grupo me dio más y más personas con quienes compartir mi vida.

No creo que sea posible recuperarse de la pérdida de un hijo. Llevo a Scott en el corazón y en la mente todos los días. Sin embargo, estoy convencida de que se puede sobrevivir.

Scott luchó con gallardía para vivir y nunca se dio por vencido. Me enseñó que la vida es un don que debe atesorarse, y no despilfarrarse. He tardado años en llegar a ser la persona que soy hoy en día. El camino ha sido un proceso difícil y doloroso, pero sin lugar a duda ha valido la pena el esfuerzo y sé que mi hijo estaría orgulloso.

BARBARA ANN CARLE

# 78

# Encuentra tu camino

En mayo de 1995, mi esposa Jody murió de repente de una enfermedad muy rara llamada feocromacitoma. Todo esto ocurrió en menos de veinticuatro horas. Fue como una horrible pesadilla.

Robert Frost dijo alguna vez: "Siempre hay un tiempo para partir aunque no haya sitio a dónde ir". Nuestras dos hijas y yo no tuvimos más remedio que darle un nuevo rumbo a nuestra vida. No me avergüenza confesar que estaba aterrorizado. Siempre fui un buen padre, pero necesitaba refuerzos para cruzar este territorio nuevo y temible.

Descubrí una fortaleza espiritual que ni siquiera imaginaba que tenía. Hablaba en voz alta con Dios siempre que estaba solo: en la ducha, en el automóvil, por las noches en la cama. Le pedía que me bendijera con su guía divina y me diera el valor y la fuerza que necesitaba para decir y hacer lo correcto por mis hijas. Empecé a meditar todos los días unos veinte minutos, cosa que todavía hago hasta la fecha.

Me visualizaba haciendo cosas junto con mis hijas y las veía prosperar. Ésas eran mis imágenes diarias, sólo resultados positivos. Encontré consuelo en libros como *On Death and Dying* de Elizabeth Kübler-Ross, *Motherless Daughters* de Hope Edelman y *Fatherhood* de Bill Cosby.

> A veces, en la tragedia, encontramos nuestro propósito en la vida; los ojos derraman una lágrima para encontrar su foco.
>
> ROBERT BRAULT,
> www.robertbrault.com

Aprendí por experiencia propia el verdadero significado de estar agradecido por la vida y por las personas que amamos. Trabajé mucho para equilibrar lo que era normal para mis hijas, sin ignorar la muerte de su madre. Julia, Lauren y yo nos abrazábamos y llorábamos todos los días. Me aseguré de que supieran que contábamos con nuestro mutuo apoyo emocional.

Si percibía que se estaban retrayendo demasiado, trataba de interaccionar e identificarme con ellas, y les hacía preguntas sobre sus amigos, ropa, la escuela, etcétera. Me propuse que hiciéramos todo como familia. Íbamos juntos al supermercado, a comprar helado y les pedía que me ayudaran a preparar la cena regularmente. Quería que se sintieran seguras y supieran que su padre no las iba a dejar.

Con el tiempo me dio insomnio. La súbita ausencia de Jody en nuestra cama me tenía despierto hasta altas horas de la noche, leyendo, viendo la televisión o nada más pensando. Sentía el corazón y el alma tan vacíos que me preguntaba si alguna vez volvería a sentirme completo.

Después de no dormir durante varias semanas, sentí el apremio de estar tan cerca de Jody como era posible. Por eso, cada noche durante semanas enteras, me sentaba en el piso del clóset vestidor de Jody, tomaba una de sus blusas y me la ponía sobre el cuello y los hombros. Aspiraba su aroma y lloraba hasta quedarme dormido. Al principio no les conté nada de esto a las niñas, pero algo me dijo que debía compartirlo con ellas. Creo que ayudó a las niñas a sentirse bien respecto a sus propias experiencias y les dio ánimos para compartirlas conmigo.

Después de una semana en casa, la psicóloga de la escuela y yo concluimos que la vida de mis hijas debía volver a lo normal. Así, Lauren y Julia regresaron a la escuela. Recuerdo que su primer día de regreso a clases era un día soleado y hermoso. Cuando las recibí en la parada del autobús, me di cuenta de que estaban muy alteradas, lo cual era de esperar. Caminamos a casa en silencio tenso, y una vez que entramos en el refugio protector de la casa, las dos niñas rompieron en llanto. Después de algunos momentos de catarsis emocional muy necesaria, compartieron conmigo lo que había sucedido durante el día.

Por asombroso que parezca, habían descubierto a un par de hermanas, una en la clase de Lauren y otra en la de Julia, cuya madre había muerto de cáncer de mama una semana antes de nuestra pérdida. Recuerdo que pensé: "Necesito comunicarme con Kevin, su padre, para decirle que no está solo".

Decidí en ese momento crear un grupo de apoyo para padres que habían perdido a sus esposas. Y así emprendí el camino para llegar a ser entrenador de vida.

Empecé a ver todo de manera diferente. Rechacé un ascenso en el trabajo en el que me ofrecían un aumento de sueldo, pero tendría que viajar más, y en su lugar, acepté un puesto de menor nivel para estar más cerca de casa y de mis hijas. Mi autorreflexión me llevó a la larga a alejarme por completo del mundo empresarial para centrarme en mi carrera de entrenador de vida.

A medida que mis prioridades cambiaron, cobré conciencia de la alegría, la paz y el amor que son posibles en las cosas sencillas de todos los días. Mis ideas anteriores de lo que quería en mi vida se esfumaron. Sé que cuando la vida cierra una puerta, siempre abre otra. Es mi deseo más ferviente ayudar a otros a encontrar el mejor camino que los lleve a esa puerta abierta. Si uno encuentra el valor de emprender este viaje después de la pérdida de un ser amado, sé que encontrará también esa puerta abierta, puesto que el nuevo camino espera en el corazón y en el alma, aguardando sólo a ser descubierto.

LARRY AGRESTO

# 79

# Una nueva normalidad

El 31 de octubre de 1997 celebramos el primer Halloween con nuestro hijo Aaron. Nos disfrazamos de payasos y nos tomamos una fotografía en el porche de la casa. La fotografía se convirtió en nuestra tarjeta de Navidad. Nuestra familia creció con la llegada de nuestra hija Macey, y año tras año continuamos tomando una fotografía de Halloween, misma que usamos como base de nuestra tarjeta de felicitación navideña.

Familia y amigos se acostumbraron a esperar la tarjeta de cada año. Los cuatro disfrutamos de la tradición que establecimos.

En 2005 mi padre murió inesperadamente el primero de noviembre. Aunque vivía en Florida y yo en Ohio, éramos muy unidos. Hablábamos e intercambiábamos mensajes por correo electrónico todos los días. Todo lo que sé sobre ventas y negocios lo aprendí de mi padre. Siempre estaba ahí para comentar mis ideas y compartir acontecimientos y anécdotas. Adoraba a mis hijos y ellos a él. Decir que sufrí una gran pérdida es un eufemismo. Ese año no mandamos tarjeta de Navidad.

Hay una especie de niebla que aparece después de la muerte de un ser querido. Esa niebla me envolvió varios meses. Tengo la fortuna de tener hermanos cariñosos, un esposo amoroso e hijos extraordinarios. Ellos me ayudaron a superar el proceso del duelo, pero el vacío seguía

> La mejor forma de predecir tu futuro es crearlo.
>
> PETER DRUCKER

existiendo. La pérdida de alguien cercano crea un hueco que no puede llenarse ni con facilidad ni con rapidez.

Cuando se aproximaba el Halloween de 2006, me sentí inquieta. No podía imaginarme sentada en el porche sonriendo de oreja a oreja en el aniversario de la muerte de mi padre. Sin embargo, mis hijos eran todavía pequeños y me sentía desgarrada entre el deseo de mantener una cierta normalidad y mi falta de interés en posar para la fotografía familiar tradicional. Quería que el Halloween siguiera siendo una fiesta alegre y divertida para mis hijos. Creía que era injusto agobiarlos con los recuerdos tristes que yo tenía. La niñez no debe basarse en pérdidas y duelo. Mi deber como madre era mantener la normalidad tanto como fuera posible. Desafortunadamente, habrá muchas ocasiones para sentir tristeza. Sabía que mi padre no querría causar a mis hijos más tristeza de la que ya sentían.

A principios de septiembre de 2006 le conté mi dilema a un amigo mío, Jim. Él me contó la historia de una pérdida que sufrió y habló de algunas ideas que han resultado ser invaluables para mí. Explicó que cuando uno sufre una tragedia tiene que crear una nueva normalidad. Hay que conservar lo que es cómodo y reconfortante del pasado y desechar lo que es incómodo y establecer nuevas tradiciones. Sentí que una oleada de alivio me invadió. Me sentí liberada de la obligación de la fotografía. Olvidé el dilema y seguí adelante. Ya no me preocupé por lo que haría respecto a la tarjeta de Navidad. Si no teníamos tarjeta, que así fuera.

Un par de semanas después llegué a casa y encontré a mi perra Sparky vestida con lo que parecía una bata de casa. Era floreada y estaba cerrada con tiras de Velcro. Se veía como algo que una mujer mayor usaría. Ahí estaba sentada, perfectamente quieta en la cocina, como preguntando: "¿Qué te parece mi nueva apariencia?".

De inmediato me hizo sonreír y solté una carcajada. Me di cuenta de que ésa sería nuestra nueva fotografía para la tarjeta de Navidad.

Cada año se presenta la fotografía ideal que servirá de base de nuestro saludo. He aceptado esta nueva tradición. Espero con impaciencia descubrir la oportunidad de tomar una fotografía para crear una tarjeta que concuerde con ella. Mis hijos y mi esposo me acompañan en esta aventura. Como siempre, mi familia y amigos esperan recibir nuestra felicitación navideña.

¿Nuevo? Sí. ¿Normal? Por supuesto. Ésta es nuestra nueva normalidad. ¡Y nos viene de perlas!

DIANE HELBIG

# 80

# Refrescos a escondidas

Las dos éramos adictas a la cafeína y era un hábito que nuestra madre aborrecía. La boca se le crispaba y en su rostro aparecía un rictus de censura; temíamos despertar su ira y aprendimos a conseguirlos a escondidas. Teníamos 28 y 36 años, mi hermana pequeña y yo, y ella se estaba muriendo.

Para ella, era Cherry Pepsi y para mí, Diet Coke. Sabíamos quién tenía el mejor hielo (picado), los mejores vasos (de polietileno) y la mejor fuente de sodas (refrescos que no eran demasiado carbonatados ni demasiado azucarados). Se volvió un juego para nosotras. Me lanzaba una mirada que sólo yo sabía interpretar y decía algo como: "Necesito ir a dar una vuelta". Ambas conteníamos la risa que nos producía que dos mujeres adultas tuvieran que mentir para escabullirse de su madre e ir al *drive-in* por dos vasos de ese pecado con hielo.

> Dios sabía que te amaba demasiado para ser solo tu amiga, por eso me dejó ser tu hermana.
>
> ANÓNIMO

Me costaba mucho trabajo subirla al automóvil, ya que tenía el lado derecho del cuerpo paralizado por el tumor cerebral, y las partes "buenas" estaban tan débiles que no le permitían cooperar mucho. La ayudaba a caminar arrastrando los pies y la dejaba apoyarse mientras yo guiaba sus pies, usando los míos colocados como soporte entre los de ella. Un paso, arrastrar el pie, otro paso, arrastrar el pie. Era una especie de baile extraño para llegar a donde queríamos.

El automóvil siempre parecía estar a kilómetros de la puerta de entrada, pero la escapada valía la pena. Cuando estuvo demasiado enferma y se debilitó tanto que ya no podía subir o bajar las escaleras de la casa, se quedaba con mamá. Así fueron los últimos meses de su vida, y cuando uno tiene veintiocho años, eso es un hueso duro de roer. Por lo mismo, nos escabullíamos siempre que teníamos las agallas y el antojo de nuestras "dosis". Dos revoltosas resueltas a todo.

Los esteroides que mi hermana necesitaba para reducir la inflamación del cerebro la mantenían despierta toda la noche. Como estaba a un paso de la muerte, además de encarar un matrimonio deshecho, bueno, ninguna de las dos podía descansar gran cosa que digamos. Por lo tanto, la cafeína era una bendición, ¡y nos regodeábamos en ella! Pero nuestras salidas a hurtadillas no eran sólo por la cafeína, aunque definitivamente era el alimento básico de nuestra dieta. Salíamos del *drive-in* con nuestros vasos de rebelión, los colocábamos en las bases de la consola entre nosotras e íbamos a dar un paseo. Ése era en realidad el motivo de nuestras escapadas.

Poníamos el auto en marcha y paseábamos sin objetivo, sin rumbo, sólo nosotras, el camino y nuestra música favorita. Nos tomábamos de las manos y cantábamos. Ella era incapaz de terminar una oración gracias al tumor, pero podía cantar como un ángel. Canciones enteras. Cada palabra. Fue un tiempo precioso entre hermanas que ninguna de las dos olvidaría. A veces también comprábamos donas.

Cantábamos juntas como el dueto de las Judds mientras pasábamos frente a las montañas cubiertas de nieve del norte de Utah y admirábamos las casas de ensueño. Escogíamos nuestras favoritas y hablábamos de contratar sirvientas para que pudiéramos ir de compras todo el tiempo. Cuando se sentía con fuerzas, íbamos a la tienda de artículos de un dólar y, paso a paso, con dolor y arrastrando los pies, recorríamos los pasillos en busca de artículos rebajados que ya no tendría tiempo de usar. Si no se sentía lo suficientemente fuerte, seguíamos dando vueltas en el auto y charlábamos de nuestros esposos, nuestros amigos y nuestro pueblo natal que estaba a más de 1,200 kilómetros de distancia. Sabía que nunca volvería a nuestro pueblo ni vería el mar que tanto amaba y yo anhelaba darle el regalo de un último viaje. A menudo me pregunto si habrá playas en el cielo. Eso espero.

Se debilitó cada vez más y poco a poco se fue dejando llevar al más allá. La observé con el corazón afligido; quería gritar y suplicarle que no se fuera. Ella lo sabía muy en el fondo, más allá de la confusión y casi la pérdida total del habla. Lo sabía, y cuanto más se acercaba, más apacible se veía.

Incluso, en dos ocasiones tuvo una visión fugaz de lo que le esperaba y me contó que era "maravilloso" y "bello". No tuve la menor duda y me alegré de que se liberara del dolor y de ese cuerpo que se había vuelto una carga inútil. No podía moverse, no podía hablar, excepto por una palabra o dos aquí y allá, y apenas estuvo consciente en sus últimos días. Ya no podía llevarla a pasear, pero aún podía introducir a hurtadillas su Cherry Pepsi. Chocábamos los vasos y decíamos "salud", bebiendo como niñas y diciéndole a mamá, con expresión inocente, que no tenía cafeína. Si ella quería la luna, yo se la conseguiría.

Dos días antes de morir, le llevé el refresco y el rostro se le iluminó de alegría cuando entré. "¡Viva!" fue una de sus últimas palabras. Teníamos ese día bueno y yo quería hacerla sonreír y alargar cada segundo. Bebió un sorbo o dos y después se quedó dormida en la silla de ruedas. Miré a mi hermana, su cabello rubio había desaparecido, tenía la cabeza calva y llena de cicatrices y le estaba saliendo cabello oscuro muy fino. Su hermoso rostro estaba tan hinchado que era irreconocible y el brazo derecho le colgaba inerte al costado. También estaba monstruosamente hinchado. Me dolió verla así. Como había hecho muchos cientos de veces, fui a esconderme al baño y lloré sin control; mi cuerpo se sacudía por el dolor que aquejaba mi espíritu. Sabía que el momento estaba cerca.

Dos días después, Ángel murió. Apoyé la cabeza en su pecho y sollocé, pero en el fondo comprendí que era el momento indicado para ella. Su tiempo en este mundo había llegado a su fin y su cuerpo y espíritu habían soportado más de lo que la mayoría de la gente tendrá que soportar jamás. Se había ganado sus alas.

El tiempo transcurrió y el dolor quedó sepultado por el trabajo febril que realicé para terminar mi libro sobre su vida. Lo habíamos empezado juntas en su último año y yo terminé su legado a los pocos meses de que se fue.

El día que los libros llegaron, miré la caja y los ojos me ardieron por las lágrimas pues sabía lo que contenía: *El legado de Ángel*. Lo habíamos logrado. Abrí la caja y suspiré cuando vi las pastas cubiertas de nubes. Sonreí y lloré al mismo tiempo. Los recuerdos se agolparon en mi mente cuando abrí el primer ejemplar, ansiosa por volver las páginas y leer las palabras que había escrito, ver las fotografías de la vida de una persona que había marcado una enorme diferencia. Pensé que era hora de celebrar.

Tomé un ejemplar, salté al auto y me puse en camino. Me detuve en una tienda a comprar dos cosas y luego en otra a comprar un globo que decía: "Te extraño". El cementerio está a treinta minutos de la casa y lloré todo el camino hasta llegar ahí. Lloré de tristeza porque su muerte todavía era muy reciente, pero también de alegría. La había ayudado a lograr su objetivo de dejar un legado. La imaginé sonriente y supe que le complacía que lo hubiéramos conseguido.

Me estacioné en el cementerio y de inmediato alcancé a ver su tumba. La lápida tenía un ángel grabado en el mármol gris y su tumba estaba tan bellamente decorada como había sido su vida. Ángeles, flores, molinetes, carrillones de viento, todo ello adornaba su tumba. Sonreí al ver el espectáculo. Fue amada.

Me senté frente a la tumba; tenía las compras y el libro apretados entre las manos y las lágrimas me escurrían por las mejillas. Apoyé el libro en la lápida y até el globo a su Cherry Pepsi. Debo de haber parecido una loca, pero no me importó. Casi pude oír su risa desde el cielo. Con cuidado, choqué mi refresco con el de ella y brindé en silencio por su legado, por su vida.

Me quedé sentada un largo tiempo, disfrutando del momento y asimilando la enormidad de haber logrado el sueño que compartimos. Mi primer libro y el último sueño de mi hermana se concretaron. Nuestros últimos refrescos a escondidas y nuestro último brindis. La sentí a mi lado, cálida y reconfortante como un edredón hecho a mano. Sabía que volveríamos a estar juntas y que en ese momento ella conocía más alegría de la que yo podía imaginar.

Me puse de pie, tenía manchas de pasto en las rodillas y recogí el libro y mi refresco. Dejé ahí el de ella, un último día entre hermanas grabado en mi memoria. Cuando me alejaba del cementerio, sentí su mano en la mía y empecé a cantar nuestra canción favorita, al tiempo que oía su dulce voz unirse a la mía, como siempre.

SUSAN FARR-FAHNCKE

# 81

# Triunfo sobre la tragedia

—¡Sube al automóvil! ¡Hubo un accidente grave! —me gritó Patrick, mi esposo. Después de una llamada telefónica de mi exesposo para avisarme que iba en camino a dejar a los niños a la casa y otra, treinta minutos más tarde, de su novia para preguntar si habían llegado, Patrick salió a buscarlos.

Cuando regresó por mí, su apremio anunció un mal presagio. Salimos de inmediato al hospital, entramos corriendo por las puertas corredizas que daban al servicio de urgencias y nos acercamos al primer doctor que vimos.

—¿Dónde están los niños del accidente? —pregunté.

—Hay un pequeño ahí y su papá está en la habitación de junto —informó al tiempo que señalaba en dirección de dos puertas cerradas.

—¿Dónde están las niñas? —pregunté, casi a gritos, y con angustia creciente—. ¿DÓNDE ESTÁN LAS NIÑAS DEL ACCIDENTE AUTOMOVILÍSTICO? —me miró sin expresión. Tartamudeó y nos condujo a una sala de espera pequeña y privada.

> Valor es tener miedo, pero seguir adelante de todos modos.
>
> DAN RATHER

Tal vez pasaron sólo unos minutos, pero me pareció una eternidad hasta que el doctor volvió a aparecer. Pronunció palabras que resonarán en mis oídos para siempre.

—No sé cómo decirle esto, pero sus hijas murieron en el lugar del accidente.

Katie, Miranda y Jodi, de ocho, siete y cinco años, habían muerto. El gemelo de Jodi, Shane, y su padre, Jay, se aferraban a la vida en habitaciones separadas en la sala de urgencias. Shane tenía una pierna rota y una conmoción cerebral. Las heridas de Jay eran más graves y perdió la batalla por su vida unas horas más tarde, un día después de haber cumplido veintiocho años.

Un conductor ebrio me robó lo que yo creía que era mío para siempre. Nunca volvería a ver el mundo de la misma manera. Por supuesto, sabía que los niños podían morir, leía la sección de los obituarios en el periódico. Lo que no sabía era que algo tan espantoso, tan trágico, tan demoledor podía ocurrirme a mí. Gracias a Dios, Shane sobrevivió. La pierna fracturada sanó pronto y después de un tiempo hallamos una nueva normalidad.

Transcurrió un año y me concentré en cómo podía usar esta tragedia para ayudar a otros. Una persona de Victims' Impact Panel of Oklahoma, Inc. (VIP) se comunicó conmigo. Me dijo que estaban organizando una reunión informativa en mi ciudad y me pidieron que asistiera. La representante de VIP era cautivadora; tenía una actitud muy positiva que era contagiosa. No tuvo que insistirme mucho, supe desde el principio que quería compartir mi historia para prevenir más muertes causadas por conductores ebrios. Mientras llenaba el formulario para participar, me comentó que necesitaban un orador al día siguiente en una escuela pequeña que no estaba lejos de donde yo vivía. Accedí a reunirme con ella en la escuela y participar en el programa.

Pasé esa tarde preparando lo que iba a decir, y durante todo el trayecto a la escuela el día siguiente me tranquilicé pensando que podía dar el discurso. Llegué temprano al gimnasio de la escuela y pasé el tiempo que faltaba para que diera inicio el programa conociendo a los demás oradores. Pronto, los estudiantes empezaron a entrar y a llenar las gradas. Los otros oradores y yo nos sentamos a la mesa frente a ellos. Había una pantalla enorme detrás de nosotros para el video que exhibirían. Me sentía terriblemente nerviosa; intenté todas las técnicas que logré recordar para reducir la ansiedad. Sería la última de los tres oradores. Primero, el video; rostros de las víctimas de conductores ebrios fueron apareciendo una por una en la pantalla con una leyenda que indicaba las fechas de nacimiento y muerte, mientras se oía música de fondo. Los ojos se me llenaron de lágrimas cuando me di cuenta de que no estaba sola.

Antes de que me diera cuenta llegó mi turno. Me levanté de la silla y caminé hacia el micrófono. Coloqué mis tarjetas de notas delante de mí, me humedecí los labios y comencé a hablar. Después de presentarme, les conté del día que cambió mi vida. También les conté cómo era la personalidad de cada una de mis hijas; quería que los estudiantes las conocieran como personas de carne y hueso y no sólo como nombres. Mientras hablaba, les mostré una fotografía de Katie, Miranda y Jodi que tomamos seis meses antes de que murieran. Cuando terminé y tomé asiento, me invadió un maravilloso sentimiento. Sentí como si me hubieran quitado de encima la carga que llevaba a cuestas y, en su lugar, tuve una gran sensación de logro. Comprendí que algo de lo que había dicho cambió una vida ese día. La mejor parte era que podía hablar de mis hijas, decir sus nombres y compartir mis recuerdos y nadie cambiaba el tema. Estaba impaciente por volver a hacerlo.

Cada vez que alguien de Victims' Impact Panel llamaba, yo estaba más que dispuesta a ser oradora. Viajé por toda la zona noroeste de Oklahoma compartiendo mi historia en escuelas y programas para infractores. Hablar era como una vacuna contra la amargura y la desesperación. Cualquiera que haya sufrido la muerte de un hijo dirá que es algo que nunca se supera, pero que se puede sobrellevar. El dolor nunca desaparece por completo, pero con la ayuda de Victims' Impact Panel, las heridas de mi corazón empezaron a sanar.

BRENDA DILLON CARR

# 82

# Guirnaldas de amor

—¿Por qué estamos decorando este árbol? —preguntó Zach. Mi hijo de cinco años levantó una brillante esfera dorada y la puso con cuidado en el abeto Douglas que crecía en un rincón del jardín, en la parte posterior de nuestra casa.

—Porque es un árbol muy especial —respondí.

—¿Porque no se muere?

—Es verdad —reí—. Ése es uno de los motivos por los que es especial. Pero, sobre todo, es especial porque lo compramos cuando era así de pequeñito —extendí la mano para enseñarles a Zachary y a su hermano mayor, Chase, que el árbol había medido alguna vez menos de treinta centímetros de altura—. Lo sembramos la segunda Navidad después de que nació tu hermano mayor.

> Extraeremos de la esencia del propio sufrimiento, los medios de inspiración y supervivencia.
>
> Winston Churchill
> www.robertbrault.com

Los dos rieron y Zach señaló a Chase.

—¿Hablas de Chase?

—Vamos a sentarnos —sugerí—. Quiero contarles una historia. Se trata de un niño que se llamaba Ryan. No lo conocieron, pero es su hermano mayor.

El asombro se dibujó en los rostros inocentes de los dos niños. ¿De verdad habían pasado diez años desde que acaricié mi vientre suave y redondo soñando con mi hijo que pronto nacería?

Mi primer embarazo había transcurrido sin molestias y al pasar de los meses pensé que era el embarazo ideal. Mark, mi esposo, y yo nos habíamos enterado de que esperábamos un niño. Hubo *baby showers*, planes para el cuarto del bebé y todas las preguntas relativas. ¿A quién se parecería? ¿Qué sería de grande? La vida cobró un nuevo sentido y con cada paseo en el parque o cada ida al centro comercial aumentaba el entusiasmo; imaginábamos el crecimiento de nuestra familia al ritmo que crecía mi vientre.

En el momento indicado esa nueva y preciosa vida entró en escena. Después de un parto largo, la cabecita aplastada no se veía precisamente como el querubín de mi imaginación, pero era perfecto para mí: tenía diez dedos en las manos y diez en los pies, y ojos azules tan profundos y entrañablemente expresivos que desde el principio me hicieron pensar que sabía algo que yo ignoraba.

—¿Qué le pasó? —preguntó Chase. Percibí la creciente impaciencia de mis hijos mientras les contaba de las primeras sonrisas angelicales de Ryan y su ratón de peluche favorito. Como era de esperar, los ojos se me humedecieron y abracé a mis hijos.

—¿Pueden levantar la mano? —pregunté a los dos. Chase y Zachary hicieron con facilidad ese sencillo movimiento.

—La razón por la que pueden levantar la mano, o mover los dedos de los pies, o correr por el césped es porque quieren hacerlo y su cerebro envía el mensaje para que sus brazos o piernas se muevan. El cerebro nos dice incluso cuándo respirar —hice una pausa para dejar que los niños asimilaran lo que acababa de explicarles—. Bueno, lo que pasó fue que el cerebro de Ryan podía enviar el mensaje, pero su cuerpo era incapaz de responder. Esto se debe a que tenía una enfermedad rara y es muy triste, pero Ryan no podía mover el cuerpo como ustedes y al final no pudo seguir respirando.

—¿Se murió? —preguntó Chase.

Chase se veía tan triste que dudé en continuar. Me daba cuenta de que era demasiada información para que la comprendieran estos dos pequeños llenos de vida. Había sido difícil para mí asimilarla cuando empecé a comprender que mi hijo no estaba bien.

Era mamá primeriza, pero recuerdo que pensé que era extraño que mi hijo no se moviera mucho. Y su llanto. Era tan suave, no se parecía a los gritos desaforados que estaba segura de que los otros bebés daban cuando lloraban. Todo el mundo me aseguró que era "un bebé muy bueno", dulce y pasivo. Todas las nuevas mamás se preocupan, ¿no es cierto? Por eso me obligué a hacer caso omiso de esas vocecitas interiores que me decían que algo estaba mal.

Más o menos cuando tenía tres meses le dio un resfriado a Ryan que luego se convirtió en una infección pulmonar; Ryan tosía tan quedo que sonaba como el maullido de un gatito recién nacido. Ryan tenía pulmonía, ya suficientemente grave de por sí, pero las razones por las que contrajo la infección resultaron ser más alarmantes. Se tardaron unos meses, pero al final nos dieron una respuesta. Ryan tenía un trastorno neuromuscular genético llamado enfermedad de Werdning-Hoffman.

Nadie sabe qué hacer en realidad cuando recibe una noticia así. De forma extraña, en ese momento mi vida se paralizó, como si tomar un café *latte* o salir a caminar por las mañanas fueran frivolidades a las que no tenía derecho ahora que sabía que mi bebé no tendría una vida normal y que, para colmo, sería breve. Nos dijeron que nos lleváramos a nuestro bebé a casa y que disfrutáramos del tiempo que estaría con nosotros, y aunque fue difícil, aceptamos el consejo del doctor. Ryan nunca alcanzaría ninguno de los hitos de desarrollo que describían en los libros que leí hasta el cansancio durante el embarazo, pero tenía un espíritu bello, intelecto agudo e interés penetrante en todo lo que ocurría a su alrededor. Les sonrió a los niños disfrazados que fueron a pedir dulces en Halloween, miró con deleite los globos y festividades en la fiesta de cumpleaños del vecino y hacía ruiditos suaves, que parecían arrullos, al ver a una simple mariposa. Su alegría se volvió la mía.

A veces mis amigas me decían que no imaginaban cómo podrían sobrellevar una tragedia así. ¿Y quién puede? Simplemente resistía y me apoyaba en familiares, amigos y la reserva inesperada de fortaleza que Dios me dio como regalo. Poco a poco me resigné a la enfermedad de mi hijo y comprendí que tendría que aceptar un futuro muy diferente del que había planeado; entonces tomé otra decisión. Decidí acoger todo lo bueno de la vida, trátese de la alegría de esos pocos días que tendría con Ryan o algo infinitamente menor, como una caminata tranquila una mañana perfecta, o los chícharos que crecían en mi jardín.

Cada persona tiene su propio proceso, su propio tiempo. Para mí, saber que era capaz de responder a semejante golpe y continuar viviendo una vida plena y alegre fue un momento definitorio. Ryan murió cuando tenía catorce meses. Ahora tengo dos hijos que nunca lo sustituirán, pero que me recuerdan que a pesar de que he perdido, también he recibido. Ryan murió poco antes de Navidad y compramos el pequeño abeto en conmemoración de él.

Les di otros adornos a cada uno de mis niños: uno, un pequeño marco con el retrato de Ryan, y el otro, una pequeña cuna de madera con un osito sonriente. Los observé mientras colgaban sus ornamentos con cuidado, y aunque todavía eran muy pequeños, noté la ternura con que los colocaron en una rama.

El árbol sigue creciendo junto con mis hijos y adornarlo cada temporada navideña es una de nuestras tradiciones familiares predilectas. Ahora, Zachary y Chase son más altos que yo, y el árbol se yergue con orgullo al cielo; ya es demasiado alto para que alcancemos sus ramas superiores, pero sigue siendo un precioso recordatorio de un niño que aún ocupa un lugar entrañable en nuestros corazones y es testimonio de la lección de crecimiento y supervivencia que sostuvo a nuestra familia.

DONNA BROTHERS

Caldo de Pollo
para el Alma

9

CAPÍTULO

# Sanar a tiempo

# 83

# El árbol de Joshua

El duelo es muy similar al agua que discurre entre las rocas de un río. Necesita tiempo para moldear a la persona. He aprendido a dejar que el dolor me vaya moldeando poco a poco y esperar a que lime las asperezas para dejarme con el corazón del superviviente.

Joshua nos dejó hace cinco años después de quitarse la vida en un ático solitario a kilómetros de distancia de quienes lo amábamos. Creo que pensó que sería más fácil para mí. No fue así. En cambio, me torturó no haber estado a su lado cuando exhaló su último aliento. Aunque muchos de los días posteriores a su muerte me dan vueltas en la cabeza, recuerdo un día en particular. Fue el día que aprendí que ser madre no termina con la muerte.

Era un día húmedo y gris cuando entré en el cementerio a la orilla del mar, el que sería la nueva morada del cuerpo de mi hijo. Las piernas apenas podían sostenerme y si no fuera por el apoyo de mi mamá y papá no habría podido tenerme en pie. Paseé la mirada por las lápidas y mi cuerpo experimentó el delicado equilibrio entre el dolor y la conmoción. Me parecía que se alternaban para manifestarse: uno me pedía comprender lo que estaba sucediendo y el otro me protegía de ello.

> A solas
> Los árboles se inclinan
> para acariciarme
> La sombra abraza mi
> corazón.
>
> CANDY POLGAR

Un hombre alto con un portapapeles se nos acercó y comenzó a hablarnos sobre planes y parcelas mientras señalaba los pequeños cuadros que representaban parcelas vacías en el diagrama de la hoja de papel.

—¿Buscan una sola o varias? —preguntó—. ¿En qué parte les gustaría que sepultáramos a su hijo?

Mientras hablaba, vi un árbol a lo lejos. Antes de darme cuenta, corrí a guarecerme en ese refugio de esta tormenta de dolor. Las ramas se inclinaban sobre mí, protegiéndome del calor y alejándome de la dolorosa conversación que acababa de abandonar.

Lo observé, casi hipnotizada por la fortaleza del árbol y también su vulnerabilidad. Se parecía tanto a mí. Era un roble de tronco ancho y ramas que se extendían hacia el mar. Había muchos pájaros cantando y ardillas correteándose entre las hojas. Sentí la presencia de la vida y la protección al mismo tiempo y deseé que Joshua fuera sepultado ahí mismo donde me hallaba. Me quité las sandalias un momento para sentir el césped y de pronto comprendí que ése era el lugar para mi hijo. Si yo no podía estar ahí para protegerlo, este árbol sería su refugio. Entonces grité:

—¡ÉSTE ES EL LUGAR PARA MI HIJO!.

Todos se volvieron a ver a una madre parada bajo la sombra de un árbol, con la cabeza en alto y el cuerpo firme, que estaba usando hasta la última gota de energía que le quedaba para asegurarse de que ese último acto de amor por su hijo en esta vida fuera igual a cualquier otra decisión que tomó siendo su madre. Me aseguré de permanecer en el momento todo el tiempo posible, incluso mientras la realidad insoportable y el horror se apoderaban de mí.

—Por favor, éste es el lugar en el que debe descansar el cuerpo de mi hijo.

El hombre observó el lugar un momento, miró a su alrededor para ver si era posible, y luego echó otro vistazo a la hoja que tenía en las manos.

—Lo siento, pero no tenemos lugar aquí; el cementerio no se extiende hasta esta zona —explicó, con una mirada de decepción.

Debo de haber sucumbido a la dulce seducción de una pausa momentánea del dolor y dejé la realidad atrás. Las palabras negativas que escuché parecían haber rebotado en mis oídos, ya que estaba convencida, en el fondo de mi corazón, que pasara lo que pasara, mi hijo descansaría ahí.

—Éste es el lugar de descanso de mi hijo —repetí sencillamente, con voz calmada. Y parada entre dos mundos, esperé.

Algunos minutos más tarde, después de caminar, hacer llamadas telefónicas y revisar sus papeles, regresó a donde yo estaba y anunció con orgullo:

—Su hijo descansará en paz aquí, bajo este árbol.

El corazón se me iluminó, aunque no había lugar en ese momento para la alegría. Sin embargo, estaba orgullosa de que incluso después de que la vida se escapara del cuerpo de mi hijo, después de que su alma hubiera partido de este mundo, aún seguía siendo la mamá de Josh. Y entonces colapsé en el automóvil, sin más energía o vida en mi interior. Di todo lo que pude ese día.

En los años posteriores a la muerte de Josh, este árbol ha sido un verdadero sirviente de aquellos que se sientan un momento junto a mi hijo. Nos ha protegido de la nieve y la lluvia, e incluso ha cuidado las numerosas flores que sembramos junto a la lápida. El árbol oye el llanto de una madre desesperada y el de la familia cuando pedimos que Josh regrese. Hubo muchas ocasiones en las que fui ya tarde por la noche, porque me sentía incapaz de dormir sin darle un beso de buenas noches a mi hijo, y el árbol fue mi único refugio.

Este árbol también ha sido testigo de momentos de risa cuando las hermanas de Joshua juegan a las cartas y le cantan o le cuentan los chistes bobos que le encantaban. Aunque este árbol ha dado mucho de sí, la bendición más grande que guardo en el corazón es que me enseñó a respetar mi dolor y a dejar que me llevara a donde tenía que ir.

En el quinto aniversario de la muerte de Joshua, cuando fui a visitar a mi hijo, noté que el árbol ostentaba con orgullo un letrero de madera tallado a mano, atado al tronco con un lazo grueso. El letrero decía: "EL ÁRBOL DE JOSHUA".

AMANDA POOL

# 84

# Un libro de recuerdos

Joe murió el 22 de diciembre de 2008 en casa, como lo había deseado y no en un hospital entre extraños. Sostuve su mano y dije en silencio una plegaria: "Dios mío, llévate en paz y sin miedo a mi esposo". Lavé su cuerpo y lo vestí modestamente para regresarle la dignidad en la muerte que no pudo disfrutar en las últimas semanas de vida.

Sentí cómo se enfriaba la piel al quitarle la ropa sucia para bañarlo. Ya no podía oír el sonido rasposo de su respiración dificultosa o sentir la chispa de la vida, la esencia de su ser. Encontré satisfacción en este acto final de amor.

> El dolor es también medicina.
>
> WILLIAM COWPER

El cuerpo de Joe estaba preparado cuando los asistentes de la funeraria llegaron. Me pidieron que saliera de la habitación mientras colocaban su cuerpo en la bolsa para cadáveres.

—No hay necesidad —repuse—, ése no es mi esposo; sólo son sus restos mortales.

Durante las primeras semanas después de su muerte estuve como anestesiada. Pasaba los días en una niebla espesa y las noches llorando. Hablaba con Joe al acostarme. Siempre terminábamos el día diciendo "Te amo, buenas noches" antes de apagar las luces. Yo continué con mi parte de ese intercambio. Él ya no podía responder, pero eso no modificaba mi necesidad de repetir nuestro ritual nocturno. Confiaba en que su espíritu pudiera escucharme. Observaba su foto durante horas. Abrí una botella de su loción para después de afeitar para recordar su aroma. Dormía en su lado de la cama. Escuchaba su canción favorita, "What a

Wonderful World". Y repetía en la mente las palabras que me dijo cuando le diagnosticaron cáncer terminal: "Voy a vivir hasta que me muera".

Posteriormente aumenté mis monólogos. Cuando llegaba a casa del trabajo, le contaba sobre mi día, en especial le hablaba de la amabilidad con la que mis colegas me trataban. O discutía los problemas que enfrentaba. Joe siempre me tranquilizaba cuando me llenaba de ansiedad ante los problemas. Incluso después de morir, confiaba en que me mostrara el camino que debía seguir.

Sin embargo, aún me lamentaba de ciertas cosas. Nuestro nieto, Ethan, celebró su primer cumpleaños apenas tres días después de que Joe murió. Ethan nunca conocería a su abuelo. Nunca recordaría cuánto lo amaba Joe y tampoco sabría cuánto amamos a Joe.

Comencé a anotar algunas ideas, cosas que quería que Ethan conociera. Escribí una carta con los pensamientos que Joe expresó antes de caer en coma. Necesitaba hacer un registro mientras los recuerdos seguían frescos en la mente.

Le pedí a nuestro hijo John una copia de las palabras que pronunció en el funeral de su padre. La guardé junto con los últimos pensamientos de Joe. Entonces comencé a compilar mis recuerdos de los buenos momentos que pasamos juntos. Incluí cada reminiscencia en una carta para Ethan.

Mientras escribía me di cuenta de que así podía darle a mi nieto una visión de la vida de Joe, de su bondad y su filosofía. Y así comencé mi manuscrito *Cartas para Ethan*.

Al escribir cada carta, experimenté una sensación de gratitud desbordante por los años que Joe y yo pasamos juntos. Escribir mis memorias fue un proceso catártico. La alegría ocupó el lugar de la tristeza. Me pareció que la felicidad había vuelto a mi vida. Ya no me sentía vacía y sola. Sentí el mismo amor que había sido mío durante treinta y cuatro años de matrimonio.

En lugar de limitarme a ir a terapia para procesar mi duelo, creé algo especial para Ethan y para mis futuros nietos.

Hay ocasiones, mientras escribo las memorias, en que me siento un poco triste. Pero mucho más a menudo siento el amor de Joe. Hablo con él cada vez con menor frecuencia, pero puedo sentirlo a mi lado cuando me abro a su presencia.

Al recordar nuestra vida de amor y escribir sobre los buenos momentos, he podido dejar atrás el dolor de la pérdida y sentir gratitud por lo que compartimos.

SHARON F. SVITAK

# 85

# David

Se suponía que la noche anterior iba a ir a una fiesta de Halloween en Indianapolis, a una hora de distancia de donde vivía. Sin embargo, un amigo de la infancia murió en un accidente automovilístico esa misma semana y no estaba de humor para estar rodeada de gente que no conocía. Si hubiera ido a Indianapolis, no habría revisado la página de Livejournal tan temprano por la mañana del domingo, y no habría encontrado la nota de un amigo de un amigo en la que me informaba de la muerte de mi primo. No habría atravesado todo el pueblo para llegar a la casa de mi madre para revisar su máquina contestadora y no habría oído el mensaje que dejó mi tía diciendo simplemente en voz entrecortada: "Algo ocurrió y necesito hablar contigo lo más pronto posible". Si hubiera ido a la fiesta, habría tenido un día normal antes de que mi vida se viniera abajo para envolverme en una especie de burbuja impenetrable de dolor e ira.

> Aunque el sol se haya ocultado, tengo una luz.
>
> KURT COBAIN

Lloré durante días, apenas lograba pasar una clase o un turno en el trabajo sin romper en llanto. Mi madre y yo ayudamos a mi tía a planear el funeral y a hacer las llamadas telefónicas para informar a todos de la muerte de mi primo. Tengo un recuerdo borroso del servicio funerario, igual que de casi todo el mes siguiente.

El hecho de que David se hubiera suicidado hacía la situación aún más difícil. Nadie sabía que decir, ya que el suicidio es un tema tabú y yo quería, mejor dicho, necesitaba hablar sobre mis sentimientos y eso me hizo darme cuenta de que en realidad tenía muy pocos amigos. Me preocupaba que en parte, esto fuera mi culpa debido a que había tomado la decisión de esperar a que él me llamara porque estaba harta de ser la única que se esforzaba en la relación. Él nunca llamó.

Cuando murió, habían pasado casi tres meses desde nuestra última conversación y odiaba pensar que mi obcecación me había impedido ayudarlo a superar lo que fuera que lo llevó a tomar esa última decisión. También estaba enojada con él. Estaba enojada por haber cometido un acto tan egoísta. Estaba enojada porque dejó a un niño de seis años sin padre. Estaba enojada porque me había pasado veinte años defendiendo sus actos ante la familia y ahora él les demostraba que tenían razón. También estaba enojada porque me preocupaba estar exagerando. David era mi primo, después de todo, y ni siquiera había hablado con él en varios meses.

Pasé un largo tiempo debatiéndome entre la desesperación y la ira. No pasaba un solo día sin que algo me hiciera pensar en él. Algunas veces era una canción de Nirvana en la radio o encontrar una carta vieja o una fotografía suya. Recuerdo que cuando ahorcaron a Saddam Hussein, un amigo de mi novio trató de enseñarme un video en YouTube. Comencé a llorar y me encerré en el baño. Sin embargo, después de un tiempo, pude volver a escuchar las mismas canciones y leer las mismas cartas sin centrarme únicamente en el duelo; fui capaz de empezar a verlas como lazos que me unían a David; se trataba de cosas que podía asociar de forma positiva con él. Me di cuenta de que aunque su muerte fue algo horrible, mis recuerdos de él no lo eran y no debía dejar que la tragedia de lo ocurrido cambiara mi relación con él por completo. Han pasado casi tres años y ahora puedo pasar días sin pensar directamente en él; sin embargo, cuando pienso en él, rara vez los recuerdos me hacen llorar.

Pese a todo, aún hay días en que algo detona mi necesidad de duelo, mi necesidad de rodearme de pensamientos suyos. Cuando esto ocurre, abro el último cajón de mi escritorio y saco una bolsa de plástico que contiene dos camisetas que todavía conservan su olor. Abro la bolsa y aspiro.

AMY VICTORIA AUSTIN HERT

# 86

# Siete etapas revueltas

Algunos dicen que el duelo tiene siete etapas
Otros dicen que once o más; qué agotador.
Es mi rebeldía
La que me hace omitir la negación y llegar al dolor.

> Aquellos que no saben llorar con todo el corazón, tampoco saben reír.
>
> GOLDA MEIR

Los amigos tratan de consolarme con palabras
Pero toman mi experiencia y la sobrescriben con la propia
Como un artista que pintara al óleo sobre acuarela.

Pruebo los remedios habituales
Romper platos en el garaje y golpear almohadas
Pero luego tengo que barrer los pedazos y devolver la forma a las almohadas.

Salgo a caminar sola un amanecer de verano, cuando el pasto está mojado por el rocío
Respiro profundamente y suspiro despacio
El amanecer color rosado grisáceo sólo me rompe de nuevo el corazón.

Y entonces un día cualquiera
Que no aparece marcado en ningún calendario

Siento que la boca me tiembla con el primer esbozo de una sonrisa.

De inmediato sigue la culpa.
¿Cómo me atrevo a ser feliz?

La alegría persiste como los árboles que crecen en las peñas escarpadas.

Fue en algún punto intermedio entre las etapas cinco y siete,
En algún punto entre el vestido negro y el día que lo doné a la beneficencia.

La aceptación no es el primero ni el último paso
El dolor tiene voluntad y ferocidad propias.
Pero descubrirás que esa última etapa
Comienza con una sonrisa trémula.

Una sonrisa que se despliega para llevar alegría a tu alma.

SUSAN JEAN LAMAIRE

# 87

# La tía Bestia

La tía Janice era el tipo de persona que te derretía el corazón con su sonrisa; que daba calor a todo tu ser con su presencia; que tocaba tu alma cuando pensabas que nadie quería acercarse. Su risa era efervescente y contagiosa, salía directamente de las entrañas. Olía a flores dulces y a algo más; algo que nunca pude identificar del todo, pero olía muy bien. Algo que percibía cada vez que se acercaba para susurrarme algo al oído; secretos revelados en voz baja, dirigidos únicamente a mí. Con su melena dorada y ojos color esmeralda que retaban a cualquiera a atreverse a meterse con ella; era despampanante, o me quedo corta, era el epítome de la belleza. Qué irónico me resulta pensar, años después, que haya pasado toda mi vida llamándola "Tía Bestia".

Hay cosas que no queremos que ocurran pero que debemos aceptar; cosas que no queremos saber pero debemos aprender; personas que no podemos vivir sin ellas pero que debemos dejar ir.

ANÓNIMO

La tía Bestia era la hermana menor de mi padre; la más pequeña de cinco hijos; la amada tía de diez sobrinos y sobrinas. No tiene importancia de dónde surgió el apodo de Bestia. Lo que es importante es que fue, y sigue siendo, un apodo cariñoso que reverbera en la familia constantemente. Hablamos sobre los objetos de colección de la tía Bestia, sus vestidos extravagantes y sus locas tendencias de señora amante de los gatos. Hablamos sobre sus amores, sus pasiones, deseos y de sus sueños. En ocasiones hablamos de cómo sería si siguiera viva en el presente.

Cuando yo estaba en preparatoria, me enteré de que la tía Bestia estaba enferma y que ya llevaba así un tiempo. No era el tipo de enfermedad que yo conocía; no se trataba de una gripe, un resfriado o un dolor de estómago. La tía Bestia estaba deprimida. Yo era una adolescente emotiva de quince años y no comprendía. Está bien, está enferma, ¿y qué? Yo saqué 65 en mi examen de matemáticas y tuve una fuerte pelea con mi mejor amiga; yo también estaba deprimida. A fin de cuentas, para eso estaban mis padres, ¿o no?

—La tía Janice está enferma. Tiene depresión.

"Sí, bueno", pensé, "bienvenida al club."

Durante dos años le resté importancia a la enfermedad de mi tía; no directamente con ella o con cualquier otra persona de mi familia, sino en mi interior. En vista de que era joven y podía levantarme en tiempos difíciles para seguir adelante con mi vida, ¿no podían hacer lo mismo los demás? Cada vez que veía a la tía Bestia, nunca parecía estar enferma, nunca actuaba como enferma, siempre expresaba su profundo amor por mí y constantemente me reiteraba que no le pasaba nada a pesar de mis intentos por lograr que confesara lo contrario.

—¿Cómo estás, tía Bestia?

—Bah, estoy muy bien, cariño.

—¿Bien? ¿Estás segura?

—Claro que sí. Me siento agotada, insegura, neurótica y emotiva, pero estoy bien.

Ambas nos reímos de su respuesta, y no hice demasiado caso, como siempre, ya que estaba acostumbrada a su modo de ser, tan desconcertante como podía llegar a ser. Entonces dejaba el asunto por la paz, porque si ella decía que estaba bien, entonces así debía ser. Siempre sonreía y reía y me decía cuánto me amaba. Nunca le di mucha importancia a su definición de estar "bien". Estaba en un estado de negación tal que siempre me conformaba con el "bien" que respondía la tía Bestia, en lugar de observar con cuidado lo que realmente ocurría en su alma.

Nunca tuve oportunidad de vislumbrar los fragmentos de su alma. La tía Bestia murió en noviembre de mi último año de preparatoria, en su casa cerca del lago, se suicidó.

Los primeros días después de su muerte me resultan nebulosos. Estaba conmocionada. Mi papá y sus hermanas trataron de encontrar sentido al asunto; trataron de entender por qué había sucedido lo impensable.

Le pregunté a mi papá si tenía alguna idea; si sabía por qué sufría, o por qué no habíamos hecho nada por ayudarla.

—Sabíamos que estaba triste. Sabíamos que estaba deprimida. No teníamos idea de que iba a hacer esto.

Y aunque me daba cuenta de que ella nunca nos lo dijo explícitamente y que yo no hubiera podido solucionar sus problemas, me sentía culpable por no haber estado ahí con ella; por no comprender. En general, me sentía culpable por haber sido tan ingenua. Decidí hacer caso omiso cuando la tía Bestia me decía que estaba "bien". No quise llegar al fondo ni creer otra cosa que no fuera que ella era una mujer fuerte, saludable y hermosa y que así sería siempre.

Con el tiempo, el sentimiento de culpa disminuyó y ahora entiendo que no puedo culparme por la muerte de la tía Bestia. Yo sé que ella sabía que la amaba con todo el corazón, que aún la amo y que siempre la amaré. Sin embargo, me gustaría haber prestado más atención; quisiera haber examinado con mayor cuidado su problema de depresión; quisiera haber tomado el asunto con mayor seriedad. La extraño cada día de mi vida, pero el dolor es ahora esporádico en lugar de ser constante. Su amor, sus esperanzas, sus deseos y sus sueños… ella siempre será parte de mí. Aún me parece oír su voz susurrando secretos sólo para mí.

—¿Cómo estas, cariño?

—Bah, estoy bien, tía Bestia.

—¿Bien? ¿Estás segura?

—Ahora que lo pienso estoy más o menos.

Carly Commerford

# 88

# Calcomanías

Una noche muy fría de marzo mi hermana Joey tuvo un accidente automovilístico. Iba sola en el auto. Al pasar por una curva a alta velocidad, perdió el control del vehículo y chocó contra un árbol. Murió al instante. Ella tenía dieciocho años y yo veintiséis.

Como es lógico, los meses que siguieron a su muerte fueron muy difíciles para mi madre y para mí. Mi mamá y su segundo esposo, el padre de Joey, se habían divorciado unos años atrás, así que cada quien guardó luto por su cuenta. Mi madre y yo la lloramos juntas. Nuestra familia fue muy cariñosa y solidaria: Penny, la hermana de mi madre y sus hijos, mi esposo, mi padre y su esposa y muchos otros familiares cercanos y lejanos. Teníamos amigos nuevos y viejos que también estuvieron ahí para apoyarnos. Sin ellos creo que no hubiéramos llegado tan lejos como lo hicimos en tan poco tiempo. Cada vez que mirábamos atrás había alguien alentándonos a seguir adelante; especialmente a mi madre.

> Dice bien aquel que afirma que las tumbas son las huellas de los ángeles.
>
> HENRY WADSWORTH LONGFELLOW

Sin embargo, en poco tiempo se fueron alejando las visitas y el correo contenía más cuentas por pagar que tarjetas de pésame; además, tuvimos que regresar a trabajar. Fue entonces cuando nos vimos obligadas a dudar de nuestra fe. ¿Qué más podíamos hacer? Es cierto que nos teníamos una a la otra, junto con toda la gente maravillosa que nos había apoyado en las últimas semanas. Sin embargo, si Joey se había ido para siempre, ¿qué razón teníamos para seguir adelante? Todos nuestros planes futuros la incluían. Cada día teníamos que enfrentar la pregunta: "¿Es éste el plan de Dios para el resto de nuestras vidas?". Simplemente no podíamos aceptar el hecho de que ella ya no estuviera con nosotros.

Al cabo de unos meses, cuando se acercaba la fecha de su cumpleaños, organizamos una pequeña fiesta con mi tía y mis primos. Antes de perder a Joey, habríamos pensado que era algo tonto hacer una fiesta para alguien que ya no estaba; sin embargo, cambiamos de parecer. ¿Cómo podíamos dejar pasar la fecha sin festejarla? Hicimos un pastel e incluso le pusimos una velita. Los cuatro cantamos "Feliz cumpleaños" deshechos en lágrimas y yo intenté decir una plegaria al final. Era algo que necesitaba hacer con desesperación. Fue difícil, pero logré decir lo que quería: "Dios mío, ayúdanos a tener fe en que Joey está a Tu lado. Si nos das esa certeza podremos seguir adelante sabiendo que volveremos a verla algún día".

El tiempo siguió pasando y los días volvieron a ser cálidos. Mi mamá sintió la urgencia de limpiar, reorganizar y cambiar las cosas. La ropa de adolescente, zapatos y otras pertenencias de Joey se habían quedado intactas durante muchos meses. Ambas sabíamos que era bueno revisarlas. Apartamos su ropa y zapatos para donarlos. Mi mamá llevó uno de los muñecos de peluche favoritos de Joey a un niñito del jardín de niños donde doy clases que necesitaba mucho sentirse querido. Cuando le dio el oso de peluche, su cara se iluminó y también la de mi madre.

Luego nos topamos con una caja llena de cosas que Joey había empacado de la casa de su padre. Estaba en su armario desde hacía casi un año esperando a que la revisara y ahora la tarea recayó en nosotras. Habría sido fácil sacar la caja a la calle para que la recogiera el camión de la basura; sabíamos que en su mayoría eran cosas sin importancia. Sin embargo, no quisimos arriesgarnos a quedarnos sin alguna fotografía suya que no tuviéramos o una carta que le escribió a su mejor amiga en la clase o alguna otra cosa que contuviera la caja.

Como era de esperar, la caja contenía más animales de peluche. Le encantaban los animales de todo tipo y hubiera tenido tantos animales vivos como tenía peluches si mi mamá se lo hubiera permitido. Había también cuadernos de espiral con los nombres de sus amigas y los nombres de los chicos que les gustaban escritos con letra cursiva. También había un pequeño alhajero con varios pares de aretes. Encontramos dibujos del caballo que tuvo y entrenó varios años al que llamó "Dolly" y el nombre estaba escrito al lado de los dibujos. Por último había calcomanías; muchas calcomanías. Los álbumes de calcomanías no eran tan populares cuando ella era niña como cuando yo lo era; sin embargo, ella y sus amigas las coleccionaban. Encontramos cartas y cuadernos adornados con calcomanías y dibujos con calcomanías alrededor.

Entonces noté algo que brillaba. Me acerqué y me di cuenta de que se trataba de otra calcomanía. No era sólo una, sino dos calcomanías idénticas. Eran grandes, probablemente de unos cinco centímetros de ancho por siete y medio de altura y estaban aún en su envoltura original. Lo brilloso que me llamó la atención era el fondo plateado. Mi primer pensamiento fue que probablemente se trataba de calcomanías que el dentista o el médico le habían regalado. Cuando me acerqué me di cuenta de que tenían algo escrito. Levanté una para examinarla de cerca. Decía "Soy un ángel" en una cinta que cruzaba un vestido blanco. El vestido lo llevaba puesto una niña pequeña que tenía alas y aureola y sostenía un arpa.

—Estas dos calcomanías son para nosotras —le dije a mi mamá y le entregué una de ellas. Lo sentí con todo el corazón.

Incluso ahora después de todos estos años, veo mi calcomanía y siento lo mismo que aquel día. La tengo en un marco plateado para que combine con la calcomanía. Aunque todos los días paso junto a ella, no siempre la veo. No necesito hacerlo. Comprendí desde el primer momento que volvería a ver a Joey algún día. Sin embargo, por ahora necesito seguir adelante.

JANE BARRON

# 89

# Cajas blancas

Dos sencillas cajas blancas definen toda mi vida. Hace cuatro largos años, estas pequeñas cajas llegaron a la puerta de mi casa y aún me quitan el aliento cuando pienso en su llegada.

Hay una canción de John Lennon que dice: "La vida es lo que ocurre mientras estás ocupado haciendo planes". Unos meses antes de que ocurriera lo inimaginable, estábamos en las nubes.

Después de meses de buscar la casa ideal, el lugar de nuestros sueños se materializó para mi esposo Duane y yo. La llamamos nuestra "casa milagrosa", ya que llegó a nuestra vida en el momento preciso en que la necesitábamos. Nos sentíamos como adolescentes, embriagados con la idea de tener una propiedad que pudiera ser refugio para amigos, familiares y clientes ocasionales. Albergaría también nuestras oficinas para poder trabajar desde casa. Nuestra pequeña casa era una joya junto al lago; era tan pequeña que no tenía nombre.

> En un alma gemela no encontramos compañía, sino soledad compartida.
>
> ROBERT BRAULT,
> www.robertbrault.com

Después de mudarnos, Duane decía a menudo: "Nosotros somos simplemente los mayordomos que cuidan de este lugar".

No pensaba que alguien pudiera ser dueño de algo que literalmente era mágico. Seleccionó con cuidado el lugar perfecto para colocar nuestras campanas de jardín que hizo con materiales reciclados y las colgó con orgullo en un marco de cedro de poco menos de dos metros de altura. La amplia gama de sonidos profundos y vibrantes nos dejaba maravillados. Ese sonido tranquilo y suave se mezclaba con todo lo que nos ofrecía la Madre Naturaleza: garzas azules, círculos dibujados por carpas en el agua, ranas y búhos que cantaban entre ellos de una orilla a la otra. Teníamos todo un mundo de encanto en nuestro patio. Estábamos asombrados de que la vida pudiera ser tan buena en los suburbios de la ciudad.

La casa en sí estaba rebosante de posibilidades, y se erguía con orgullo sobre el lago, como un diminuto *Titanic* a punto de zarpar. Al mirar a través de las ventanas y puertas afrancesadas, se veía una cubierta que abarcaba todo el largo de la casa con varios comederos de aves colgando de los árboles. Una cubierta inferior contenida por marcos de hierro fundido para soportar el viaje a otro mundo conducía a un tercer nivel inferior con un pequeño muelle lo suficientemente grande para atracar una lancha pequeña. Bromeábamos acerca de que no dejaríamos nunca ese lugar y que tendrían que sacarnos de ahí con los pies por delante en una camilla.

Gracias a mi esposo, la casa tenía 370 metros cuadrados de pintura fresca, con ricos matices de color mantequilla, terracota, cobre y turquesa en las habitaciones deseosas de expresarse. Las vistas maravillosas nos permitían atisbar un mundo acuático sagrado. Llenamos los espacios con mesas rústicas, antigüedades, pinturas, plantas, alfombras tejidas a mano, libros, música y los escritos de Duane. Bandejas de velas, tazones de cristal con los frutos de la naturaleza y vasijas con flores adornaban las mesas. La casa era una obra de arte en confort, colores, contrastes y texturas.

Le dimos forma a estos espacios respetando las vistas de caleidoscopio. Trabajábamos juntos como si estuviéramos unidos por la cadera. Era difícil salir de la casa, aunque fuera sólo para ir a comprar cosas necesarias. Terminar este nuevo espacio se volvió nuestra misión para ampliar nuestras ofrendas de consultoría creativa al mundo, sin saber lo que el futuro nos deparaba.

A sólo seis meses de que nos mudamos y habíamos desempacado casi todo, al mediodía de un típico sábado, la vida era normal en un segundo y luego todo cambió sin advertencia alguna. El barco que llevaba mi vida empezó a hundirse.

No fue muy diferente de la historia del *Titanic*, donde los pasajeros a bordo estaban llenos de un sentimiento de aventura y de vida. De pronto, el barco chocó con un iceberg. ¡Bam! Se terminó el idilio.

El desastre ocurrió en el piso de la cocina donde la cabeza de mi esposo golpeó con fuerza contra la madera. Había estado haciendo bromas sólo cinco minutos antes. Luego empezó a preparar el desayuno en la cocina. Nunca se enfermaba. Esto no podía estar ocurriendo.

En cuestión de diez minutos, la cocina se convirtió en una sala de urgencias. Los paramédicos rompieron la camiseta de Duane mientras intentaban reanimarlo utilizando un desfibrilador y dándole respiración de boca a boca. Corrí para buscar la tarjeta del seguro médico mientras pensaba: "Gracias a Dios que tenemos esto". Después de minutos de intentos infructuosos por reanimarlo, las manos me temblaban cuando le di la tarjeta del seguro al paramédico. El paramédico dijo: "No va a necesitar esta tarjeta, señora", mientras lo trasladaban en camilla a la ambulancia. Los siguientes días fueron muy confusos, pero tenía que organizar el funeral. Habían pasado tantas cosas que actuaba como autómata.

Como el *Titanic*, mi gran travesía terminó. Nuestra vida se hundió. En cuestión de cuarenta y ocho horas fue cremado y yo me quedé hundida en la confusión de no saber qué hacer después o cómo dirigir un barco que se estaba hundiendo, cómo permanecer a flote mientras la persona que más amaba se había ido. Poco después llegó su precioso cuerpo de vuelta a mí en una pequeña caja blanca de lino envuelta en una bolsa de terciopelo color vino. Eso fue todo: una pequeña caja blanca con sus cenizas dentro.

A veces es así como la vida ocurre mientras estás ocupado haciendo planes.

Después del funeral, el asistente del director de servicios funerarios pasó a verme a la casa. Había dejado algunas veladoras y me las devolvió en una caja blanca de lino idéntica a la otra.

—Nunca había asistido a un funeral donde familiares y amigos se encontraran tan increíblemente en paz, y mire que he estado en este negocio un largo tiempo. Créame, lo que hace estresante este negocio es la desagradable tensión y las discusiones que a veces se dan durante los funerales —comentó él mientras conversábamos en la cubierta superior. Luego miró el lago y añadió—: Este lugar es en verdad especial y hace que uno se sienta en paz.

Las campanas de Duane comenzaron a repicar con un tañido suave y profundo como si su espíritu bondadoso y agradecido estuviera presente para decir: "Gracias". Ese poderoso sonido de "om" vibró a lo largo del día en el arriate de lirios que dormían durante el invierno y resonó en las olas a través del mundo microscópico que Duane amaba.

Ahora creo que él viene en espíritu y hace vibrar las campanas y las luces de la casa. Cada sonido me recuerda que debo estar en el presente mientras creo visiones vitales para mi propia vida. Empaco de manera mecánica y permito que nuestra relación siga su transformación, nuestro sueño y su gloria. Digo adiós por ahora mientras celebro los misterios de la vida, sabiendo que lo que ocurre tiene un origen divino. La vida puede terminar en un instante para luego regresar en una pequeña caja blanca de lino que no ocupa mucho espacio, pero que contiene el universo entero en mi corazón adolorido, pero confiado.

JO ANNE FLAMING

# 90

# Aletea

¿Quién podría no enamorarse de un hombre que considera que una cita perfecta consiste en deambular por los pasillos de Trader Joe's en busca de conchas de caracol; que manda felicitar al chef del restaurante chino del centro comercial por preparar un delicioso plato de pollo General Tso; que se jacta de haber servido huevos benedictinos a sus amigos y familiares en el desayuno de la víspera de Año Nuevo durante veinte años consecutivos? Es evidente que yo no.

No pude evitar enamorarme de Ken la primera vez que salimos cuando fuimos a la bodega de vinos entre Napa y Calistoga y me explicó por qué escogería un chenin blanc para acompañar ravioles rellenos de langosta.

> Los hombres se vuelven más fuertes cuando comprenden que la mano de ayuda que necesitan se encuentra al final de su propio brazo.
>
> SIDNEY J. PHILLIP

De ahí en adelante, aprendí que el vino venía en tres variedades: rojo, blanco y de postre. Nunca había oído hablar de las variedades. No conocía a nadie que preparara ravioles, excepto por el chef Boyardee y pensaba que el repertorio se limitaba al queso y la carne. Tanto mi padre como mi primer esposo eran hombres que sólo comían carne y papas, así que nunca había probado la alta cocina ni sabía mucho de ella.

—¿Dónde aprendiste tanto sobre comida y vino? —le pregunté mientras la cabeza me daba vueltas. No estaba mareada por las pruebas de vino que habíamos tomado en el viñedo, sino por el ingenio y conocimiento de mi nuevo pretendiente.

—Crecí en Modesto —explicó él—. Fui a la escuela con niños cuyas familias eran dueñas de viñedos. Durante años mi mamá estuvo a cargo de un restaurante y por eso me interesé desde que era niño en cómo se preparaba la comida.

—¡Qué impresionante! —comenté—. Yo trabajé como dependienta en Owl Drug cuando era adolescente, pero todo lo que aprendí fue a preparar hamburguesas y *omelettes* estilo Denver. Puedo preparar también carne mechada y estofado, pero eso es todo.

—No te preocupes, me encanta la carne mechada, siempre y cuando no esté bañada con salsa de tomate. Pero después de que nos casemos, yo prepararé la cena si tú prometes limpiar después.

—Trato hecho —contesté mientras soñaba con futuros banquetes preparados por el hombre que al parecer acababa de comprometerse a ser mi esposo.

Así que ahí estábamos; un par de sesentones unidos por medio de un sitio de citas en internet, que apenas nos estábamos conociendo en persona después de meses de cortejo de un extremo del país a otro, por teléfono y correo electrónico, y ya estábamos hablando de casarnos y acordando las reglas de la casa.

Esas reglas funcionaron. Ken disfrutó de su jubilación. Dormía hasta el mediodía sin hacer gran cosa, jugaba con nuestro cachorro Akita y luego preparaba cenas elegantes que servía en bandejas en el estudio del sótano. Comíamos mientras veíamos *Jeopardy!*

—No entiendo cómo sabes tantas respuestas —comentaba él.

—He leído muchos libros toda la vida y aún tengo buena memoria —contestaba yo, halagada.

Ya había alcanzado la cima de mi carrera profesional, por lo que me levantaba antes del amanecer, tomaba el metro a la capital, trabajaba frente a una computadora todo el día y regresaba a casa al atardecer cansada y muerta de hambre. Tenía que contenerme para no lamer el plato.

Entonces, una tarde Ken me preguntó si me gustaban las alitas de pollo. Había cultivado esa especialidad cuando trabajó como administrador de un salón de póquer en los últimos años de la década de los setenta en Reno. A toda la gente que salía de trabajar a las dos de la madrugada le gustaba parrandear un poco antes de irse a casa. Por lo tanto, Ken, a quien le encantaba hacerla de anfitrión, invitaba a los amigos a la casa. Compró una freidora original FryDaddys y se concentró en perfeccionar su receta de alitas picantes.

—Siempre pregunto qué tan picantes quieren las alitas —me explicó—. No quiero que se quede sin lengua la abuelita de alguien.

—A mí me gustan con picante muy suave —respondí, pensando en la suerte que tenía por estar casada con un hombre tan atento.

Yo lo veía mientras preparaba las alitas de pollo y las revolvía en un Tupperware grande con salsa tabasco y mantequilla derretida para dejarlas bien sazonadas antes de meterlas a la freidora.

Tal vez nunca dominaría sus ravioles de langosta o su filete de lomo relleno de arroz silvestre, pero pensaba que éste era un platillo que podía aprender a preparar. Unas semanas después me ofrecí a preparar la cena y le sugerí que se quedara en el estudio y se llevaría una gran sorpresa cuando volviera.

En minutos logré quemar la mantequilla, cortarme el dedo índice al separar las alitas del pollo y salpicar de aceite mis zapatos nuevos de ante. Cuando saqué el apio del cajón de las verduras y vi lo marchito que estaba, rompí en llanto.

—Nena, ¿qué sucede?

Di media vuelta con rapidez. No lo había oído subir las escaleras.

—Nunca voy a poder cocinar algo decoroso —gimoteé.

Ken me abrazó.

—Tu carne mechada es maravillosa, sin una sola gota de salsa de tomate. Preparas un buen sándwich de queso derretido y tu *omelette* estilo Denver no está mal.

—Pero no puedo preparar alitas picantes.

—Ay, querida, no te preocupes. Yo te enseño. Vamos a empezar de nuevo y yo me sentaré aquí a decirte qué hacer.

Y así lo hizo. Incluso me ayudó a resucitar el apio marchito. También sugirió que le pusiera maicena a mi zapato para quitar la mancha de aceite. Eso funcionó también.

En los nueve años que duró nuestro matrimonio, Ken me enseñó algunas otras de sus especialidades y aprendí a cocinar mejor. También mejoró mi disposición, ya que me di cuenta de que él apreciaba los platos sencillos que yo podía preparar bien. Y sobre todo, me apreciaba mucho.

Me enseñó muchas cosas más: a olfatear y hacer girar el vino en la copa antes de beberlo, a jugar gin rummy y a dejar de preocuparme por no hacer todo bien. También me enseñó que recibir amor es tan satisfactorio como darlo.

Hace unas semanas, fui a la pollería del supermercado y vi que las alitas de pollo estaban rebajadas.

"Pero qué maravilla", pensé. "Llevaré un par de paquetes para que Ken las prepare este verano."

Entonces, mientras sacaba la segunda bolsa, recordé. Mi esposo murió el verano pasado después de una valiente lucha contra el cáncer. Ya no está aquí, en su casa de campo donde finalmente se jubiló, para cocinar alitas o cualquier otro plato. Comencé a regresar las bolsas de alitas al refrigerador.

"Espera un minuto", pensé. "Mi adorado esposo me enseñó a prepararlas." Volví a colocar en el carrito de compras.

En septiembre me toca ser anfitriona de mi grupo de lectura. La anfitriona siempre sirve refrigerios y bebemos vino mientras discutimos el último libro. Planeo preparar alitas picantes como botana.

Podría parecer que domino el plato, pero no es así. Ken estará ahí tras bambalinas para guiarme. Me va a recordar que agregue queso azul desmoronado al aderezo, que sumerja el apio en agua helada durante una hora para asegurar que esté firme, que añada unas semillas de apio y una pizca de sal de ajo a la salsa.

¿Quién podría resistirse a amar a ese hombre que se reía a carcajadas y movía la cabeza cuando le preguntaba qué vino iba mejor con las alitas picantes; que decía que la vida es algo más que vino y rosas? Ciertamente yo no. Cuando el grupo de lectura se reúna en septiembre, las señoras tomarán cerveza les guste o no.

TERRI ELDERS

# 91

# Bendiciones cibernéticas

Cuando mi hijo murió, descubrí que leer libros sobre pérdida y duelo me ayudaba hasta cierto punto. Sin embargo, en mayor medida, leer sobre los "pasos" del duelo me provocaba ansiedad y me hacía cuestionarme dónde debería estar y cómo debería sentirme. Ya sea que fuera una reacción normal o no, sentía una insaciable necesidad de hablar sobre mi hijo con cualquiera que estuviera dispuesto a oírme. Necesitaba alguien con quien hablar, pero no quería socializar. Ya era difícil de por sí estar en crisis a solas sin la vergüenza que provoca sufrir un colapso nervioso en público.

> Atrévete a extender la mano hacia la oscuridad para tirar de otra mano hacia la luz.
>
> NORMAN B. RICE

Aprendí a usar la computadora de mi esposo años antes de que mi hijo Donnie muriera y me gustaba visitar varios foros y conversar con personas que compartían algunos de mis intereses. Posteriormente, tres semanas después de dar sepultura a nuestro hijo, estaba sentada frente a su computadora preguntándome si podría encontrar ayuda para una madre que sufría. Encontré un foro llamado "Pérdida de un hijo" y publiqué un mensaje para expresar mi deseo de conversar con otras madres que sentían un dolor similar.

Una mujer que vacacionaba en Nags Head, Carolina del Norte, leyó mi publicación. Ella había estado considerando la idea de iniciar un grupo para que las madres que han perdido a un hijo pudieran escribirse por correo electrónico de vez en cuando. Me registré de inmediato y aquel primer año pude conversar con cerca de diez madres que tenían el corazón igualmente roto.

Cuando empecé a recibir respuestas de las madres, ¡estaba impaciente por ir a la computadora cada mañana! Incluso, recuerdo noches en las que no podía dormir e iba a leer mi correo electrónico. Casi siempre tenía un nuevo mensaje, y comprendí que era una verdadera bendición tener un lugar donde podía compartir cualquier aspecto de la muerte de mi hijo y de su funeral, además de desahogar un poco mi perpetua angustia. En poco tiempo mi esposo me compró mi propia computadora, ya que estaba siempre ocupando la suya.

¡Qué bendición resultó ser del grupo! Muchas de nosotras seguimos siendo amigas cercanas, incluso después de diez años.

Algunas de nosotras nos reunimos cada año donde vive alguna de las madres. Cuando eres una madre que perdió a su hijo sientes una fuerte conexión con tu hijo incluso después de la muerte, como si nunca hubieran cortado el cordón umbilical. ¿Cómo podríamos no querer hablar sobre nuestros hijos con otras madres y ayudar a mantener su recuerdo vivo de esta manera?

También comenzamos a hacer donaciones a varios centros e institutos el día del cumpleaños de nuestros hijos. Las cobijas van a los hospitales y a las casas de asistencia Ronald McDonald; los libros los enviamos a las bibliotecas escolares y programas de lectura para niños en edad preescolar; los juguetes los enviamos a las guarderías y los medicamentos, a las enfermerías de las escuelas; donamos ropa a los centros de apoyo escolares. ¡Muchas de nosotras aprendimos a tejer mantas de bebé por primera vez! Todas contribuimos en cada donación en honor de nuestros hijos. Nuestras donaciones continúan en el presente.

Por todo ello, estoy muy agradecida por la "bendición" de tener estas amigas en mi vida. Hemos llorado juntas en nuestros teclados manchados de lágrimas en nuestra respectiva casa y también hemos derramado lágrimas en persona, cuando podemos reunirnos. No hay nada en el mundo como un abrazo "real" de otra madre con el corazón igualmente acongojado. Hemos llegado a conocernos como familia y ahora parece que compartimos más risas que lágrimas. Cada hijo guarda un lugar especial en nuestros corazones y creemos sin lugar a duda que todos ellos son amigos en el más allá.

BEVERLY F. WALKER

# 92

# Ponerse en el lugar de mi padre

—¿Quieres alguna de estas cosas antes de que las envíe a la beneficencia pública? —miré las camisetas que mi madre había apilado en el comedor. Eran las camisetas de mi padre. Estaban apiladas sobre la mesa que recién había vuelto a su lugar habitual frente a las ventanas con vista al jardín frontal. Ayer recogieron la cama de hospital que él ocupó durante seis semanas y en la que murió.

¿Qué podía hacer con la ropa de mi padre?

Deambulé por la casa y comencé a sacar otras prendas familiares, como la camiseta teñida que los nietos le hicieron con ayuda de una tía de espíritu aventurero. Rayaba en lo aborrecible, pero sería un excelente camisón. También saqué la camiseta polo roja. No me gustaba mucho el rojo; el negro es más mi estilo; sin embargo, me resultaba tan familiar que no pude imaginarla empacada en una caja de donación. La cazadora impermeable a cuadros negro y rojo estaría bien para las faenas de la granja; si es que algún día tenía una.

—Seguro, me llevaré algunas —eso significa que me llevaría al menos cinco prendas.

> Él no me dijo cómo vivir; vivió, y me dejó observar cómo lo hacía.
>
> CLARANCE BUDINGTON KELLAND

Me llevé la ropa a casa. Lo primero que hice fue lavarla y luego volver a hacerlo. No podía soportar el aroma a detergente floral; hasta la fecha no lo tolero. Ese aroma me recuerda el cáncer, las camas de hospital y a papá agonizando delante de mí. Sin embargo, si me deshacía del aroma, podría usar la ropa. Y usar la ropa me permitió aceptar el hecho de que papá ya no estaba aquí.

No recuerdo mucho de la relación que tenía con mi padre cuando era adolescente. No peleábamos; simplemente no hablábamos mucho. Siempre estuvo ahí cada vez que lo necesité, pero nuestra relación padre-hija no era la típica relación inmortalizada en cuentos y canciones.

Crecí, me fui a la universidad, luego al posgrado y después a trabajar. Cada vez existía un mayor espacio geográfico entre nosotros, pero nuestra relación siguió igual. Siempre estaba ahí cuando lo necesitaba.

Como muchos adolescentes y luego como una arrogante mujer joven, juré que nunca sería como él: maestro y granjero, era muy buen hombre. Yo iba a ser exitosa: una científica que viajaría y tendría mucho dinero. No obstante, descubrí algo curioso respecto a mi empleo de altos vuelos.

No me hacía feliz.

Quería raíces, tierra limpia y personas que supieran cómo me llamaba. Quería todas las cosas que papá había sido. Por lo mismo, me mudé de vuelta a mi estado natal, me volví ama de casa y mi esposo y yo comenzamos a hacer planes para adquirir una granja. Nos esforzamos mucho para poder tener nuestras cuatro hectáreas de tierra en el otoño después de que papá murió. El problema fue que cuando lo logramos, papá ya no estaba ahí para verlo.

No obstante, ahí estaba su ropa.

Me ponía la camiseta teñida para dormir justo como lo había planeado. Se veía alocada y vibrante en mí. Lo último que veía al acostarme y lo primero que veía al despertar era un remolino de colores. Incluso cuando llovía, esa camiseta iluminaba mi cocina como un pequeño sol. Mis hijas se acurrucaban en mi regazo y recordábamos lo divertido que había sido teñir la camiseta. Sentada en las escaleras del porche, tiraba de ella para cubrirme las rodillas mientras oía cantar a un pájaro y tomaba café. Tenía el camisón perfecto. Sentía como si papá estuviera ahí.

Una tarde que me sentía especialmente abatida, me puse la camiseta polo a rayas rojas. Iba en camino a una feria de salud y tomé lo primero que estaba en la pila de ropa lavada: una falda de mezclilla y la camiseta de mi papá. Apática y deprimida, caminé entre los puestos tratando de no llamar la atención. Una mujer llena de vigor se hallaba al frente de una de las mesas. ¡Santo cielo! Era una consultora de estilo personal y me observaba fijamente. Quería huir, que me tragara la tierra y desaparecer del radar, pero la multitud me empujó directamente hacia ella.

—Ese color es perfecto para ti —comentó mientras veía mi camiseta.

—¿De veras? —pregunté sorprendida.

—Por supuesto que sí. Combina a la perfección con tu cabello, pero no creas que cualquier tono de rojo le va, sino este rojo, como el color deslavado de un granero. Eso es lo que necesitas.

Seguí caminando y me alejé de la mujer. Un rojo deslavado de un granero, la vieja camiseta de un granjero, ¡y era uno de los colores que más me favorecían!

Ese otoño hizo mucho frío. Junto con la granja llegaron las inevitables faenas diarias. ¿Mi arma secreta contra el frío? La vieja cazadora a cuadros de papá. Me la ponía con varias camisetas abajo para limpiar el estiércol de los establos mientras fantaseaba que era niña de nuevo y veía a papá dirigirse al granero. Ese otoño empecé a dar clases, sólo una vez a la semana, en la iglesia.

Tardé casi dos años en dejar de usar la ropa de papá (y a decir verdad, ahí sigue doblada en mi armario). No sólo me había puesto su ropa, sino que me había puesto en su lugar. Me convertí en granjera y maestra. Cada día me esfuerzo por ser una buena persona como él. Papá sigue a mi lado, como siempre, y su ropa me cubre como un abrazo.

Hace menos de un mes asistí al funeral de la madre de una compañera de clases de la infancia.

—Te reconocería en cualquier parte —me dijo—. Eres igualita a tu papá.

En el pasado remoto, cuando era joven y distaba mucho de ser sabia, ese comentario me habría herido. Ahora simplemente sonreí y dije:

—Gracias. Me da gusto que me lo digas.

Me parezco a mi padre, me ponga su ropa o no. Él sigue cerca de mí.

THERESA WOLTANSKI

CAPÍTULO

# Señales del más allá

# 93

# La bendición de un sueño

Mi hijo se quedó dormido al volante cerca de la una de la mañana. Murió antes de que el sol saliera para bendecir el día. Como sabe cualquiera que haya sufrido una pérdida semejante, la experiencia trastorna todo tu mundo y te transforma para siempre.

Al principio estaba segura de que nunca más volvería a sonreír ni a encontrar alegría en las cosas sencillas de la vida. Cuando llegaba a sentirla, de inmediato me sentía culpable. ¿Cómo podía sentirme feliz cuando mi hijo estaba muerto?

En los primeros meses tuve sueños muy perturbadores me hacían dar vueltas y vueltas en la cama, y me despertaba sudando y jadeante. Soñaba con accidentes de aviación, automóviles en llamas y también

> La felicidad depende de aceptar lo que es.
>
> WERNER ERHARD

que caía de un puente. Eran sueños terroríficos que no tenían sentido alguno, pero proyectaban mi angustia interior. Entones una noche, como a los seis meses de la tragedia de la muerte de mi hijo, tuve un sueño que cambió todo.

En mi sueño, estaba sentada entre el público en un auditorio escuchando a mi hijo tocar la guitarra en el escenario. Mi hijo era guitarrista clásico y tenía un posgrado en música. Tocó en muchos recitales durante sus años universitarios, y mi esposo y yo asistimos a la gran mayoría. Ahora, en mi sueño, él tocaba, sentado entre otros dos guitarristas, en el escenario frente a mí. Al oírlo comencé a sentir que la música me atraía más y más hacia él. ¡Era como si flotara! Mi único deseo en el sueño era acercarme lo más posible a él. Sentí que me levantaba, me aproximaba al escenario y me detenía en la primera fila. La música celestial continuó y vi que mi hijo se inclinaba para cambiar la página de las partituras en el atril. Este fragmento de mi sueño fue un poco irónico, ya que él nunca utilizó partituras en los recitales. ¡Siempre practicaba hasta aprenderse las melodías de memoria!

Al inclinarse para cambiar la partitura, la hojas cayeron del atril y flotaron en el aire a su alrededor hasta tocar el suelo. La música se detuvo. Los músicos que estaban a su lado también dejaron de tocar y se hizo un silencio absoluto en el auditorio mientras yo me acercaba para intentar reunir las partituras y enmendar el accidente.

De pronto él me detuvo. Me miró directamente a los ojos. El mensaje que me transmitió en el sueño, pese a que no pronunció una sola palabra fue: "Está bien, mamá. La música debe parar ahora. ¡Así es como debe ser!".

Sentí que un sentimiento de paz me invadió en ese sueño. No sé por qué o cómo sucedió, pero desperté sintiendo esa paz hasta la última fibra de mi ser. Y se quedó conmigo mucho, mucho tiempo.

Creo que hay muchas cosas en esta vida que nunca comprenderemos. Muchos "por qué" que gritamos al cielo exigiendo respuesta. Sin embargo, no la obtendremos. En cambio, muy a menudo, tal vez en sueños, somos bendecidos con la paz, ¡una paz que supera toda comprensión!

BEVERLY F. WALKER

# 94

# Otra luna de Miami

S on las 5:30 de la tarde de un lunes, la hora pico del tránsito en Miami, y mi automóvil acelera por la rampa de salida de la autopista U.S. 1 para tomar la carretera interestatal I-95 rumbo al norte, hacia la casa de mis padres en Hollywood, Florida. De pronto me veo obligada a bajar la velocidad y la circulación se vuelve cada vez más lenta y penosa. Comienzo un juego peligroso de zigzaguear de un carril a otro para ganar unos cuantos metros a los otros conductores que, a diferencia de mí, tienen todo el tiempo del mundo para llegar a su destino. ¿No se dan cuenta? ¿No pueden sentir mi apremio, no ven mis ojos suplicantes y la angustia reflejada en mi cara? Si tan sólo Dios partiera el Mar Rojo de autos delante de mí con la sirena ululante de un vehículo de emergencia al que pudiera seguir.

> En la noche de la muerte, la esperanza vislumbra una estrella y el amor escucha el susurro de unas alas.
>
> ROBERT INGERSOLL

Mi hermana, enfermera, me llamó inesperadamente. Vive en Daytona y vino a pasar unos días en casa de mis padres. "Más vale que vengas", advirtió en un tono que no auguraba nada bueno. Apenas había estado ahí el día anterior en una agradable visita dominical y todo parecía estar bien. De todos modos, tomé mis llaves y bajé las escaleras a toda velocidad desde mi departamento del tercer piso en un edificio al sur de Miami porque no quería esperar el ascensor. Debía de ser una falsa alarma. Era demasiado pronto. Yo no estaba lista.

Me acerco al volante y, desesperada, alzo la mirada al cielo. Lo que alcanzo a ver a través de los ojos llorosos y el parabrisas sucio me deja asombrada. Está anocheciendo y en el firmamento, una luna llena, brillante, se levanta poco a poco en el horizonte y proyecta una luz que siento casi como una claridad protectora sobre las masas motorizadas de Miami. El repentino fulgor me relaja y me recuerda una tradición que empecé años atrás cuando mi pasión era viajar:

—Aunque nos separen kilómetros, e incluso continentes —les decía a mis padres—, compartimos la misma luna. Dondequiera que estemos, cuando veamos la luna, pensemos en nosotros y mandémonos amor y buena energía desde la distancia. Eso nos hará sentir más cerca.

Con ese recuerdo me quedo tranquila, atascada en el tráfico. No hay nada que pueda hacer más que mirar la luna. La luna me devuelve la mirada y me arrulla con su ojo fijo e hipnótico hasta que caigo en una especie de estupor. Al siguiente instante mi conciencia despierta. Estoy plenamente alerta ahora lo sé con certeza. Una oleada de paz me invade. Me rindo ante ella y comienzo a flotar. El tránsito ya no importa. Ahora, yo también tengo todo el tiempo del mundo. No hay necesidad de ir con prisa enloquecedora para llegar a Hollywood. Es demasiado tarde. Descanso la cabeza en el respaldo del asiento y miro los automóviles sin desesperación. Los otros conductores siguen sin saber y sin ver, ni siquiera la luna.

Pero ahora papá está conmigo. Me dice que no me preocupe por llegar tarde. Me cuenta que esta vez le toca a él ser el viajero que no pudo esperar para emprender su viaje. Su camino está despejado. Hizo una pequeña escala para despedirse de mí antes de partir. Me dice que para nosotros, ayer fue la despedida y quiere que comprenda que aunque transitemos por caminos distintos no estamos separados. Él sabe que entenderé el significado de que escogiera una noche de luna llena para partir; fue para no perderse en la oscuridad, pero sobre todo, para mantener nuestra tradición de la luna llena.

Entre las almas terrenales que avanzan a paso exasperante en la carretera, freno y acelero, lloro y río mientras mando mi amor y energía a aquel que camina por una senda superior.

JUDE BAGATTI

# 95

# Los ángeles también babean

Un día tenía veinte años de casada con mi mejor amigo, Mart, y al día siguiente era una viuda de cuarenta y tres años. Me sentía perdida y no sabía cómo continuar viviendo cuando de pronto apareció un ángel disfrazado para ayudarme.

No recuerdo dónde estaba el día que descubrí a mi ángel personal. Sin embargo, recuerdo que de camino a casa me di cuenta de que no había comido en mucho tiempo. Me detuve en un puesto de hamburguesas y compré de paso el periódico para tener algo que hacer mientras comía sola. Aún no sé por qué me puse a leer la sección de anuncios clasificados. Nunca la leía. A Mart le gustaba examinar detenidamente los anuncios todos los días para buscar una buena oferta de algo que no necesitábamos en realidad. Por lo general, yo leo la primera plana y la sección de entretenimiento. Pero ese día

> Algunos buscan la felicidad, otros la crean.
>
> ANÓNIMO

señalado por el destino decidí comer aunque no tuviera apetito mientras hojeaba la sección de anuncios clasificados. En unos minutos los ojos se me llenaron de lágrimas. Ahí, en letras gruesas negras, estaba la respuesta a una plegaria que aún no salía de mi boca: "Raro ejemplar Clumber Spaniel en venta".

Desde hacía más de diez años Mart y yo habíamos buscado sin cesar un Clumber Spaniel, pero no podíamos encontrarlo o no podíamos pagarlo, o simplemente no era el momento adecuado para tener un cachorro. Sin embargo, ahí estaba mi Clumber Spaniel frente a mí. De inmediato llamé al número telefónico que aparecía en el anuncio. Me informaron que el cachorro tenía siete meses de edad, pesaba aproximadamente 27 kilos y que tenían que venderlo cuanto antes porque la familia había adoptado un bebé que era alérgico al perro. Quedé en reunirme con el dueño al día siguiente en el estacionamiento de una librería al otro extremo del pueblo. Y ahí en el estacionamiento, vi por primera vez a un ángel.

Desde la parte trasera de una camioneta, con la cabeza asomada por una transportadora, me miró a los ojos mientras una baba larga colgaba de su hocico. Hmmm definitivamente no era la imagen que la mayoría de la gente tiene de los ángeles. Sin embargo, para mí, casi podía ver sus hermosas alas de ángel escondidas bajo el grueso pelaje blanco en el lomo musculoso. Cuando entrecruzamos miradas, de alguna manera supe en el fondo de mi alma que ese perro y yo estábamos hechos para estar juntos. Le pagué al dueño y llevé en brazos a mi nuevo ángel a la parte trasera de mi Jeep para regresar a casa.

Sin embargo, cuando apenas había avanzado unos kilómetros, tuve que preguntarme si no había cometido un error. Un hedor como nunca antes había percibido llenó el interior del Jeep. Con una temperatura en el exterior por debajo de los cero grados centígrados, no pasó mucho tiempo para que todos los cristales se empañaran con su aliento. Unos kilómetros más adelante, iba por la carretera interestatal con la calefacción prendida a todo lo que daba y las ventanas abiertas, desesperada por despejarme la nariz. ¡Hasta los ojos me lloraban por la peste! Continuaba pensando que tal vez este no era el ángel que me había imaginado porque era imposible que algo celestial pudiera oler tan mal.

Después de casi treinta kilómetros de frío y viento, hice una visita sorpresa a la veterinaria. Lo examinó y diagnosticó que tenía una infección en las glándulas y dijo que tendría que ayudar a limpiárselas, ya que su asistente no iba a trabajar los sábados. Déjenme decirles que ángel o no, no creo que vuelva a hacerlo jamás. No sé qué hizo la doctora, pero mientras yo sostenía con firmeza al robusto perro, se desprendió un hedor que rivalizaba con el de un corral de ganado en una subasta. Cualquier cosa que haya hecho arregló el problema, porque durante el resto del camino a casa, mi ángel dejó de despedir el terrible olor. ¡Qué alivio! Sin embargo, se aproximaba otro reto que enfrentar.

En casa había un par de niñas muy mimadas y yo pensé que era muy poco probable que vieran a esta nueva adición como el ángel que yo creía que era. Abbey, un Cocker Spaniel inglés de catorce años, y Casey, un West Highland Whitey de doce años, eran las dueñas de la casa. Temía que se negaran rotundamente a aceptar al cachorro como un nuevo miembro de la familia. Sin embargo, tenía que conseguir que lo aceptaran, porque en el fondo sabía que Mart me había enviado a ese perro. Así que con el corazón esperanzado y las palmas sudorosas, presenté al perrito a las niñas mimadas desde el otro lado de la barda del patio trasero.

Empezaron a olfatearse emocionados y luego las niñas comenzaron a ladrar. Mi ángel tomó todo con calma y movió la colita en círculos. Es extraño, yo no sabía que los ángeles pudieran mover el trasero completo. Todo parecía ir bien así que abrí la reja y dejé que se uniera a las niñas.

Unas horas después parecía como si siempre hubiera estado con nosotros. Conocido como Rey Salomón en su primera vida, rápidamente adoptó su nuevo nombre, Sully. Dio nueva vida a la casa. Por la tarde, cuando otras familias se preparaban para cenar o ver la televisión, yo me acurrucaba en el sillón y sentía la ausencia de Mart tan intensamente como el primer día. Pero Sully venía, me ponía el hocico baboso en la pierna y me miraba con esos hermosos ojos castaños claros, y yo no podía dejar de sonreír. En otras ocasiones, se concentraba tanto en rascarse que literalmente se caía a la mitad del piso. ¡Es imposible no reírse cuando un perro de casi 32 kilogramos se cae rodando!

Su entusiasmo al verme llegar a casa del trabajo todos los días y la forma en la que mueve la cola haciendo círculos dan felicidad a mi vida. Aunque estos perros no sean muy extrovertidos, me contagia de alegría oír el peculiar ladrido ocasional por el que son famosos los Clumber. Los movimientos de esta raza no son muy rápidos porque tienen el cuerpo largo y pesado y las patas cortas, y verlo corretear por el patio e irse de bruces por tratar de no correr de más para alcanzar el juguete que le lanzo me hace reír tanto que me preocupa que los vecinos piensen que perdí el juicio.

Por otro lado, también hay días en que quisiera matarlo. Por ejemplo, un día llegué a casa y me encontré con la sorpresa que se había comido parte del linóleo del cuarto de lavado. También pasó por una etapa en la que le dio por desenrollar el papel de baño y llevarlo por toda la casa. Al parecer, el control remoto del televisor puede confundirse fácilmente con un hueso. Eso además de otras travesuras diarias que a muchos de mis amigos les parecen repulsivas, pero que yo he tenido que aceptar como parte de vivir con un ángel Clumber.

Duerme en la puerta de mi habitación ¡y ronca tan fuerte que algunas veces me despierta y tengo que despertarlo y darle la vuelta! Su nariz resopla como cerdo cuando está emocionado. Todos los muebles, alfombra y prácticamente todo en la casa, incluida yo, estamos cubiertos de pelo. Pero bueno, los cepillos limpiadores no son caros y la verdad es que debería pasar la aspiradora más seguido. Peor que el pelo es que mi ángel tiene la necesidad instintiva de compartir sus babas con todo el que entra en la casa. Y no importa cómo la comparta. Puede ser en los pantalones, zapatos y mangas que todo parece indicar que son buenos lugares para depositar un poco de amor a la Clumber; sin embargo, lo que más le gusta son ¡las manos y las caras! La mayoría de la gente no comprende su necesidad de compartir las babas, pero ellos no pueden ver sus alas de ángel como yo. Y cada día me hace reír y brinda alegría a mi corazón roto.

Casi un año después, aún tengo buenos y malos días. Marty está en mis pensamientos cada segundo del día. Sin embargo, tengo un ángel Clumber de 32 kilos que me envió mi amado esposo para ayudarme a entender que la vida es corta y que un poco de baba no tiene nada de malo, siempre y cuando venga de un chistoso y peludo ángel.

KELLY VAN ETTEN

# 96

# El viaje continúa

La madre de mi mamá murió a principios de noviembre de 2004. Había viajado a Florida para asistir a la elegante boda de su sobrina nieta y era la primera vez en muchos años que podía hacer el largo viaje desde su casa en Chicago. Todos se impresionaron mucho cuando unos días después de la boda, el corazón de mi abuela dejó de latir. Aunque había sido un cambio abrupto de la alegría al duelo, estábamos agradecidos de haber podido pasar esa última noche de celebración con ella.

Treinta días después de su muerte, mi familia y yo recibimos otro golpe devastador. Mi otra abuela, la madre de mi padre, estaba muy enferma.

No la había ido a visitar desde la muerte de mi otra abuela, en parte porque esto me obligaba a admitir su propia mortalidad. Para compensar mi cobardía, accedí a quedarme con ella esa noche en el asilo. No quería estar en el hospital; había dejado muy en claro que cuando llegara su hora quería irse en paz.

> Porque la muerte no es nada más que el cambio del tiempo a la eternidad.
>
> WILLIAM PENN

Los únicos momentos en que me permití cerrar los ojos durante la noche fue cuando necesité limpiarme las lágrimas. Finalmente el sol salió detrás de las nubes decembrinas, pero yo casi no lo noté.

Una mujer joven de la residencia de enfermos terminales llegó algunas horas después y levantó la atmósfera de depresión con su buen ánimo y sus bromas. Ella fue la primera persona que me hizo sonreír cuando me contó historias sobre los problemas que causó mi vivaz abuela apenas unas semanas antes. Cuando le estaba aplicando sombra a los párpados cerrados, la joven se inclinó y le susurró al oído:

—¿Qué esperas, querida? ¿Por qué te aferras tanto? Todo va a salir bien.

En ese momento me di cuenta de que yo también me aferraba a la esperanza de que mi abuela luchara hasta vencer la enfermedad como lo había hecho muchas veces antes. Lloré a mares.

Mi madre nos visitó más tarde esa mañana y me envió a casa a dormir un poco, pero unas horas después ya estaba levantada y de vuelta en el asilo. Mi hermana también fue esa tarde y las tres alternamos entre las bromas y los momentos de tristeza. Una enfermera estaba sentada en silencio respetuoso en la esquina, sin molestarnos.

Esa tarde mi abuela dejó de luchar. Mi hermana y yo la tomamos de una mano cada una y le dijimos que la amábamos una y otra vez mientras ella respiraba cada vez con mayor dificultad. No sé por qué se aferraba así a la vida y tal vez nunca lo sepa.

Nos abrazamos y lloramos; mientras tanto, llegaron más enfermeras para llevarse el cuerpo. La realidad tiene propensión a caer con toda su fuerza en el peor momento y antes de irse las enfermeras nos pidieron que nos lleváramos cualquier objeto de valor sentimental. Los saqueadores estarían pendientes en cuanto se corriera la noticia de su muerte.

Lentamente recogimos sus pertenencias y nos dimos tiempo para sentir su presencia. Aunque dudamos de que alguien quisiera robar sus cosas, empezamos a quitar las fotografías de la familia que cubrían las paredes. Cuando movimos la cama para intentar alcanzar algunas de las fotografías, mi madre dejó escapar un grito que me hizo saltar.

—¡Ay, Dios mío! ¿Huelen eso?

Confundida, respiré profundamente. Lo único que podía detectar era el aroma rancio a naftalina y medicinas. En cuanto abrí la boca para preguntarle de qué rayos hablaba, la nube invisible me envolvió a mí también con la fragancia más dulce que una persona pudiera imaginar. Pensé que se había roto alguna botella de perfume cuando moví la cama, pero buscamos y buscamos. Nunca encontramos el origen del aroma.

La fragancia desapareció después de un rato. Yo fui la primera que dejé de percibirla y luego mi madre. Mi hermana, que había sido la más cercana a mi abuela me contó después que había seguido percibiendo el aroma hasta que caminamos por el corredor y dejamos atrás la habitación vacía.

Esa tarde me senté a solas en mi automóvil y lloré. Cuando aclaré los ojos llorosos en la medida suficiente para manejar con precaución, giré la llave y me preparé para ir a casa. El radio estaba prendido y oí el inicio de la canción "Free Bird" de Lynyrd Skynyrd. No puse en marcha el auto y lloré todas las lágrimas que no sabía que me quedaban mientras la letra de la canción adquiría un nuevo significado. Las cosas no volverían a ser iguales si se hubiera quedado, y había cosas que no se podían cambiar. Había llegado su hora de continuar el viaje a otros sitios que debía ver. Antes de salir del estacionamiento esa noche, mi abuela me hizo saber que era libre como un ave.

La canción de Skynyrd en la radio puede ser una coincidencia, si uno cree que las coincidencias existen. Sin embargo, el dulce perfume que percibimos no lo podremos olvidar ni explicar. No hay muchas cosas que pueda decir con total certeza, pero la abuela aclaró una duda en mi mente esa noche. La muerte no es el final. Es una transición y un nuevo comienzo.

Rebecca Degtjarjov

# 97

# Más allá del capullo

Durante años mi mamá, Marie, soñó con que publicaran sus textos. Ella escribió y envió artículos, historias, bromas y todo lo que fuera posible con la esperanza de ver sus palabras impresas y un cheque en el buzón de correo. Fue maestra y después ama de casa, y siempre antepuso su familia a sus deseos; sin embargo, en el fondo de su ser deseaba trabajar y contribuir económicamente.

Por desgracia, mamá falleció a consecuencia de complicaciones de su tratamiento para el cáncer. Y así, también murió su sueño.

O eso pensé.

Verán, desde donde ahora se encuentra mi madre, los sueños siempre se convierten en realidad. Ella sólo me pidió a mí, su hijo escritor, que se lo probara a todos ustedes.

He aquí su última historia, pero no tiene fin. Es la historia del amor de mamá.

Fue el día después del funeral. Mis hermanas llevaron las últimas flores a la tumba de mamá. El tiempo cooperó, como casi siempre ocurre en épocas difíciles, con cielos grises, frío y lluvia. Mientras mis hermanas mayores veían las flores, con lágrimas en los ojos y dolor en el corazón, le pidieron a mamá en silencio que nos hiciera saber si estaba bien. Casi al instante, y a pesar de la lluvia, una solitaria mariposa blanca salió del montón de flores, pasó revoloteando delante de sus narices y después se perdió de vista.

> Los que son amados
> no pueden morir,
> pues amor significa
> inmortalidad.
>
> EMILY DICKINSON

Mary y Pat entrecruzaron miradas y sintieron el escalofrío que provoca darse cuenta de que algo extraordinario acaba de suceder, pese a lo insignificante que podría parecer. Cuando regresaron a nuestra casa de la infancia, nos contaron la historia a papá, a mí, a mi hermano Tom y a mi hermana Liz. Por dentro me sentí celoso. Deseaba que mamá me hubiera mandado una señal también.

Salí de la casa con ese pensamiento y me senté en la banca que apenas dos meses antes armé para su cuadragésimo quinto aniversario. Lloré sin control como cualquier hijo que ha perdido a su madre. Pero cuando abrí los ojos, una cosa extraña sucedió. Al instante una hermosa mariposa de color blanco con amarillo pasó volando muy cerca de mi cara, justo como mis hermanas habían relatado. En mi caso, sin embargo, me levanté para seguir a la mariposa.

Voló primero a la izquierda, luego a la derecha, luego arriba y abajo. Parecía bailar frente a mí, casi llamándome a que la siguiera. Le dimos la vuelta a la casa, cuando de pronto me llevó a un pequeño grupo de mariposas blancas. Todas bailaban y revoloteaban ante mí y luego se fueron al frente de la casa de mi vecino, volaron por encima del techo y desaparecieron.

Tuve un presentimiento sobre el fenómeno de las mariposas, pero durante los días de duelo, no tenía ni la voluntad ni la fuerza para pensar en su significado.

Por supuesto, mi madre no dejaría que lo olvidara.

Fui a casa con mi esposa e hijo, pero luego me contaron más incidentes con mariposas durante conversaciones telefónicas con mis hermanas mayores. Una historia en particular tiene que ver con la primera nieta de mamá, Taryn. Ella es la mayor de los dos hijos de mi hermana Liz.

Casi una semana después de que falleciera mamá, Liz fue a visitar a nuestro padre y a nuestras dos hermanas mayores, que aún lo ayudaban con la casa. Al llegar, Taryn bajó del auto de un salto ¡y la recibió una mariposa blanca que se posó sobre su cabeza! Después de todo esto, decidimos enfrentar el fenómeno directamente e investigamos el significado de las mariposas blancas. Descubrimos que los japoneses creen que son los espíritus de los muertos, en tanto que los chinos y muchos cristianos creen que son las almas de los recién fallecidos que vuelan en libertad.

Esta revelación sólo confirmó lo que ya sabíamos. Mamá nos hacía saber que estaba con nosotros y que estaba bien.

Pasaron unas semanas sin avistamientos de mariposas. El dolor atroz por la muerte de mamá seguía tan fresco como la tierra en su tumba.

Un mes después de que muriera, el día que habría cumplido setenta y cuatro años, mi padre y yo fuimos al cementerio a llevarle flores. Hicimos una pausa, rezamos, nos abrazamos y lloramos. Cuando al fin recuperamos la compostura, comenzamos a caminar hacia el taller de mantenimiento del cementerio para conseguir agua para las flores. De pronto y de la nada, una mariposa monarca espectacularmente grande y colorida apareció entre mi papá y yo, revoloteando alegremente en la brisa.

Habíamos visto mariposas blancas, pero nunca una vistosa mariposa monarca. Fue entonces cuando miré a papá con plena convicción y dije:

—Mamá se visitó elegantemente para su cumpleaños —cosa que siempre hacía.

Mamá, gracias por mantenerte cerca y felicidades por tu historia publicada. Siempre supe que lo lograrías.

MICHAEL J. CUNNINGHAM

# 98

# Un mensaje de papá

Mi padre de ochenta y seis años estaba agonizando por insuficiencia cardiaca. Mi hermana, mi hermano y yo queríamos cuidar de él en casa el mayor tiempo posible para que pudiera estar con la familia que tanto lo amaba. Durante el último año de su vida, invertimos toda nuestra energía en nuestro padre. Fue la época más difícil de nuestras vidas.

Después de la muerte de papá quedé desolada. Aunque había consolado a amigos que habían perdido a alguien cercano, nada podía prepararme para lo que sentí después de su muerte. No sólo había perdido a un padre amoroso, sino también a un maestro y a un amigo que siempre había estado a mi lado listo para ofrecer amor y apoyo. Él compartió mis alegrías y mis pesares; mis logros y éxitos, tenía un

> Ya no luchaba contra el dolor, sino que se sentaba con él a su lado, como con una vieja compañía, a compartir sus pensamientos.
>
> GEORGE ELIOT

corazón generoso, un lado juguetón y un sentido del humor que nunca perdió. Lo echo mucho de menos.

Ciertos recuerdos me resultaban insoportables y luché con el torbellino emocional durante meses. Poco a poco las cosas comenzaron a mejorar, pero la herida seguía siendo profunda. Un día, casi seis meses después de su muerte, me llegó un mensaje de un extraño. Papá encontró la forma de decirme que seguía aquí. Y con ello, llegaron, finalmente, la aceptación y la paz.

Como veterano de la Segunda Guerra Mundial, papá tuvo muchos problemas médicos, cualquiera de los cuales podía hacer que la gente perdiera su sentido del humor, pero él no. Tenía talento innato para encontrar humor en todo y, además, para hacer reír a la gente. También le gustaba coquetear. Una vez que fuimos al supermercado años después de morir mi madre, le pidió a la cajera, que estaba de muy mal humor, que fuera a casa con él:

—Te haré sonreír, cariño —aseguró riendo.

Al principio me parecía bochornoso que hiciera eso, pero no duró. Luego me reía con él.

Tengo vívidos recuerdos de mi padre cantando por la mañana cuando yo era adolescente. Cómo me encantaba despertar con el sonido de su voz y el aroma de café recién preparado:

—¡Arriba! ¡Arriba! ¡Hora de despertar! ¡Hace un día muy bonito!

A la larga, la salud de papá comenzó a deteriorarse. Era diabético y sus piernas se debilitaron cada vez más. Empezó a tener dificultades para caminar, por lo que tuvo que usar bastón. Luego llegó la andadera. Poco después, necesitó una silla de ruedas para poder moverse. Sin embargo, no perdió el sentido del humor. Aún subía las escaleras despacio, silbando todo el tiempo.

Cada verano, mi hermana y yo ayudábamos a papá a trabajar en el jardín que tanto amaba y pasábamos muchos días sentadas afuera con él admirando sus hermosas flores. Los veranos siempre terminaban demasiado pronto.

En los meses que siguieron a su muerte, la tristeza me abrumó. Caminaba mucho por el bosque con mi perro, Remington. La soledad, el silencio y la belleza de la naturaleza me confortaban. Una tarde cálida que salí a pasear, empecé a llorar. Recé y pedí una señal de que papá se encontraba bien. En ese preciso instante un anciano caminó hacia mí cantando "My Wild Irish Rose", ¡una canción que papá cantó a menudo durante años!

Cuando se acercó, le comenté que me gustaba cómo cantaba y conversamos un momento. Su presencia me reconfortó enormemente. Me sentí en paz al hablar con él. Me dijo que tenía ochenta y seis años y me ofreció consejos sobre el ejercicio y la dieta para vivir una vida larga y sana.

—Eres una joven muy agradable —dijo él—. ¿Cómo te llamas?

Cuando le dije, esbozó una gran sonrisa.

—¿Cómo se llama usted? —pregunté a mi vez.

—Sólo llámame George —respondió. Me quedé estupefacta.

Antes de despedirnos, me dijo que tenía un hijo, que también se llamaba George, una hija que tenía sesenta años y una hermana llamada Virginia.

—Mi hija está separada de su esposo —explicó.

Las semejanzas me impresionaron. Yo tenía un hermano llamado George. Mi media hermana Linda tenía sesenta años y también estaba separada de su esposo. Mi papá también tenía una hermana llamada Virginia.

Un momento después oí una voz que me llamaba por mi nombre de la misma manera en que papá me llamaba muchas veces cuando estábamos en distintas pasillos del supermercado. Me volví a mirar y vi a George corriendo hacia mí.

—¿Qué sucede? —pregunté.

—Se me olvidó preguntarte si necesitas dinero o cualquier otra cosa —dijo—. Lo único que necesitas hacer es pedirlo.

Traté de esconder las lágrimas y le respondí que no necesitaba nada, pero que "muchísimas gracias por su ofrecimiento", al tiempo que recordaba las mismas palabras que tan a menudo escuché de mi papá a través de los años.

—Bueno, como digas, Linda —aceptó—, pero si necesitas algo, aquí estoy para ayudarte —le recordé que me llamaba Kathy y no Linda—. Ya lo sé —repuso y se alejó sonriendo. Unos segundos después miré por encima del hombro y había desaparecido.

Súbitamente tuve un "presentimiento". Mientras las lágrimas me escurrían por las mejillas, comprendí que papá había encontrado la forma de decirme que nunca estaba lejos de mí. No he visto a "George" desde ese día, pero creo que no fue una coincidencia. Fue enviado para consolarme. Papá encontró la forma de decirme que seguía aquí.

KATHRYN RADEFF

# 99

# La señal

El día de San Valentín siempre fue un día especial en nuestra casa. Papá regresaba de trabajar con los brazos llenos de rosas para mamá y una caja pequeña de chocolates para mí. Mis hermanos menores, que pensaban que las flores y los chocolates eran demasiado cursis, disfrutaban de cualquier pastelillo en forma de corazón que mamá horneaba. Después de la cena nos sentábamos en el piso de la sala a comer montones de dulces de san Valentín de cajas decoradas a mano que preparábamos en la escuela. Introducíamos las manos en las cajas buscando tarjetas con dulces pegados. Sólo después de comer los dulces y los chocolates en forma de corazón nos molestábamos en leer los sentimientos de nuestros compañeros. Nuestros rituales eran sencillos y predecibles. Nos hacían sentir bien.

Los ángeles siempre están cerca de los que están de luto para susurrarles que sus seres queridos están a salvo en manos de Dios.

*The Angels' Little Instruction Book*, de EILEEN ELIAS FREEMAN

Incluso después de que mis hermanos y yo crecimos y empezamos nuestras propias familias y tradiciones, mamá siguió recibiendo las rosas envueltas en papel periódico húmedo que papá compraba a algún vendedor en la calle. No eran tan elegantes como la variedad de las florerías, pero se las entregaba el hombre de sus sueños. Ninguno de nosotros, en nuestra cómoda burbuja, podíamos predecir que papá tendría sólo cincuenta y seis años la última vez que llevaría a casa las rosas.

El cáncer se lo llevó muy rápido y nos dejó sólo unos meses para despedirnos. En ese tiempo, mamá le rogó a papá que nos enviara una señal de que "ya estaba instalado" y cuidaba de nosotros. Él prometió hacerlo.

Pasaron casi tres años y mamá seguía buscando diligentemente alguna señal. Nada aparecía. Nada que le permitiera decir con certeza: "¡Esa es una señal!". Hubo una ocasión, la noche de Acción de Gracias, cuando se quedó lavando los platos, que sintió el peso de una mano sobre su hombro de forma tal que la hizo girar para ver quién era. Por un momento jugueteó con la idea de que fuera papá, pero se convenció de que probablemente era su imaginación.

—Los días festivos son los más difíciles —solía confiarme—. Es cuando me siento más sola.

Si los días de fiesta eran difíciles, imaginé que el de san Valentín sería el más difícil de todos. Mis hermanos debieron pensar lo mismo porque todos tratábamos de distraer lo más posible a mamá con regalos, tarjetas y cenas en restaurantes. Nada parecía ser adecuado. El año pasado, mamá insistió en que disfrutáramos del día de san Valentín con nuestras familias. Ella pasó la tarde de compras con su hermana, que también había perdido a su esposo cuando era joven. Las dos prefirieron una comida sencilla; una que no estuviera rodeada de parejas en el día más romántico del año.

Mientras comían carne mechada y filetes fritos, las dos viudas hablaron mal de sus esposos, en son de broma, por haberlas dejado solas. Sospechaban que tal vez los hombres se estaban divirtiendo tanto en el más allá que se habían olvidado de sus mujeres que aún los extrañaban mucho. Absortas en su mutua conmiseración, no notaron a un extraño que se acercó con discreción a su mesa. El caballero le dio seis rosas a cada una y luego salió misteriosamente del restaurante.

—Rosas rojas —se admiró mi tía—. Herm siempre me regalaba rosas rojas.

—Deben saber que estamos enojadas con ellos —dijo en broma mamá. Sin embargo, a las dos las embargó una paz interior que no habían sentido en mucho tiempo. Hay que admitir que las flores estaban tan marchitas que daban pena.

—Bueno, qué le vamos a hacer —rio mamá—. Rosas muertas de esposos muertos. Parece apropiado.

A la mañana siguiente, mamá llevó las rosas al cementerio y las colocó sobre la tumba de papá. Le agradeció la señal que había esperado tanto tiempo.

Las festividades siguen siendo difíciles, pero gracias al milagro que entregó un ángel de san Valentín, creemos que papá está bien y que nos cuida. Y eso hace que los días sean un poco más fáciles.

LISA NAEGER SHEA

# 100

# Volar con garzas

El timbre del teléfono interrumpió abruptamente mi primer sorbo de café. La noche anterior había descansado muy poco y me sentía con los ojos pesados y un poco aturdida. Miré a mi esposo. ¿Quién de los dos va a contestar? Levanté el auricular, saludé a la persona que llamaba y entonces oí la voz al otro lado de la línea que me daba información que no quería recibir. Escuché, contesté un par de cosas y colgué el teléfono.

—Acaban de desconectar a Jennifer del respirador —le susurré a mi esposo—. Ya no falta mucho.

Nos miramos el uno al otro y sentimos nuestra conexión con el mundo de los vivos, con nuestros dos pequeños hijos que estaban sentados en el sofá viendo las caricaturas; con nuestra bella y joven amiga en una cama de hospital a veinte minutos de distancia. Entonces sentimos el ardor de las lágrimas, como lo habíamos sentido desde hace días, pero ahora habían cambiado; eran un tipo distinto de lágrimas: eran lágrimas de dolor en lugar de esperanza.

> La tristeza se va en las alas de la mañana y del corazón de las tinieblas surge la luz.
>
> JEAN GIRAUDOUX

Jennifer vivió con fibrosis quística. Fue un maravilloso ejemplo de una vida de amor, bondad, cariño, estímulo, diversión y buen humor, con o sin una enfermedad debilitante que le robaba el aliento. Era menuda y adorable, y tenía una gran sonrisa de anuncio de pasta de dientes que le levantaba el ánimo a todos a su alrededor. Y ahora, a los treinta años, estaba a punto de dejarnos.

La mañana siguió su curso, y las manecillas del reloj parecían estar atascadas con pegamento, los segundos se alargaban y muy lentamente se convertían en minutos. Hice unas llamadas, les avisé a nuestros amigos y tuve la misma conversación con cada uno de ellos.

—Necesito hacer algo —le dije a mi esposo—, pero no sé si salir a correr o ir a la iglesia.

Él soltó una risita chistosa, pero triste.

—¿Qué te ayudará a sentirte mejor?

—Bueno, pues —contesté—, no tengo ganas de maquillarme en este momento, así que tal vez sea mejor idea ir a correr. Voy a ir a buscar mi garza.

La gran garza azul es un ave increíblemente majestuosa e enigmática. Cuando corro a solas a las orillas del río Tualatin, a menudo veo a una garza azul (a veces dos) del otro lado, que parece estar suspendida en el aire cerca de la orilla donde el agua corre levantando olas blancas y espumosas. La estatura y elegancia de la gran garza azul siempre me han maravillado. Un amigo mío siente lo mismo; hemos hablado sobre la cualidad espiritual que emana de una garza en reposo, o con mayor fuerza aún, en pleno vuelo.

El sol se asomaba y se escondía entre las nubes mientras yo tomaba mi ritmo en la acera. Parecía como si el cielo no pudiera decidir cómo se sentía esa mañana de domingo. Mi cadencia se estabilizó y mi respiración entró en su zona de confort. Qué fácil es respirar cuando es necesario hacerlo. Qué ironía en este día en el que mi amiga no puede respirar por su cuenta.

A finales de mayo, la vegetación de Oregon es exuberante, verde y en flor. Las camelias florecían por todo el camino que seguí. De algún lugar a mi izquierda me llegaba el olor a adelfas en la brisa. Las azaleas y rododendros bordeaban la pista cuando me acerqué al sendero que conducía al río. El cual estaba crecido y podía oír el rumor de la corriente desde la cima de la loma. Vi mi reloj cuando bajé por el camino; un mecanismo subconsciente que forma parte de mi patrón de carrera: cuántos minutos llevo y cuántos faltan para volver a casa. Son las 11:24 de la mañana. Un hombre con dos labradores negros pasó a mi lado en el descenso y le sonreí sin entusiasmo.

Las ideas se me agolpaban en la cabeza, ya de por sí cansada y abatida. Los pensamientos chocaban y se estrellaban en una cacofonía de ruido y sonidos sin ritmo, rima o melodía. Corría y lloraba. Lloraba y corría. Me detuve para dar puntapiés en el suelo y gritar algunos improperios.

¿Qué haríamos sus amigos sin su perspectiva optimista y su profunda fe? ¿Cómo podrían seguir adelante sus padres con sólo los recuerdos de su encantadora hija? ¿Cómo puede un hombre encontrar las palabras para decirles a sus hijos de preescolar y jardín de niños cuánto los aman, a pesar de que los han abandonado? ¿Y qué pasará con las tardes que pasábamos bebiendo limonada y jugando *Pictionary*, y los días en que chapoteábamos en la fuente mientras reíamos y compartíamos historias de nuestros hijos protegidos con filtro solar? Necesitamos más tiempo; necesitamos más experiencias, simplemente necesitamos más

Entonces la vi. Al otro lado del agua moteada con destellos de sol se irguió la gran garza azul, como si estuviera preparada para responder mis preguntas sin respuesta. Pareció que mi pozo sin fondo de lágrimas se secó por un momento. Disminuí el paso y me sequé el sudor de la frente. Las ramas llenas de hojas verdes se mecían para esconder a la garza un segundo y dejarla al descubierto al siguiente como si fuera una ilusión óptica. Sin embargo, no era una ilusión. Ahí estaba en todo su esplendor, con su largo cuello y plumaje azul plateado, mirándome desde el otro lado del río y asimilando mi dolor con paciencia y tranquilidad. Cuando respiré hondo para llenar de aire los pulmones, la figura plateada miró hacia otro lado y después de nuevo hacia mí antes de empezar a batir sus poderosas alas. Se elevó sobre el agua y ganó altura poco a poco, pero con determinación y propósito, antes de describir graciosamente un arco por encima de las frondas de árboles y perderse de vista. Las nubes se abrieron y una luz dorada bañó el río. Vi mi reloj: 11:31. Volví a subir la colina, sin saber qué me esperaría al llegar a casa.

Pasamos las primeras horas de la tarde acurrucados en el sofá, el viento soplaba con fuerza y empezó a llover. Nos cubrimos con mantas y oímos a Josh Groban cantar que un aliento no está demasiado lejos de donde estás y a Bette Midler armonizando que Dios nos cuida desde la distancia.

Más tarde, ese mismo día, un amigo llamó para decir que el espíritu de Jennifer abandonó su cuerpo terrenal a las 11:30. Ya lo sabía. Fui testigo presencial. No estuve al lado de su cama, sosteniéndole la mano pequeña y bien arreglada, sino en la orilla del agua, cuando remontó el vuelo y ganó altura despacio, pero con determinación y propósito, antes de describir graciosamente un arco por encima de las frondas de árboles y perderse de vista.

ANTONIA C. EVERTS

# 101

# En sus cielos

En los últimos años han muerto tres personas con las que tuve un vínculo cercano. El primero fue mi hermano de cuarenta y dos años; el segundo, un amigo cercano de cincuenta y un años; y el tercero y más reciente fue un amigo de cincuenta años que conocí en la preparatoria. Con cada una de estas muertes, enfrenté preguntas para las que no tengo respuesta sobre la existencia de Dios y la posibilidad de vida después de la muerte.

No soy un hombre espiritual. Creo que las buenas Hermanas de la Caridad hace años me sacaron al Señor a golpes; sin embargo, tampoco estoy muy convencido de que no nos guíe una fuerza superior a nosotros mismos. Supongo que me clasifico dentro de la categoría de "católico en las crisis". Si hay una crisis en mi vida, me transformo en un católico devoto. Huelga decir que la muerte de John, mi amigo de la preparatoria, me dio mucho en qué pensar y me presentó la oportunidad de reflexionar una vez más sobre la realidad de la mortalidad y la posibilidad de la vida después de la muerte. Pensando en todo lo anterior, comparto el siguiente relato, porque he encontrado consuelo en lo que voy a contar y espero que también ustedes lo encuentren.

Mi hermano Larry murió de repente hace seis años. Fue a trabajar una mañana y nunca regresó a casa. Sufrió un ataque al corazón y murió,

> La esperanza es la mejor música del duelo.
>
> ANÓNIMO

como se dice, antes de caer al suelo. Quedamos desolados por perderlo cuando aún era tan joven y el dolor fue por momentos avasallador. Al paso de los días y semanas comencé a preguntarme si Larry había encontrado la paz.

Una noche varias semanas después de su muerte, tuve un sueño. Me hallaba en lo que parecía ser un teatro grande. Oía el ruido de la gente y tenía la sensación de que el teatro estaba abarrotado, pero no podía ver a nadie debido a que el teatro estaba iluminado por la luz blanca más brillante que puedan imaginar. Entonces descubrí a Larry y se veía como el día que se casó. Era un joven de veintiséis años, en la mejor condición física de su vida y con una expresión de absoluta felicidad y serenidad. Me miró y dijo: "Joe, está bien; todo está bien". A Larry le encantaba actuar; apareció en varias obras en la preparatoria y luego estudió arte dramático en la universidad. Pienso que lo que soñé esa noche era la versión de Larry del paraíso; estaba en el escenario y en paz.

Cinco meses después de la muerte de Larry, mi amigo de cincuenta y un años tuvo un accidente automovilístico y murió en Nochebuena. Fue muy duro; por momentos me pareció más difícil que la muerte de Larry. Se llamaba Stafford y si lo hubieran conocido de seguro les habría recordado a Bob Dylan. Staff no era el hombre más responsable del mundo, además de ser un poco ególatra, pero era creativo, chistoso, acrítico, leal, y yo lo consideraba uno de mis mejores amigos. Era guitarrista talentoso y buen fotógrafo. Siempre quiso ser estrella de rock o actor. Nunca estuvo muy seguro de cómo lograrlo, pero estaba convencido de que algún día llegaría su oportunidad.

Varias semanas después de que Staff murió soñé con él. Este sueño fue breve y no se dijo nada. Lo vi como era en la plenitud de la vida. Estaba vestido con una chaqueta deportiva y una gorra; se veía muy bien. Todo su séquito lo seguía y estaba pendiente de cada palabra. Miró en dirección de donde yo estaba e hizo un pequeño movimiento de cabeza como si me dijera: "Estoy donde pertenezco y donde siempre supe que estaría". Staff estaba en su cielo.

Esto me lleva algo que sucedió hace dos semanas. Estoy en las gradas del Yankee Stadium. Estoy en un asiento a nivel de campo a la mitad de la línea en el jardín derecho. John, mi amigo que murió hace poco, está en el montículo y lanza su última bola para ponchar al bateador, y por alguna razón tengo el presentimiento que ponchó a los dos primeros bateadores también. El estadio está a reventar y enloquece cuando él se dirige a la cueva.

Juro por Dios que tenía diecinueve años de nuevo, y en este sueño se movía igual que cuando éramos jóvenes. Caminaba con la misma actitud confiada, pero no arrogante. Tenía una hermosa sonrisa; esa sonrisa pícara y maliciosa con la boca curvada más alta de un lado que del otro, según recuerdo, y la cabeza ligeramente agachada e inclinada para que el cabello le cayera sobre la frente. Lo vi salir del campo y mi sueño terminó antes de que llegara a la línea de la primera base. Él no se dio cuenta de mi presencia, pero yo lo veía con toda claridad y lucía radiante.

Soy afortunado por haber tenido esos sueños. Cuando despierto los recuerdo vívidamente y me dejan una agradable sensación. Soy escéptico respecto a si son algo más que simplemente sueños placenteros, pero de vez en cuando sigo enviando un donativo a la Sagrada Familia, rezo el avemaría y, a veces, miro al cielo y sonrío. Por si acaso.

JOSEPH J. KRUGER

# Conoce a nuestros colaboradores

**Sami Aaron** es desarrolladora de software de la zona de Kansas City y está trabajando en un programa que le enseñará a la gente a "ecologizar" sus celebraciones y a administrar la planeación de todos los detalles. Sami da clases de yoga y control de la respiración e imparte talleres de meditación para ofrecer su travesía de curación a otros. Comunícate con ella en samiaaron@beingontosomething.org.

**Cate Adelman** vive actualmente en la región del Medio Oeste estadounidense y trabaja como intercesora de personas con discapacidades. Terminó su licenciatura en NLU y realizó estudios religiosos con Servants of the Holy Heart of Mary. Sus pasiones incluyen asuntos relacionados con la paz y la justicia, las artes y el viaje espiritual.

**Larry Agresto** es consultor de vida y negocios y fundador de la organización Peak Performance Coaching. También es escritor, autor y orador. Su trabajo y textos se centran en "cambios trascendentes" en la vida y los negocios.

A **Jude Bagatti** le gustan los retos y se ha dedicado a pasiones tan diversas como fotografía, senderismo, creación literaria, actuación, triatlón y viajes de aventura por el mundo. Es jardinera consumada y terapeuta de masajes y reiki; tiene una licenciatura y doctorado en derecho por la Universidad de Miami. Su libro de fotografía y poesía de la naturaleza, *Fauna, Flora & Fantasy*, se publicó en 2010. Escríbele por correo electrónico a heyjudebagatti@msn.com.

**Teresa Curley Barczak** se jubiló de AT&T en 2007 y se dedica a escribir, leer, cocina y pasar tiempo con su familia y amigos. A Teresa le gusta viajar, la jardinería y trabajar como voluntaria en su iglesia. Planea terminar una colección de historias cortas. Escríbele por correo electrónico a tabarczak@bellsouth.net.

**Jane Barron** se graduó con mención honorífica como licenciada de educación preescolar y primaria por la Universidad de Alabama en 1994. Dio clases en una escuela primaria hasta 2002 y ahora es mamá de tiempo completo, autora y dueña de una tienda de regalos. Escríbele por correo electrónico a jbarron9@bellsouth.net.

**Brenda Black** es autora galardonada, oradora cristiana, esposa de un pastor y madre de dos hijos; ha escrito más de 1,500 obras publicadas, entre ellas tres libros. Esta chica campirana vive en una zona rural de Deepwater, Missouri, y se regocija con la música bella, la familia, los amigos y los buenos ratos de diversión. Visita www.thewordsout-brenda-black.com para obtener más información sobre la autora.

**Bob Brody** vive en Forest Hills, Nueva York, con su esposa y dos hijos, Michael y Caroline. Es ejecutivo y ensayista cuyos textos han aparecido en *The New York Times*, *Smithsonian* y *Reader's Digest*, entre otras publicaciones.

**Donna Brothers** recibió su título de licenciada en comunicación de la Universidad Politécnica de California. Trabajó en CBS Television varios años antes de recibir su certificación como maestra de artes del lenguaje y educación especial. Publicó un cuento en la revista *Woman's World* y le gusta la fotografía, hacer álbumes de recortes y el senderismo. Escríbele por correo electrónico a djeanbrothers@gmail.com.

**Ann Schotanus Brown** vive actualmente en el sur de Indiana y es directora e instructora de un programa de violín Suzuki que imparte una organización sin fines de lucro. También se presenta regularmente como violinista de la Owensboro Symphony Orchestra en Owensboro, Kentucky. Después de pasar doce veranos trabajando en el Glacier National Park, ahora regresa cada verano para pasar varias semanas practicando senderismo y natación.

**Barbara Ann Carle** es escritora de ensayos personales y poeta. Sus ensayos se han publicado en *Chicken Soup for the Chocolate Lover's Soul* y en varias antologías. Su poesía se ha publicado en diversas revistas. Es madre de cuatro hijos y tiene seis nietos. Barbara vive en Friendswood, Texas, con su esposo.

A **Brenda Dillon Carr** le fascina cuidar a su esposo Patrick y a sus hijos Landry, Kelley, Carissa y Aliceyn. Su hijo mayor, Shane Dillon, vive cerca y la visita a menudo. Sigue siendo oradora de Victims' Impact Panel of Oklahoma y está a su disposición para hablar en su iglesia o celebración feminista. Escríbele por correo electrónico a brenda.carr@ suddenlink.net.

**Candace Carteen** ha escrito docenas de cuentos. En 2007, su mejor amigo, animador y esposo murió y la dejó viuda y madre soltera. Ayuda a su hijo a entender que, en ocasiones, la vida nos da golpes terribles, pero que hay que aceptarlos y seguir adelante. Escríbele por correo electrónico a scribe@ae-mail4u.com.

**Paige Cerulli** recibió su título de licenciatura en inglés y música por el Westfield State College en 2010. También es terapeuta certificada de masaje equino. A Paige le gusta tocar la flauta, escribir y montar a caballo. Escríbele por correo electrónico a PaigeCerulli@gmail.com.

**David Chalfin** es editor de televisión y cine en Los Ángeles a donde llegó de Nueva York, ciudad en la que nació y se crió. Graduado de la Universidad de Pennsylvania, siempre se ha descrito como escritor no practicante, hasta ahora. Heredó el espíritu creativo de su padre y la capacidad de ponerlo en práctica de su madre judía que lo adora. Escríbele por correo electrónico a dchalf@aol.com.

**Elynne Chaplik-Aleskow**, fundadora y gerente general de WYCC-TV/PBS y profesora emérita distinguida del Wright College de Chicago, es autora, oradora pública, narradora de cuentos para adultos y educadora y presentadora de televisión galardonada. Sus historias de no ficción y ensayos se han publicado en numerosas antologías y revistas. Su esposo Richard es su inspiración. Visita http://LookAroundMe.blogspot.com.

**Carly Commerford** aspira a ser escritora y tiene la esperanza de terminar un libro algún día. Carly se crió en Thorold, Ontario, y actualmente estudia en Queen's University para ser maestra. Carly desea manifestar su agradecimiento a su tía Janice por su infinito amor e inspiración. Escríbele por correo electrónico a carlycommerford@gmail.com.

**Harriet Cooper** es escritora independiente y se especializa en escribir obras creativas de no ficción, humorísticas y artículos diversos. Sus temas incluyen a menudo salud, ejercicio, dieta, gatos, familia y medio ambiente. Es colaboradora asidua de *Chicken Soup for the Soul*, y su trabajo ha aparecido también en periódicos, revistas, boletines informativos, antologías, sitios web y radio.

**Mandi Cooper Cumpton** es madre de dos niñas, Shelby y Katy. Mandi es enfermera diplomada con certificación en oncología. Está casada con Keith, oficial de policía del estado de Louisiana. Ella y su familia viven en Quitman, Louisiana. Escríbele por correo electrónico a shelbyaleeyasmom@yahoo.com.

**Michael J. Cunningham** se graduó de St. John Fisher College en 1984. Escritor de textos de marketing, también ha escrito dos guiones cinematográficos, *Driver Ed* y *Swing Vote* (segundo lugar en el concurso de guiones cinematográficos Scriptapalooza de 2001). Mike fue comediante y disfruta de pasar tiempo con la familia y amigos, crear música y cine. Escríbele por correo electrónico a mrsea@frontiernet.net.

**Priscilla Dann-Courtney** es escritora independiente y psicóloga clínica; vive en Boulder, Colorado, con su esposo y tres hijos. Su libro, *Room to Grow*, es una colección de ensayos personales previamente publicados en periódicos y revistas nacionales de Estados Unidos. Sus pasiones incluyen familia, amigos, yoga, correr, esquiar y hacer pasteles.

**Aleesah Darlison** vive en Sydney (Australia) con su esposo y tres hijos. Escribe libros ilustrados y novelas infantiles y reseña libros en *The Sun-Herald*. La historia real que aparece en esta antología trata de la batalla de dos años que su suegra libró contra el cáncer pulmonar. Obtén más información sobre Aleesah en www.aleesahdarlison.com.

**Brenda Dawson** tiene sesenta y tres años y es madre de cuatro hijos y abuela de siete hermosos nietos. En fechas recientes se jubiló después de haber trabajado veinte años en el área de cuidados dietéticos y asistenciales para residentes de casas de ancianos, y ahora pasa la mitad del tiempo en Michigan y la otra en Florida, a final de cuentas, un "ave migratoria" que vuela al cálido sur en el invierno. Brenda también trabaja activamente en su iglesia.

**Rebecca Degtjarjov** es esposa de un militar que viaja por todo el mundo. Ella, su esposo y su travieso perro pastor de Anatolia viven actualmente en el norte de California, donde Rebecca trabaja en comercio minorista. Escríbele por correo electrónico a rebeccadegtjarjov@yahoo.com.

**Lola Di Giulio De Maci** es colaboradora de varios libros de *Chicken Soup for the Soul*. Sus hijos adultos y exalumnos la inspiran a escribir cuentos infantiles y algunos de ellos han aparecido en *Los Angeles Times*. Lola tiene una maestría en educación e inglés y sigue escribiendo desde su departamento soleado que tiene una vista espléndida de las montañas de San Bernardino. Escríbele por correo electrónico a LDeMaci@aol.com.

**Sheri Gammon Dewling**, exejecutiva de software, dirige un pequeño despacho de consultoría y educa a sus dos hijos pequeños con su esposo en Cornell Village, Markham, Canadá. Sheri aspira a convertir sus lecciones de vida en historias que inspiren a otros. Comunícate con Sheri por correo electrónico en sheri@justmomsense.com.

**Kathy Dickie** terminó sus carreras de administración de recursos humanos y administración de empresas en la Universidad de Calgary, SAIT y BCIT. Vive en Vancouver, B.C. y trabaja como coordinadora de desarrollo de negocios en una compañía de suministro de electricidad que tiene su sede en Alberta. A Kathy le gusta viajar, hacer edredones y documentar investigaciones genealógicas.

**Terri Elders**, licenciada en trabajo social, vive cerca de Colville, Washington, con sus dos perros y tres gatos. Sus historias han aparecido en numerosas revistas y antologías, entre ellas, varias ediciones de *Chicken*

*Soup for the Soul.* Escríbele por correo electrónico a telders@hotmail o síguela en http://atouchoftarragon.blogspot.com.

**Antonia C. Everts** vive en Oregon con su familia y le encanta el clima de la región noroeste del Pacífico. Tiene una licenciatura en administración recreativa y da clases de gimnasia a niños. Antonia es ávida corredora y repostera y actualmente trabaja en una novela sobre la vida con perros. Escríbele por correo electrónico a antoniaeverts@ yahoo.com.

**Barbara Farland** de New Hope, Minnesota, dirige un despacho independiente de comunicaciones de negocios y escritura creativa. Sus obras más recientes aparecen en *Christmas Traditions: True Stories That Celebrate the Spirit of the Season, A Cup of Comfort for Fathers* y *Hugs Bible Reflections for Women.* Visita su sitio web en www.barbara-farland.com.

**Susan Farr-Fahncke** es fundadora de 2TheHeart.com, donde encontrará más textos escritos por ella y podrá inscribirse en taller de escritura en línea. También es fundadora del extraordinario grupo de voluntarias Angels2TheHeart, autora de *Angel's Legacy* y colaboradora de más de sesenta libros, entre ellos, muchos de la serie *Chicken Soup for the Soul.* Visítala en www.2TheHeart.com.

**Jo Anne Flaming** es fundadora creativa de Queen Beedom. Es muy activa y entre sus muchas ocupaciones figuran las de ser escritora, oradora y facilitadora que inspira a sus clientes a reinventar sus vidas cansadas y aburridas para convertirlas en la "dulce vida" que surge de su grandeza interior. Busca su blog en www.QueenBeedom.com, o escríbele por correo electrónico a Joanne@QueenBeedom.com.

**Jenny Force** es terapeuta ocupacional en Columbus, Ohio. Le gusta viajar, leer, escribir y pasar tiempo con su familia y amigos. Jenny quiere manifestar su agradecimiento a su esposo Rob por su infinito amor, apoyo y risa.

**Sally Schwartz Friedman**, graduada de la Universidad de Pennsylvania, es ensayista desde hace más de tres décadas y escribe para compartir los sonidos de su vida. Su esposo, tres hijas y siete nietos producen esos sonidos. Su trabajo ha aparecido en *The New York Times*, *The Philadelphia Inquirer*, *AARP Magazine* y numerosas publicaciones nacionales y regionales. Escríbele por correo electrónico a pinegander@aol.com.

**Melissa Frye** se graduó de la escuela de enfermeras en 2004 y después obtuvo su licenciatura en enfermería. Terminó su maestría a principios de 2012. Actualmente es enfermera en el servicio de obstetricia de un hospital en el sur de Arizona. Le gusta viajar, el futbol y pasar tiempo con su esposo e hijo pequeño. Escríbele por correo electrónico a frye_mel@yahoo.com.

**Cindy Golchuk** vive cerca de Las Vegas con su esposo, su nieto Zack, un pequeño que no es precisamente angelical, y dos perros que gobiernan la casa con "patas" de hierro. Se apasiona mucho cuando se trata de escribir, trátese de obras inspiradoras de no ficción o de dar los últimos toques a sus tres manuscritos. Escríbele por correo electrónico a golchuk@embarqmail.com.

**Libby Grandy** vive en Claremont, California, con su esposo Fred. Ha publicado artículos en revistas y actualmente está comercializando sus novelas: una obra de misterio y una trilogía de ficción para mujeres. Libby es socia del California Writers Club y dirige un grupo semanal de crítica literaria. Visita su sitio web en www.libbygrandy.com, o escríbele por correo electrónico a quillvision@aol.com.

**Jan Grover** vive en Houston, Texas, y escribe inspirándose en su experiencia personal para ayudar a otros padres afligidos con su proceso de duelo por la pérdida de un hijo. Es autora de *Forever Connected... A Guided Journal For a Parent Who Has Suffered The Loss Of A Child*. Escríbele por correo electrónico a jan.grover@sbcglobal.net, o visita www.lazybpress.com.

**Brigitte Hales** recibió su título de licenciatura del Vassar College y una maestría en escritura de guiones cinematográficos del American Film Institute. Después de cinco años en la industria cinematográfica, tomó un descanso para dar a luz a su primer hijo y su primera novela. Tiene grandes esperanzas respecto a ambos. Escríbele por correo electrónico a brhales@att.net.

El gusanito de ser escritor le entró a **Thomas P. Haynes** durante la crisis de la edad madura. Nació en Arizona, y las experiencias de su vida dominan sus cuentos, realzadas por su vívida imaginación. Entre las clases de escritura, conferencias y grupos literarios, Thomas ha trabajado mucho para perfeccionar su arte. Escríbele por correo electrónico a tpjh721@yahoo.com.

**Diane Helbig** es asesora de desarrollo de negocios, autora de *Lemonade Stand Sellig* y presentadora del programa Accelerate Your Business Growth BlogTalkRadio. Trabaja con dueños de pequeñas empresas, emprendedores y vendedores. Escríbele por correo electrónico a diane@seizethisdaycoaching.com.

**Amy Victoria Austin Hert** se graduó de la Universidad de Indiana en mayo de 2009 con una licenciatura en educación, especializada en inglés. Trabaja como maestra sustituta y pasa su tiempo libre leyendo y viajando. Escribe desde que era niña y le entusiasma ver su primera obra pública (¡de verdad!).

**John H. Hitchcock** creció en las montañas Adirondack del estado de Nueva York y empezó su carrera como maestro en la zona central de Nueva York. Ahora vive en el sur de California, todavía da clases de ciencias, le gusta el golf, la pesca con mosca, escribir y mantener su sitio web, www.education-for-excellence.com.

**David Hull** es maestro desde hace más de veinte años y escribe una columna mensual para un periódico local. También le gusta la jardinería, leer y pasar tiempo con su familia. Escríbele por correo electrónico a Davidhull59@aol.com.

**Amy Schoenfeld Hunt** es escritora profesional independiente y autora de tres libros publicados, así como intérprete de personajes históricos en un museo al aire libre que retrata la vida en el siglo XIX. Vive en Milwaukee, Wisconsin, con su esposo y tres hijas. Le encanta recibir noticias de sus lectores. Escríbele por correo electrónico a AimeeClaire@aol.com.

**Craig Idlebrook** es reportero independiente y ensayista de Nueva Inglaterra. Ha escrito para más de treinta publicaciones, entre ellas, *Mothering, Mother Earth News* y *Funny Times*. Cuando no escribe, lleva a su hija a la mayor cantidad de bibliotecas que sea posible. Escríbele por correo electrónico a craigidlebrook2@yahoo.com.

**Jennie Ivey** vive en Cookeville, Tennessee. Es columnista de un periódico y autora de numerosas obras de ficción y no ficción que incluyen historias para varias colecciones de *Chicken Soup for the Soul*.

**Peg Kehret** es autora galardonada de más de cincuenta libros para niños, como *Ghost Dog Secrets* y *Small Steps: The Year I Got Polio*. Sus libros son famosos por el énfasis que pone en la familia, amigos y el trato bondadoso a los animales. Obtén más información en www.pegkehret.com.

**Jean Kinsey** reside en Brooks, Kentucky. Sus pasatiempos incluyen leer, escribir y viajar. Jean da clases en la escuela dominical y le gusta mucho pasar tiempo con sus siete nietos. Tiene numerosos cuentos publicados en diversas antologías y publicaciones periódicas y espera encontrar un editor para su novela. Escríbele por correo electrónico a kystorywriter@yahoo.com.

**Allison Knight-Khan** obtuvo su título de maestría en literatura inglesa por la Universidad de Waterloo. Da clases a estudiantes de preparatoria con autismo en Marietta, Georgia. Y Allison le gusta la jardinería y hacer senderismo con sus hijos. Escribe novelas históricas de viajes en el tiempo para niños. Escríbele por correo electrónico a allisonakhan@yahoo.com.

A **Ruth Knox** le encanta escribir desde que pudo tomar un lápiz. Cree en el poder de la palabra escrita para unir a la gente. Esta abuela, que vive en Boise, Idaho, acaba de aprender a montar en bicicleta. Ruth trabaja actualmente en su primera novela. Escríbele por correo electrónico a ruthknox@live.com.

**Joseph Kruger** nació en Auburn, Nueva York, y obtuvo su maestría en educación por el Nazareth College en 1996. Es administrador de educación especial de una escuela secundaria al norte del estado de Nueva York. Le gusta viajar por Estados Unidos y pasar tiempo con sus hijos y nieta.

**Susan LaMaire** vive en Parsippany, New Jersey, con su esposo Brian. Sus historias se han publicado en *Chicken Soup for the Soul: Tough Times, Tough People* y *Chicken Soup for the Soul: All in the Family*. En la actualidad trabaja en una colección de historias cortas humorísticas. Escríbele por correo electrónico a hunkoftin8@yahoo.com.

**Bobbie Jensen Lippman** es escritora profesional prolífica que vive en Seal Rock, Oregon. El trabajo de Bobbie ha sido publicado a nivel nacional e internacional. Escribe una columna de interés humano en el *Newport News-Times* de Oregon, además de dirigir un programa de radio que puede conseguirse como podcast en www.knptam.com. Comunícate con ella por correo electrónico en bobbisbeat@aol.com.

**Barbara LoMonaco** estudió la licenciatura en la Universidad del Sur de California y tiene un título de maestra de educación primaria. Barbara trabaja para Chicken Soup for the Soul desde 1998 como editora y webmaster. Es coautora de *Chicken Soup for the Mother and Son Soul* y *Chicken Soup for the Soul: My Resolution*.

**Rob Loughran** tiene más de doscientos artículos y diecinueve libros publicados. Visita el sitio web www.lulu.com/rloughranjokes, donde encontrarás su libro *Funny, Funny Kidz Jokebook*. Rob vive en Windsor, California.

**Cheryl MacDonald** ha escrito, es coautora o ha editado casi cuarenta libros de historia canadiense, así como numerosos artículos y ensayos. Cuando no está realizando investigación o escribiendo, por lo general se le encuentra dando conferencias sobre historia o en alguna representación de la Guerra de 1812. Escríbele por correo electrónico a heronwood@execulink.com.

**Sandra E. Maddox** vive en Newport Coast, California, con su esposo Ron. Presta servicio activo en la Iglesia Saddleback en Lake Forest, California. Sandra dirige Treasured, un ministerio de mentoras para madres de niños en edad preescolar y escribió un libro infantil con su coautora Peggy Matthews Rose. Escríbele por correo electrónico a semaddox@cox.net.

**Bridget McNamara-Fenesy** obtuvo su licenciatura por la Universidad de Notre Dame y su doctorado en derecho por la Universidad de Denver. Trabaja como consultora de negocios independiente cuando no se dedica a su pasión de escribir. Le gusta viajar, la jardinería y pasar tiempo con su esposo e hija. Escríbele por correo electrónico a bridgetmcnamara@comcast.net.

**Shaylene McPhee** se graduó en tecnología para diseño de modas en 2007 y obtuvo su licencia como cosmetóloga profesional en 2009. Le encanta el arte en todas sus formas y le gusta mucho escribir, tocar música, pintar y tomar fotografías. Aspira a escribir una novela en el futuro. Escríbele por correo electrónico a shaylenesays@yahoo.com.

**Claire Mix** compone música infantil y es realizadora de documentales cinematográficos. Screaming Dreams Publishing publicó dos de sus libros en 2011. Está escribiendo un libro para adultos jóvenes basado en las experiencias de su madre como voluntaria en los campos de internación japoneses estadounidenses en la Segunda Guerra Mundial. Escríbele por correo electrónico a thesolo@sbcglobal.net.

**Highland E. Mulu** es un samoano estadounidense que pertenece a seis hijos: cinco niños y una niña. Todavía vive cerca de su hogar de la infancia en Independence, Missouri, y trabaja en el campo de tecnología de la información. A Highland le gusta tocar y componer música. Sigue escribiendo historias inspiradoras de su niñez. Escríbele por correo electrónico a Highland.mulu@gmail.com.

**Scott Newport**, inspirado por la corta y profunda vida de su hijo Evan, empezó a escribir en 2002 para ayudarse a sobrellevar el dolor. No tardó en descubrir que sus textos ayudaban también a otras familias que enfrentaban retos similares. Ésta es su tercera publicación en la serie *Chicken Soup for the Soul*. Scott vive en Michigan.

**Laura J. O'Connor** obtuvo su título de enfermera, con mención honorífica, en el Pennsylvania College of Technology en 2010. Vive en la región norte-centro de Pennsylvania con su prometido y dos hijos. Laura disfruta de la vida al aire libre, leer, escribir y pasar tiempo con su familia. Escríbele por correo electrónico a ocolau55@yahoo.com.

**LaVerne Otis** vive en el sur de California donde le fascina escribir, tomar fotografías, observar a las aves, trabajar en el jardín y pasar tiempo con la familia. LaVerne se jubiló hace poco y está tomando clases en un instituto de educación superior de su localidad. Sus historias han sido publicadas en libros de *Chicken Soup for the Soul* y en diversas revistas. Escríbele por correo electrónico a lotiswrites@msn.com.

**Susan Palmquist**, escritora independiente de día y escritora de ficción por las noches, es autora de cuatro novelas. Su trabajo e historias cortas han aparecido en *Arthritis Today, Health, Woman's World* y *American Profile* y tanto en el Reino Unido como en Estados Unidos. Dos de sus historias cortas aparecerán en antologías futuras. Infórmese más sobre Susan y su trabajo en www.susanpalmquist.com.

**Laraine Paquette** y su esposo Ken tienen una escuela de idiomas en el área de Boston. Además de dar clases de inglés, se dedica al entretenimiento infantil (narración de cuentos, magia, pintura de rostro y escultura con globos). Es madre de seis hijos y abuela de once nietos. Tiene una licenciatura en inglés. Escríbele por correo electrónico a lpaquette@ learneslnow.com.

**Saralee Perel** es columnista y novelista premiada y en numerosas ocasiones ha sido colaboradora de *Chicken Soup for the Soul*. Su libro *The Dog Who Walked Me* es sobre su perro que se convirtió en su cuidador después de que Saralee sufrió una lesión de la médula espinal, la desolación inicial de su matrimonio y su gato que la ayudó a conservar la cordura. Ponte en contacto con ella en sperel@saraleeperel o www. saraleeperel.com.

**LeDayne McLeese Polaski** es coordinadora de programas de la Baptist Peace Fellowship of North America, sociedad que trabaja en todo el mundo por la paz basada en la justicia. Vive en Charlotte, North Carolina, con su esposo Tom y su hija Kate. Escríbele por correo electrónico a ledayne@bpfna.org.

**Amanda Pool** vive con su esposo e hijos en Massachusetts. Es ama de casa y madre que dedica su tiempo a escribir y abogar por la prevención del suicidio. Últimamente participó en la caminata Out of the Darkness para prevenir el suicidio en Boston. Creó y mantiene una página de seguidores en Facebook llamada "Life Is A Highway" para ayudar a otros a sobrellevar la pérdida después de un suicidio.

**Kathryn Radeff** tiene más de veinticinco años de experiencia como escritora profesional y educadora. Imparte talleres de escritura en el oeste de Nueva York y el sur de Florida, y le gusta motivar a los escritores en ciernes a seguir sus sueños. Le encanta viajar y pasa su tiempo libre con su perro Remington. Escríbele por correo electrónico a kradeff1@msn. com.

**Jacqueline Rivkin** vive en Nueva York y tiene una maestría por la Escuela de Graduados de Periodismo de la Universidad de Columbia. Su trabajo ha aparecido en varias publicaciones, como *Newsday, Self* y *The*

*Philadelphia Inquirer*, sobre temas tan variados como la planeación de la jubilación y el chocolate. Desde la muerte de su esposo en 2009, ha experimentado con la escritura de ensayos personales.

**Sallie A. Rodman** vive en Los Alamitos, California, con su esposo Paul y tiene tres hijos adultos. Sus historias han aparecido en numerosas antologías de *Chicken Soup for the Soul* y diversas revistas. Sallie cree que aprendió muchas lecciones de vida cuando trataba de sobreponerse a la muerte de su amada madre. Escríbele por correo electrónico a sa.rodman@verizon.net.

**Liza Rosenberg** es escritora independiente que vive en Israel y escribe un blog sobre temas que incluyen noticias de actualidad, fertilidad, crianza de los hijos y pérdida. Además, escribe poesía, tiene el hábito muy arraigado de tomar café y la propensión a comer chocolate amargo. Está casada y es madre de un hijo de seis años; la dirección de su sitio web es http://lizarosenberg.com.

**Carol Roy-Bornstein** es pediatra y escritora cuyos ensayos, reseñas de libros, informes clínicos e historias cortas han aparecido en numerosas publicaciones literarias y médicas. Lee su trabajo en su sitio web, en www.carolynroybornstein.com, o escríbele por correo electrónico a carolynroybornstein@gmail.com.

**Suzanne F. Ruff** es autora del libro *The Reluctant Donor*, de reciente publicación, y descrito por los críticos como una "remembranza bellamente escrita y desgarradora". Junto con un armario lleno de ropa blanco y negro, Suzanne vive con su esposo Bill.

**Heather Schichtel** es escritora independiente e intercesora de necesidades especiales. La fuente de inspiración de la historia que aparece en este libro es su encantadora hija a la que extraña todos los días. Agradece a su esposo, familia y a un increíble grupo de amigos su constante amor y apoyo. Sigue a Heather en www.samsmom-heathers.blogspot.com.

**Candace Schuler** es autora de veintiséis novelas de romance ya publicadas además de escribir estudios de caso, documentos técnicos, propuestas para solicitar subvenciones, comunicados de prensa, textos de marketing y mucho más. Desde hace treinta y siete años comparte su vida con su esposo y dos perros Doberman que pesan 38 kilos cada uno, pero que creen que son perros falderos. Visita su sitio web en www. CandaceSchuler.com.

**Lisa Naeger Shea** trabaja en comunicaciones corporativas y escribe desde su hogar en St. Louis, Missouri, que comparte con su esposo, tres hijas y un cachorrito precoz. Lisa obtuvo su licenciatura en educación y certificado de escritora en la Universidad de Missouri. Escríbele por correo electrónico a lisa.shea@sbcglobal.net.

**Pat Snyder**, abogada en recuperación y columnista humorística de Columbus, Ohio, escribe y habla sobre el equilibrio en la vida. Recientemente publicó su primer libro *The Dog Ate My Planner: Tales and Tips from an Overbooked Life*. Obtén más información sobre Pat en www.PatSnyderOnline.com.

**Lorna Stafford** emprendió su carrera como "escritora" a la edad de siete años cuando quiso copiar la Biblia a mano. No llegó demasiado lejos, pero pronto empezó a escribir material original. Es profesional de relaciones públicas, columnista de periódicos, escritora de artículos de fondo y autora de varias novelas casi terminadas; sigue amando la palabra escrita.

**Joyce Stark** se jubiló del gobierno local en el noroeste de Escocia. Es escritora independiente y en la actualidad está centrada en escribir artículos de viajes que relatan el recorrido que hizo por carretera a través de Estados Unidos. Planea explorar los cincuenta estados y sólo le faltan cinco. Escríbele por correo electrónico a joric.stark@virgin.net.

**Sharon F. Svitak** enviudó hace poco y se jubiló de su puesto de gerente de oficina del departamento de finanzas de una municipalidad. Escribe con regularidad y es editora del boletín informativo "Write Around the Valley", una publicación mensual de la División de los Tres Valles del California Writers Club. Escríbele por correo electrónico a svitak5@comcast.net.

**Lisa Tehan** recibió el grado de licenciatura en la Universidad de Purdue y su título de maestría en ciencias de la Universidad de Indiana. Planea regresar a la escuela (¡otra vez!) para estudiar enfermería debido a sus experiencias con David. Vive en Indiana con su maravilloso esposo AJ y sus dos perros alocados.

**Kelly Van Etten** pasó veintidós años en la Fuerza Aérea de Estados Unidos y ahora trabaja en la Air Force Emergency Management como civil. También es estudiante de último año de la licenciatura de liderazgo administrativo de la Universidad de Oklahoma. A Kelly le gusta viajar, nadar, trabajar en el jardín y sus cuatro perros. Escríbele por correo electrónico a kellyinok@yahoo.com.

**Sarah Wagner** vive en West Virginia con su esposo y sus dos jóvenes hijos. Su trabajo ha aparecido en *The Front Porch*, *Celebrations: Love Notes to Mothers* y *A Cup of Comfort for Cat Lovers*. La encontrarás en internet en www.sarahwagner.domynoes.net.

**Bettie Wailes** da clases particulares, escribe y corre en Winter Park, Florida. Está trabajando en una remembranza sobre su experiencia de ser la última corredora del pelotón, en la que también habla de su relación con Paul, su más entusiasta animador. Escríbele por correo electrónico a Bettie.Wailes@gmail.com.

**Beverly F. Walker** vive en Greenbrier, Tennessee, con su esposo jubilado. Le gusta escribir, la fotografía y hacer álbumes de fotografías de sus nietos. Muchas de sus historias han sido publicadas en los libros de *Chicken Soup for the Soul* y en *Angel Cats: Divine Messengers of Comfort*.

**Meaghan Elizabeth Ward** estudia el último año de preparatoria. En su tiempo libre le gusta leer, escribir, dibujar, navegar en kayak, montar a caballo y pasar tiempo con su familia. Sueña con dedicarse por completo a ser novelista algún día y compartir historias que verdaderamente rindan honor a Dios. Visita su blog en www.thepatriotscall. blogspot.com.

**Jeanne Wilhelm**, enfermera especializada en el cuidado de enfermos desahuciados, hoy jubilada, vive en la región norte-centro de Pennsylvania. Recorrió el camino del duelo hasta llegar a una alegría renovada en la vida. Recién casada en agosto de 2010, su querido esposo, hijos y nietos y su trabajo como voluntaria llenan sus días. Escribe para ofrecer aliento y compartir esperanza. Escríbele por correo electrónico a ptlwilhelm@yahoo.com.

**Diane Wilson** es lectora voraz y aspirante a escritora. Después de haber tomado un curso de escritura expresiva en la universidad, Diane se inspiró para escribir sus historias en su maravillosa familia y las experiencias de su vida. Escríbele por correo electrónico a doe@cogeco.ca.

**Ferida Wolff** escribe libros para niños y adultos. Sus ensayos se publican en periódicos, revistas e internet. Pronuncia discursos en escuelas, grupos feministas y conferencias de escritores. También escribe un blog sobre la naturaleza, www.feridasbackyard.blogspot.com. Visita su sitio web en www.feridawolff.com.

**Theresa Woltanski** empezó a escribir ficción para jóvenes y adultos después de un periodo en el mundo científico durante el cual escribió informes y artículos de revistas. Es autora de varias novelas. Vive en una pequeña granja en Michigan con su esposo, hijos y un jardín muy grande, así como con varios animales obsesivos-compulsivos.

La historia de **Verna Wood** titulada "Cancer's Gift" apareció en *Chicken Soup for the Soul: A Tribute to Moms*. Está escribiendo un libro sobre algunas de las tragedias que ha sufrido. Espera que ayude a las mujeres que pasan por lo mismo. Escríbele por correo electrónico a renossnowflake@wichitaonline.net.

Caldo de Pollo para el Alma

# Conoce a nuestros autores

**Jack Canfield** es uno de los creadores de la serie *Caldo de pollo para el alma*, que la revista *Time* llamó "el fenómeno editorial de la década". Es coautor, asimismo, de muchos otros libros que han tenido gran éxito de ventas.

Jack es director general del Canfield Training Group con sede en Santa Bárbara, California, y fundador de la Foundation for Self-Esteem en Culver City, California. Ha impartido seminarios intensivos de desarrollo personal y profesional sobre los principios del éxito a más de un millón de personas en veintitrés países, ha pronunciado discursos ante cientos de miles de personas en más de mil empresas, universidades, conferencias profesionales y convenciones, y lo han visto millones de personas más en programas de televisión a escala nacional en Estados Unidos.

Jack ha recibido numerosos premios y reconocimientos, entre ellos tres doctorados honoríficos y un certificado de Guiness World Records por haber conseguido que siete libros de la colección *Caldo de pollo para el alma* aparecieran en la lista de *best sellers* del *New York Times* el 24 de mayo de 1998.

Para comunicarte con Jack, visita la página:
www.jakcanfield.com.

**Mark Victor Hansen** es el cofundador, con Jack Canfield, de *Caldo de pollo para el alma*. Es orador estelar muy solicitado, autor de *best sellers* y experto en mercadotecnia. Los eficaces mensajes de Mark sobre posibilidades, oportunidades y acciones han producido cambios importantes en miles de organizaciones y millones de personas en todo el mundo.

Mark es un escritor prolífico, con numerosos *best sellers* además de la serie de *Caldo de pollo para el alma*. Mark ha ejercido profunda influencia en el campo del potencial humano a través de su biblioteca de audiolibros, videos y artículos en las áreas de pensar en grande, metas de ventas, creación de riqueza, éxito editorial y desarrollo profesional y personal. También es fundador de MEGA Seminar Series.

Mark ha recibido numerosos premios que honran su espíritu emprendedor, corazón filantrópico y perspicacia para los negocios. Es miembro vitalicio de la Horatio Alger Association of Distinguished Americans.

Para comunicarte con Mark, visita la página:
www.markvictorhansen.com.

**Amy Newmark** es la directora comercial y editora en jefe de *Chicken Soup for the Soul*, después de una carrera de treinta años como escritora, oradora, analista financiera y ejecutiva de negocios en las áreas de finanzas y telecomunicaciones. Amy se graduó con la distinción *magna cum laude* de Harvard College, donde tomó portugués como asignatura principal y francés como asignatura secundaria, y ha viajado mucho. Ella y su esposo tienen cuatro hijos adultos.

Después de una larga carrera como autora de libros sobre telecomunicaciones, informes financieros voluminosos, planes de negocios y comunicados de prensa empresariales, Chicken Soup for the Soul es como una bocanada de aire fresco para Amy. Se ha enamorado de Chicken Soup for the Soul y sus libros que transforman vidas; disfruta mucho de armar estos libros para los maravillosos lectores de la serie. Es coautora de más de tres docenas de libros de *Chicken Soup for the Soul* y ha editado otras dos docenas.

Comunícate con Amy a través de:
webmaster@chickensoupforthesoul.com.

# ¡Gracias!

Manifestamos nuestro más sincero agradecimiento a todos nuestros colaboradores. Sabemos que invirtieron toda su energía y esfuerzo en las miles de historias y poemas que compartieron con nosotros y, en última instancia, entre ustedes mismos. Agradecemos su disposición a abrir sus vidas a otros lectores de *Caldo de pollo para el alma* para ayudarles a sobreponerse a sus pérdidas con sus palabras de sabiduría y recuerdos personales. Escribir estas historias fue un acto de generosidad y esperamos que haber puesto sus ideas por escrito también les haya ayudado y que haya contribuido a su curación.

Sólo nos fue posible publicar un pequeño porcentaje de las historias que nos enviaron, pero leímos todas y cada una de ellas, e incluso las que no figuran en el libro influyeron en nosotros y en el manuscrito final. La lectura de estas historias fue una experiencia emocional para nosotros, ya que compartimos su dolor y sufrimiento y tratamos de imaginar lo que sería estar en su lugar, por lo que le damos las gracias en especial a nuestra editora Barbara LoMonaco, que leyó cada historia que se envió para este libro y redujo la lista a aproximadamente trescientos semifinalistas. Nuestra asistente editorial, D'ette Corona, trabajó con todos los colaboradores con la misma afabilidad y competencia de siempre y obtuvo su autorización para nuestras revisiones y las citas que con todo cuidado escogimos para iniciar cada historia. Además, nuestras editoras Kristiana Glavin y Madeline Clapps realizaron de manera magistral su labor de corrección de pruebas, como es normal en ellas.

También expresamos nuestro agradecimiento muy especial a nuestro director creativo y productor del libro, Brian Taylor de Pneuma Books, por su brillante visión para las portadas e interiores. Por último, nada de esto habría sido posible sin el liderazgo creativo y emprendedor de nuestro director general, Bill Rouhana, y nuestro presidente, Bob Jacobs.

# Mejoramos tu vida
# todos los días

Personas de la vida real que han compartido historias reales desde hace diecisiete años. *Caldo de pollo para el alma* ha rebasado ya el ámbito de las librerías para convertirse en un líder mundial en mejoramiento de la vida. Por medio de libros, películas, DVD, recursos en internet y otras vías, brindamos esperanza, aliento, inspiración y amor a cientos de millones de personas de todo el mundo. Los autores y lectores de *Caldo de pollo para el alma* pertenecen a una comunidad global única en su género, que comparte consejos, apoyo, orientación consuelo y conocimientos.

Las historias de *Caldo de pollo para el alma* se han traducido a más de cuarenta idiomas y pueden encontrarse en más de cien países. Todos los días, millones de personas experimentan una historia de *Caldo de pollo para el alma* en un libro, revista, periódico o en internet. Al compartir nuestras experiencias de vida a través de esas historias, nos ofrecemos mutuamente esperanza, consuelo e inspiración. Las historias viajan de una persona a otra, y de un país a otro, y de esa manera ayudan a mejorar vidas en todas partes.

# Comparte con nosotros

Todos hemos tenido momentos de *Caldo de pollo para el alma* en nuestra vida. Si quieres compartir tu historia o poema con millones de personas del mundo entero, entra a chickensoup.com y haz clic en "Submit Your Story". Quizá ayudes así a otro lector, y seas un autor publicado al mismo tiempo. Algunos de nuestros colaboradores anteriores han iniciado su carrera como escritores u oradores con la publicación de sus historias en nuestros libros.

El volumen de historias que recibimos aumenta constantemente; la calidad y la cantidad de los envíos son fabulosas. Sólo aceptamos envíos de historias a través de nuestra página en internet. Ya no se aceptan por correo o fax.

Si deseas comunicarte con nosotros para otros asuntos, escríbenos por correo electrónico a webmaster@chickensoupforthesoul.com, o escribe o manda un fax a:

Chicken Soup for the Soul
P.O. Box 700
Cos Cob, CT 06807-0700
Fax: 203-861-7194
Una última nota de tus amigos de Chicken Soup for the Soul:
De vez en cuando recibimos manuscritos de libros no solicitados de algunos de nuestros lectores y queremos informarles con todo respeto que no aceptamos manuscritos no solicitados y debemos rechazar los que nos llegan.